私家车主

购车·用车·养车全程通

李学智　李瑾泽　主编

化学工业出版社
·北京·

本书针对私家车主对购车、用车、养车等方面的问题和疑虑进行了详细解答，主要内容包括购车前的准备、购车时的注意事项、汽车保险、新车磨合、新手上路、安全行车、日常养护、省油技巧、汽车各大系统的养护以及汽车故障自助修等。

本书主要以文字讲解为主，语言通俗易懂，能够在购车、用车、养车方面为私家车主提供实用指导。

图书在版编目（CIP）数据

私家车主购车·用车·养车全程通/李学智，李瑾泽主编．—北京：化学工业出版社，2018.3（2023.1重印）
ISBN 978-7-122-31416-1

Ⅰ.①私…　Ⅱ.①李…②李…　Ⅲ.①汽车-基本知识　Ⅳ.①U46

中国版本图书馆CIP数据核字（2018）第013614号

责任编辑：陈景薇　　文字编辑：冯国庆
责任校对：边　涛　　装帧设计：王晓宇

出版发行：化学工业出版社（北京市东城区青年湖南街13号　邮政编码100011）
印　　刷：三河市航远印刷有限公司
装　　订：三河市宇新装订厂
710mm×1000mm　1/16　印张14¼　字数289千字　2023年1月北京第1版第3次印刷

购书咨询：010-64518888　　售后服务：010-64518899
网　　址：http://www.cip.com.cn
凡购买本书，如有缺损质量问题，本社销售中心负责调换。

定　　价：58.00元

前言 FOREWORD

随着我国汽车工业的发展和人们生活水平的提高，汽车已进入寻常百姓家。据不完全统计，截至 2017 年初，我国民用汽车保有量约 1.94 亿辆，其中私人汽车保有量约 1.6 亿辆，民用轿车保有量约 1 亿辆。随着汽车保有量不断增加，带来的是交通拥堵、空气质量下降、交通事故的频发等一系列社会问题。我国私有车辆保有量在 3 年内净增千万辆，虽然我国平均千人汽车保有量还未到世界平均水平的一半(世界千人汽车保有量 124 辆，我国千人汽车保有量 58 辆)，但由于我国人口基数大、人口密度大，由汽车数量迅速增加带来的交通拥堵、大气污染、交通事故已经到十分严重地步，几乎所有大城市都存在交通严重拥堵问题，甚至交通拥堵已经蔓延到一些中小城市。

据资料统计，我国机动车驾驶员已达 1 亿人，且以年均 12% 的速度增长。我国汽车数量占全世界的 1.9%，但汽车交通死亡事故占全世界的 15%，一年车祸死亡人数超过 10 万人。尤为突出的是“小长假”和“黄金周”，因交通事故死亡的人数比平时高出数倍。究其主要原因，还是驾驶员对交通规则的漠视和大量新手驾驶员的“无知无畏”，特别是新手上路，在某种意义上成为“马路杀手”。因此，遵守交通规则、熟悉汽车知识、掌握驾车要领、积累驾驶经验、处理突发事故、注意平时维保、注重平时观察、学会简单维修，成为安全行车的基础和保障。

私家车是未来汽车市场的主角，怎样根据自己经济状况、使用定位、偏向爱好，做到选好车、开好车、保养车，努力做到减少道路拥堵、减少尾气排放、减少或杜绝交通事故发生，是私家车主必须考虑的问题，更是我们每个人、每个车主，都应尽的社会责任。

笔者是一位有将近 20 年有效驾龄的汽车爱好者，面对日新月异的汽车工业和私人汽车的快速发展，多次到书店寻找关于普及汽车基本知识的书籍，但都没能如愿，因此笔者萌生编写一本关于这方面书籍的念头，以飨汽车爱好者。

2010 年以来，笔者从平面和网络媒体，收集了关于汽车方面的理论基础和知识片段，走访 4S 店和汽修师傅，收集了关于汽车配置、功能参数、如何购买、具体驾驶操作和简单事故处置经验等方面的知识，同时根据自己将近 20 年驾龄的得失和与经验丰富师傅的交流，形成了本书。

笔者相信，本书的出版，能够使将要买车的人，走好买车第一步，在开车、养车时，受到很好的启发和帮助，从而少走弯路或不走弯路；已经买车的人，会从中得到更多的感受和升华，在再次购买汽车或换车之后，有更好、更深的感悟。

本书由李学智、李瑾泽主编，参与图书编写的还有牛永强、元永军、于新丰、秦保芳、田绍忠、李志强、郭东升、栗永和、赵永刚等。

由于笔者水平有限，本书不足之处在所难免，希望广大读者批评指正。

编　者

目录

CONTENTS

Chapter 1

第一篇 购车 /1

目录 CONTENTS

Chapter 2

第二篇 用车 /36

目录 CONTENTS

目录 CONTENTS

目录 CONTENTS

目录 CONTENTS

目录

CONTENTS

1

Chapter

第一篇 购车

一、购车前准备

1. 选择合适的购车时机

“如今人们买车已经渐趋理性，虽然会有很多人等到‘五一’‘金九银十’买车，但也有很多人选择在车市的不同优惠时段购车，以获得更大的优惠，如大型车展期间、6～8月的车市传统淡季等这些有较大优惠出现的时段。所以消费者在购车时机方面，可以选择的余地很大。”业内人士这样说。

某汽车4S店透露，通常情况下，进入9月后，前来店里看车的客户会逐渐增多，很多畅销车型经常供不应求，所以他们一般会将价格把控得很严，当然也会推出名目众多的“优惠促销”活动吸引客户，潜移默化地让客户在“优惠政策”的诱惑下签单订车，从而弥补6～8月淡季售车所造成的亏损。

有业内人士透露，其实很多经销商并不希望销量扎堆儿，因为他们每月、每季度都有任务，所以节庆购车优惠并不明显。而且在业内人士看来，“金九银十”不一定是购车的最佳时间，甚至有少数车商在“金九银十”前夕暗地提价，优惠存在一定“水分”，虽然不会比前几个月贵，但优惠力度已经大打折扣。

而在6～8月这个车市的传统淡季购车，砍价空间会比较大，尤其是到8月，车商库存压力巨大，汽车售价往往会在8月触底，车商甚至会在这个阶段推出更多的超值服务，所以，8月应该是值得消费者期待的一个购车期，当然，如果急着用车，就另当别论了。但要想买车，应该多留意车的价格信息，一定要做到心中有数。

2. 购车防被骗，要用些“兵法”

（1）隔岸观火

无论谁买车，事先必须要做足功课。首先就是要上网了解一下自己要买车的各种信息。因为专业汽车网站都会采集各家4S店的实时信息，了解的信息越多，上当的可能性就越小。

（2）远交近攻

要想买车不被骗，就不能怕辛苦。多跑几趟4S店，参加试驾也好，看看车展也罢，总之腿儿要勤快，多跑多问，货比三家，这样才能拿到想要的底价。导购员或者店经理随口说一句话便宜一个点，就有可能省下几千元甚至上万元，怎么都划算。

（3）欲擒故纵

买车要多带朋友，目的不是为了商量，而是为了讨价还价或者后悔的时候有个说辞，拿朋友“打马虎眼”。看上的车也别冲动，要欲擒故纵，佯装看好低配车型，然后“猛砍”高配车型。

（4）反客为主

提车时要格外注意，因为这时车辆基本就是你的了，要反客为主，防止经销商提供的是试驾车或改装车。首先是里程表，一般为4～8km最好；其次要看水箱散热片、座位包装、车头塑料完整与否。要格外注意看出厂日期和提车日期，如果两个日期相距过长，那这辆车有可能是翻新车。另外也要注意外表有无剐蹭，发动机是否有油渍，灯光和音响是否正常等。

（5）笑里藏刀

买车一般都会有赠品，比如全车贴膜，这时销售人员可能说送的都是进口车膜，价值几千元之类，千万别信，大部分赠膜都是一般品。车膜一般按卷销售，品牌货价值8000元左右，车前挡风玻璃也就用1.5m，成本价不过700元左右，而其他国产货的成本还不到100元。

3. 买车前应该了解的一些参数和术语

每个人选车的侧重点都不太一样，但无非就是从性能、配置、空间、设计、做工和品牌等几个方面来综合选定自己的理想之车。因此，我们需要稍微了解一下厂商配置单中的参数或者英文简称，然而对于大部分人来说都不大知道DOHC、VVT、ESP、AWD等简称的具体含义。很多人判断一辆车好坏的基本依据就是发动机性能好不好，有没有更先进技术。下面介绍一些关于发动机方面的参数和技术。

（1）功率

最大功率是反应发动机性能的基本参数之一，单位用千瓦或者马力（1kW≈1.35hp），从买车的角度来说，同排量发动机横向对比，功率越大就越好，这点毋庸置疑。功率其实可以与汽车的极速挂钩，功率越高，极速越高。但在买车时一定要注意最大功率爆发转速区间，不能只看数值大小。举个例子，某款2.0L发动机最大功率为120kW，但发动机转速在6400r/min才会出现。因此，这120kW其实参考意义不大，因为正常行驶时发动机转速多为1500～3000r/min。所以，此时如果再关注一下行驶转速区间的发动机表现，才更有参考价值。

（2）扭矩

扭矩是反映发动机性能的另一个基本参数，单位是牛·米（N·m）。扭矩数值越大，可以简单理解为瞬间加速能力就越好，同排量发动机扭矩数值越大，基本上加速性能也就越好。但和功率不同的是，峰值扭矩给出的爆发转速比功率要提前一些。以 2.0L 发动机为例，最大功率 120kW 时为 6400r/min，最大扭矩 200N·m 时为 4600r/min。也就是说，该辆车的加速性能从 4600r/min 之后开始减弱。此外，何时进入峰值扭矩爆发也是很重要的参考依据。爆发越提前，低扭矩表现就越好，如 2.0T 的发动机，峰值扭矩转速区间为 1800 ～ 3500r/min，而另一款同排量发动机峰值扭矩转速为 2200 ～ 3700r/min，因此，前者肯定更适合在城市中走走停停，低扭矩时动力表现更为强劲。

（3）涡轮增压

涡轮增压是在相同的单位时间内，利用发动机的废气带动涡轮来压缩进气，通过提升燃烧效率来提高发动机的功率和扭矩输出。在购买涡轮增压车型时，需要着重参考的一个因素是涡轮介入转速，其实这与看扭矩数值是相通的，涡轮介入越迟，迟滞现象越严重。涡轮在转速为 1200r/min 时介入与在转速为 2000r/min 时介入，驾驶感受是完全不同的。

（4）机械增压

机械增压的车型目前逐渐减少。与涡轮增压相同，都是通过压缩进气来提升发动机燃烧效率的，不同的是，机械增压不是利用废气驱动，而是通过曲轴的动力带动一个机械式的空气压缩机来压缩进气。因此，与涡轮增压相比，机械增压没有迟滞，只要发动机启动，曲轴活动，就可以开始增压；缺点是受曲轴转速限制，不如涡轮转速那么高，动力提升不是那么明显，此外，由于与曲轴相连，机械增压是会损耗一定的动力的。

（5）SOHC 与 DOHC

SOHC 和 DOHC 是单顶置凸轮轴和双顶置凸轮轴的英文缩写。先来看看凸轮轴的作用，可以简单理解为驱动进排气门。顶置，即放置于发动机燃烧室之上。所谓单顶置凸轮轴就是由一个凸轮轴来驱动进排气门开合，而双顶置凸轮轴就是由两个凸轮轴分别驱动进排气门开合。SOHC 由于结构简单，转速更快，因此低扭矩表现较 DOHC 要稍微好一些；反之 DOHC 在高速时的表现要好于 SOHC。至于油耗方面其实没有太大差距，一般认为 SOHC 要比 DOHC 略省油。当然，以现在的技术来说，没有绝对的好坏之分，选车时不必过分在意。目前市面上来说，采用 DOHC 发动机的车型要远多于采用 SOHC 发动机的车型。

（6）电喷与缸内直喷

吸入的空气流经化油器形成负压将汽油吸出，然后在进气歧管内与空气混合进入气缸燃烧。电喷就是在进气歧管中直接设置电子喷油嘴，其最大的优点就是喷油量控制更精确。

而缸内直喷，简单理解就是将喷油嘴安装在进气门附近，将燃油直接喷进气缸，并在气缸内直接完成与空气的混合，缸内直喷能够更好地根据进气量来控制喷油量并取得最佳的燃烧时间点及燃烧效率。因此，一般来说，缸内直喷发动机能更好地提升功率；而缺点是易积炭，后期维护成本稍高。

（7）连续可变气门正时技术

各个品牌对于这个技术的英文简称不尽相同，例如丰田的 VVT-i、本田的 VTEC、日产的 VVL、三菱的 MIVEC。严格来说，各家技术都有不同，但整体区别不大，其初衷是使配气系统能够根据发动机转速和工况的不同进行调节，高低转速下都能获得理想的进、排气效率。对于购车者来说，厂家宣称有连续可变气门技术，可以理解为车很省油，动力也有所提升。

（8）压缩比

压缩比就是气缸在下止点时的最大体积与在上止点时的最大体积之比，它是影响发动机输出性能的重要因素之一。

压缩比越高，需要的燃油标号就越高，否则会爆震。而对于动力输出方面，一般认为同排量发动机相比，压缩比越高，动力性能就越好，技术就越先进。

4. 汽车颜色选择应多因素考虑

有人做过测试，将黑色轿车、白色轿车一同置于阳光下，当时室外温度接近35℃，光照 3h 后，最后将两辆车的车内温度进行对比，发现黑色轿车的车内温度比白色轿车的车内温度高出约 5℃。

有资料显示，在众多颜色中，最吸热的颜色莫过于黑色，接下来是茶色、蓝色和绿色等浓重的颜色，之后依次排下去分别是红色、黄色和白色。

现在换车周期在 3 ～ 5 年间已经很普遍，所以也应该考虑二手车保值率。

“除了品牌和车型与二手车保值率有着密切关系以外，车身颜色对于车辆保值也有很大影响，少则千元，多则过万。”从事汽车维修保养多年的一位师傅说。

一般情况下，常见色系最为保值，比如银色、黑色、白色，主要是因为这三种颜色不容易褪色，而且划痕不明显，即使有小剐蹭也很容易补漆，因而受众群体最高。而对于一些个性颜色，比如粉色和绿色，用户群体相对少一些，导致整车价格稍低。所以，购车时不仅要选择喜爱的颜色，保值率等现实的问题也需要考虑。

据相关调查数据显示，黑色汽车在白天与黑夜的事故率均高居榜首。在白天，黑色汽车比最安全的白色汽车事故率高 12%，在黎明前和黄昏后，黑色汽车比白色汽车事故率高 47%。

除黑色外，不安全的汽车颜色依次为灰色、蓝色和红色，而安全的汽车颜色依次为白色、金色、黄色、银色。这是因为浅色车身会给人明显的警示作用，而且会显得车距很近。所以，我们在选择车体颜色的时候，一定要多因素考虑。

5. 车辆配置面面观

（1）不可或缺型

国内许多厂家为了区分高、低配车型会在主动安全配置方面也有所区分，他们把很多必不可少的配置变成了选装。在“安全第一”的理念下，笔者认为这些选装配置是不可或缺的！

ESP 等主动安全系统（推荐指数：★★★★★）

往往有人认为自己的驾驶技术很好，完全不需要用主动安全系统；也有人认为主动安全系统并不完全可靠。笔者认为多一重保险就少一分危险，多花几千元还是值得的！

倒车影像、全息影像（推荐指数：★★★★☆）

笔者有近 20 年的驾驶经验，强烈推荐倒车影像这个配置。原因是它可以帮助我们看到无法观察到的盲区，孩子丧生在车轮下的血淋淋的事例告诉我们，重视盲区十分重要。

两厢轿车的后雨刷器（推荐指数：★★★★☆）

两厢轿车的后挡风玻璃由于空气负压的原因很容易积攒污物，尤其是在雨、雪天气时，后挡风玻璃如果没有雨刷几乎是看不到任何后方情况的，开车需要全方位视野开阔才能降低事故发生的概率，所以后方视野的好坏对防止追尾和剐蹭事故十分重要。

氙气大灯（推荐指数：★★★★）

氙气大灯相比传统卤素光源优点多，节能高效，寿命长，一般都必须配合透镜使用，感觉上也更“高大上”。而它最大的优点就是照射光线均匀且亮度高，保证夜间行车的良好视野，优异的聚集性也不易晃到对向来车的驾驶员，保证了夜间行车安全。此外，改装后的氙灯透镜的质量不稳定，因此原厂的选装件就显得更加值得购买了，更何况还有质保；另外，现在一些车型使用了 LED 灯，也值得推荐。

（2）豪华商务型

有一些较高端的配置并非我们日常所能经常用到的，其中的一类就是偏重豪华、偏重商务的配置，但它们能够非常有效地提升乘坐舒适性。

电动座椅调节和记忆功能（推荐指数：★★★☆）

省力和连贯是电动座椅调节的优势所在，能够提升座椅调节的便利性。如果家里人也会经常驾驶爱车，那么记忆功能是个不错的配置，让每个人都能很快地将座椅调整到合适的坐姿，而副驾驶座椅如果也是电动调节会更显档次。如果是商务用途的豪华车，领导座椅如果能有电动调节功能那就更完美了。

无钥匙进入 / 一键启动系统（推荐指数：★★★☆）

无钥匙进入 / 一键启动也是日益流行的便利性配置，可以让人们更加从容地打开车门和发动车辆，只需将钥匙随身携带即可。此外，还有不少车型可以选配后备厢感应开启，也就是车尾底部感应人脚来自动开启后备厢。

后排遮阳帘（推荐指数：★★★）

后排遮阳帘可以为后排乘客提供更好的遮阳效果，一般商务车型才用得到，毕竟家用轿车后排坐人的概率很小。

车内冷暖箱（推荐指数：★★★）

车内冷暖箱是豪华车型才有的选装配置，一般位于后排座椅中央，无论是夏日还是寒冬都可以享受到可口的饮料，非常惬意。

（3）物有所值型

选装配置是大部分购车者日后用车会经常用到的配置，能够有效地提升车辆的舒适便利性，值得增配。

电子手刹（推荐指数：★★★★☆）

带有电子手刹的车型多为中级及以上车型，一般售价在 20 万元以上，当然现在很多国产中级车也配有电子手刹。

同样在速度 80km/h 的时候，如果不踩刹车，有人通过抬起电子手刹来模拟刹车失灵的情况。当抬起电子手刹的时候，汽车会明显减速，同样伴随着猛烈的“噔噔”声。大概过了 2 ～ 3s 后，汽车已经完全静止。从抬起电子手刹键到静止，汽车滑行的距离明显短于传统手刹和脚踏式手刹。

有人通过传统手刹、脚踏式手刹（脚刹）和电子手刹三个试验后发现，电子手刹的紧急制动效果明显优于传统手刹和脚踏式手刹（脚刹）。

对于普通的停车而言，无论是传统手刹、脚刹还是电子手刹，在没发生操作失误和零部件故障的情况下，都没有任何问题。但在行驶过程中，如果发生刹车失灵或刹车停不下来的紧急情况时，有电子手刹的车辆显然更加安全。

在经济条件允许的情况下，笔者还是推荐带电子手刹的车型（从 4S 店售后了解到，即使配备一般的原厂电子手刹，成本也在 2000 元以上，品牌越好，价格越贵）。如果因经济原因，不得不选择带有传统手刹的车型，各位也不要担心，提前预判，也能安全驾驶。

USB、蓝牙等外接音源（推荐指数：★★★★）

对于大部分人来说，音乐是驾驶者和乘车人都不可或缺的一部分，如今，USB 和蓝牙等外接音源早已取代传统 CD。

真皮座椅加热、通风功能（推荐指数：★★★★）

真皮座椅一直是高档的代名词，但同时也有天然的劣势，就是它“冬冷夏热”的硬伤。好在座椅加热和通风功能可以在很大程度上解决这一问题，有效地提高乘坐的舒适性。

（4）特殊需求型

有一些这样的配置，它的实用性并非存在争议，而是因人而异。也许对于只是把车辆当作普通代步工具的人来说并无意义，但对于特定人群却是不二的选择。

人机交互系统（推荐指数：★★★★☆）

人机交互系统是近年流行的车载系统，一般包括仪表显示、中控台显示、方向盘多功能键控制以及语音控制功能。人机交互系统主要推荐给电子产品“玩家”，此系统不仅有大量功能和更高的趣味性，还能够通过多种人机交互方式，有效提高操作系统时的驾驶安全性。

定速巡航（推荐指数：★★★☆）

对于经常跑高速的人来说，定速巡航能够解放右脚、降低驾驶强度，并且大部分豪华品牌车型更是可以提供自适应巡航控制（ACC），让驾驶更加轻松。但是需要提醒大家，“巡航”虽然让驾驶更轻松，但绝对不可以因此而懈怠，以免发生紧急情况时来不及做出正确反应而导致严重事故。

方向盘换挡拨片（推荐指数：★★★☆）

对于多数热爱驾驶的“热血青年”来说，方向盘换挡拨片是不可或缺的配置，不仅视觉效果非常有运动感，更让驾驶员手不离方向盘便可便捷换挡，从而更加专注于操控车辆。

方向盘加热（推荐指数：★★★）

对于冬天较长而且气温极低的北方车主来说，早晨握在冰手的真皮方向盘上着实不爽，若戴上一般的手套又容易打滑，故方向盘加热可以说是北方车主的福音。

6. 因人而异的功能配置

（1）自动挡雪地模式（实用指数：★★★★）

很多自动挡车型在挡把附近都有一个雪花一样的标识，这是雪地模式的开关。雪地模式可以协调车内的安全系统，增加雪地驾驶的安全性，比如采用高挡起步的方式来防止起步打滑等。在南方就另当别论了。

（2）定速巡航（实用指数：★★★）

按照驾驶员设置的速度行驶，不用踩油门踏板就自动地保持车速，使车辆以固定的速度行驶。有了这种配置，在高速公路上长时间行车，驾驶者可减轻疲劳，同时匀速行驶还可以减少燃油消耗。不过除了经常跑高速的车主外，大多数车主都行驶在路况复杂的城市中，这时定速巡航系统基本不会用到，甚至说真的没有必要配备。

（3）儿童锁（实用指数：★★★）

这是一个非常有用的功能，但是有很多人都不知道自己的车上还有这种装置。通过儿童锁我们可以设置后门只能从外侧开启，这样就能避免车内儿童在行车过程中打开车门发生危险。

（4）“伴我回家”智能照明（实用指数：★★）

在夜晚回家停好车并且离开车辆后，车灯不会立刻熄灭，大灯仍将点亮一段时间，好让车主从容回家。

（5）前车雷达（实用指数：★★）

一般驾驶员对前方距离的判断应该都相对准确。如果在等红灯或者处在拥挤的路况时，车前的障碍物距离雷达很近，雷达就会不断发出刺耳的声音，可能影响判断。

（6）后备厢逃生拉环（实用指数：★★）

这个不是所有车型都有的，部分车型在后备厢的盖板内侧有一个拉环或者扳手，通过它可以从里面打开后备厢供逃生时使用。当然如果后备厢从外面打不开的时候也可以用它试试，但前提是后排座椅可以放倒让人钻进后备厢。

7. 自然吸气还是涡轮增压，看自己的喜欢

（1）涡轮增压寿命已经不是问题

早期的涡轮由于技术的不成熟，材料也不够先进，所以确实显得非常“娇气”，动不动就出问题，但是经过近 20 年的发展，现在的涡轮技术已经非常成熟，那些易损的问题早就没有了，基本可以做到涡轮跟随发动机“一同报废”。

（2）不一定需要高标号汽油

加多少号的汽油是由发动机压缩比决定的，并不是由有没有涡轮决定的。加多少号的汽油要看厂家在说明书及油箱盖内的说明，很多带涡轮的发动机的车型都可以添加 92 号汽油，所以大家不用为油号（钱）担心。

（3）是可持续性的环保需求

与自然吸气发动机相比，涡轮增压发动机有着出色的动力性能与较好的燃油经济性，且更加环保。以某 1.0T 发动机为例，其最大功率可达 92kW，几乎相当于 1.5L 自然吸气发动机，但是在燃油经济性上，搭载 1.0T 发动机的车型比搭载 1.5L 自然吸气发动机的同款车型可节油 10%左右，排出的二氧化碳也就少了，因此更加环保。

（4）保养确实贵不少

由于涡轮增压发动机要用机油来润滑和冷却超高转速的涡轮，所以对机油的要求就比较高。传统的矿物油根本无法满足这个需求，只能用合成机油，甚至是全合成机油，机油费用立刻提升了很多，保养当然就贵了。

（5）自然吸气发动机依然“生机勃勃”

在驾驶的平顺性及可靠性方面，自然吸气发动机始终是“优胜方”，大排量自

然吸气所带来的操控顺畅性也更加适合一帮“大排量派”。此外，在排气量相同的情况下，由于涡轮增压发动机的进气量受到增压而增多，喷油量随之增加，所以此时涡轮增压发动机的油耗反而会高。

尽管一些车系的车型也在“加码”涡轮增压，但仍没有放弃对自然吸气发动机潜力的挖掘，在传统动力技术上进行革新，在保留自然吸气发动机平顺性与可靠性的同时，也在追求更好的动力输出、更低的油耗、更低的排放以及更好的安全性，所以自然吸气发动机仍然有存在的道理。

8. 省油是否要作为选车的参考

购车前多了解一些汽车节油的核心技术，购车之后培养良好的驾驶习惯，你的爱车就肯定不会变成令人懊恼的“油老虎”。

（1）外观不止好看就行

汽车的外观影响着消费者的第一印象，也成为部分消费者购车的关键因素之一。有些人购买SUV，除了喜欢它的大空间外，很重要的原因是钟情于SUV棱角分明、“肌肉感”十足的外观设计。而轿车通常都拥有流畅的车身线条。你是否能想到，这与油耗也有直接的关系？

从专业角度讲，汽车的外观造型直接决定着风阻系数，而风阻系数又直接影响着油耗。车辆在行驶过程中，风阻系数越小，车辆的油耗也越低，如今的家庭轿车设计非常注重风阻系数的降低。要知道，大多数轿车的风阻系数为0.3～0.4，而同等速度下，风阻系数每下降0.1，就可以降低约7%的油耗。

（2）轻量化车身使节油性能更出众

随着技术的进步，钢材的强度越来越大，同时也越来越轻。车身轻量化技术也成为造车过程中的要点。轿车自重的25%在车身，因此车身的轻量化起着举足轻重的作用。在降低整备质量的同时，节油性能也更加出众。据统计，汽车整备质量每降低10%，可节省燃油6%～8%。

（3）动力系统直接决定节油效果

可以说发动机和变速箱直接决定着油耗，先进技术的应用和良好的匹配可以大幅降低燃油消耗。发动机轻量化技术的加入，在提高动力的同时，燃油效率更高。而多挡位变速箱带来的好处不言而喻：驾驶更平顺、更省油。因为挡位的增加使得发动机与变速箱匹配更合理，从而降低油耗。

9. 天窗的四大用处

（1）天窗堪称天然的“空气净化器”

天窗的作用来自于负压换气的原理，汽车在行驶时，气流在车顶快速流动形成车内的负压，可以“抽出”车内的空气。比如在高速行驶中，打开侧车窗，风会吹进来，这样直吹人身的风让人非常不舒服，但是由天窗进入的风则会缓和许多，而且换气效果更好，还能避免开侧窗时，尘土和前车排放物进入车内，另外风阻也相对要小很多。

（2）用天窗除雾非常快捷

在夏秋两季交替的时候，雨水多、温差大。开车的人都知道，如果行车过程中将车的侧窗紧闭，前挡风玻璃容易形成雾气。虽然大多数车都配备了防雾装置，但有的效果并不那么明显。此时，在不下雨的时候，车主只需要打开天窗便可快捷消除前挡风玻璃的雾气。

（3）快速降温

车在太阳下暴晒 1h，车内温度便会达到 60℃左右。很多车主会选择马上打开车内的空调降低车内温度。如果你的车有天窗，那么只需打开天窗，利用车辆行驶过程中车顶形成的负压“抽出”燥热的空气便可降温。使用这种方法比使用空调降温的速度快 2 ～ 3 倍，而且还降低了能耗。

（4）过滤空气

过夜的汽车，经过一夜的停泊，密闭的车内充斥着装饰材料中散发出的气体，严重时会危害车内人员的健康与安全。所以，过夜后上车的第一件事就应该是打开汽车天窗，利用它优越的负压换气原理过滤车内空气。

二、购车时注意事项

10. 购车应防范的八大陷阱

（1）偷梁换柱骗术

在初次买车时，车主一般缺乏基本的汽车知识，甚至对所选购的车缺乏必要的了解，这一弱点常被不良的汽车经销商（车商）利用，从中牟利。车商利用车辆购置者对基本配置不清楚，会把一辆基本型的轿车稍做改造后当豪华轿车出售，从中牟利。个别车商还擅自对汽车的外部、内部进行豪华装饰，以转移消费者的关注点，而对发动机等关键部位的安全配置有意回避，欺瞒消费者。个别不良车商甚至将汽车内部配置价格较高的配件偷换为价格便宜的配件。

防范：购车时应选择规模较大的汽车专营店或大型的汽车交易市场，它们较为专业，可信度高，很大程度上可避免上述情况的发生。

（2）低价为幌骗术

市场的激烈竞争使越来越“精明”的汽车经销商用低价车做幌子，重点卖高价位车，以坑骗消费者。某女士到汽车市场看车，对某款新车情有独钟，该车最低售价仅 2.98 万元，但既无收音机、空调，而且配置又低。最后她再三权衡后，终于以不菲的价格去买配置齐全的车。

防范：想好自己要花多少钱买车再去车市，否则极易中厂家的销售“花招”。

(3) 优惠有“水”骗术

购车赠送车内饰品是现在很多经销商惯用的促销手段。但不良经销商赠送的饰品大多包含了“水分”，实际价值往往与经销商宣传的并不一致。某业内人士透露，一些汽车经销商赠送配置号称是进口的产品，其实是一些质量极为低劣的廉价产品。

防范：消费者在选购这些有“大礼包”赠送的车型时，务必小心谨慎。

(4) 炒新概念骗术

汽车经销商经常会给新车找卖点，但有些厂商为制造卖点而蓄意炒作，大打新概念的牌子，动不动就标榜“技术创新”等。目前，汽车电子装备的名词五花八门、层出不穷，如 ABS、EBD、ASR、ESP 等，再加上厂商的大肆宣传，消费者往往是无所适从。在这种情况下，很多消费者往往就为这些看不懂的高科技装备名词而花了冤枉钱，殊不知，有很多装备都是标配的。

防范：别光看广告，多请教专业人士，多去车市看看，做到对汽车市场心中有数。对汽车销售人员讲的要辨证分析。

(5) 降价补偿骗术

看着各个品牌的车纷纷降价，某女士举棋不定，没过多久，当有经销商打出了“降价补偿”的大旗时，该女士狠狠心买了车，并约定如果半年内该车降价了，经销商就将差价如数奉还。结果不到半个月，该女士的一个朋友买的同样的车却便宜了 1 万多元。该女士找经销商理论，他们辩称“我们说的是如果厂商降价，我们才补偿给你，现在价格便宜只是我们在让利促销，不算降价，当然不能给你补偿。”

防范：要知道，经销商不是傻子，他们知道厂商降价的机会不大，而实际的车价确实是自己说了算。

(6) 加价销售骗术

随着汽车消费的升温，一些别有用心的经营者设置加价的陷阱，引诱消费者上当。紧俏车型加价卖，一直是车市“公开的秘密”。还有一种是打新车上市和批量供应的时间差，吸引消费者排队预订，进而加价卖车。

防范：消费者可根据自己的实际需要制订消费计划，不要盲目跟风，不管厂家怎样千变万化，都是由消费者说了算，要掌握一套科学的考量方法。例如，可以上网看看加价新车厂家的安排计划，你会看到它庞大的产量计划，供应不足是不可能的，个别经销商加价完全是炒作，自己的“血汗钱”没必要白白送给别人。

（7）零千米骗术

一些汽车在被试乘、试驾时，里程表、传感器已经被拔掉，通过里程表不走来确保零千米，这类车其实已行驶了较远的路程。

防范：一看轮胎，零千米新车的轮胎，是完全没有磨损的，包括轮胎制造过程中产生的细小痕迹以及刺状的凸起。二看“跑冒滴漏”，所谓“跑冒滴漏”，是指汽车行驶了一段里程后，是否出现漏油、漏水、漏气等现象。打开发动机盖，观察发动机的气缸体和气缸盖、油底壳之间有无机油渗漏；水箱周围有无水渍；空调管路的接口处有无尘土。

（8）贷款蒙人骗术

有些经销商会利用贷款手续和计算方式的复杂性来欺骗消费者。

防范：应在贷款购车时仔细查看汽车买卖合同的相关条款，然后每一环节都追问到底，可以找明白人帮忙，在双方对合同条款无争议的情况下再签字盖章。

11. 购车时这些地方易忽略

“缩水”事件时时都有，不少汽车都出现了或多或少的减配，一些合资车型尤为如此。尽管这些配置有些很重要，有些不重要，但毕竟我们在某些车型上已看不到它们的存在。

（1）雾灯与日间行车灯

雾灯与日间行车灯对汽车、对车主的意义都很大。雾灯在大雾天发挥着不可替代的作用，日间行车灯则是提醒和告知行人及对向车辆你的位置，在欧洲一些国家，也是规定要开的。但在国内市场的一些低配车型上，这两个灯有的已被取消，雾天安全隐患一览无余。

（2）发动机隔音棉

高档点儿的车型一般都安装有发动机隔音棉，它可以有效地阻隔发动机怠速噪声，还可以对发动机盖隔热，保护漆面，对车辆降噪舒适有一定的作用。但在一些低配或中配车型中，隔音棉往往被省掉，大部分消费者也会忽略，虽然价格不贵，但有它还是更好。

（3）防撞梁

这是减配里的大件，汽车防撞梁用来减轻车辆受到的碰撞冲击，并可以吸能，它可减少冲击力对车身纵梁的危害，保护车辆及乘客安全。因为防撞梁的位置比较隐秘，消费者们不容易看到，很多车型都会减配，有些厂商直接将其换成了泡沫或去掉，把乘客的生命当儿戏，紧急情况下泡沫怎么能与防撞梁比？所以被去掉防撞梁的车型，一定要慎重购买。

（4）汽车悬挂

悬挂系统是车架与车轮之间传力连接的总称，可减缓不平路面带给车身的冲击力，保证汽车平稳驾驶，提高乘用舒适性，很多车型均已配备。但在有些车型上，国外独立悬挂版本在国内被改成了非独立悬挂，甚至还会节约成本，换成质量较差的悬挂部件，对车主日常驾驶造成安全隐患，消费者们不得不防。

12. 走出一些误区，重新认识汽车

我国作为一个汽车普及时间很短的国家，大家对汽车认识有很多误区。

（1）排量越大越费油

实际上高速巡航时大排量车的发动机转速低，反而省油，加速超车时油门踏板也不用踩很深。小排量车只是在怠速和低速的时候会有优势。总体来说同样的发动机技术，适中的排量最省油。

这个适中的排量，对于紧凑型车是 1.8 ～ 2.0L（有些车型 1.5L 和 1.6L 的排量可能也不错，这是一些 2014 年换代的新车才出现的新情况，也是由于技术提高了，新的 1.5L 和 1.6L 发动机动力达到了之前 1.8L 发动机的水平），对于中级车是 2.0 ～ 2.5L。涡轮增压车型可以比这个排量小一点儿。

太小的排量实际上会导致发动机很多时候超过最优工况工作，反而更费油。对传统动力车油耗影响最大的因素：第一是空气动力学特性，比如高而方正的 SUV 就会费油；第二是车重；第三是变速箱和发动机技术水平；第四才是排量。

有的时候，用户数据确实反映出：紧凑型车上，1.6L 的排量比 1.8L 和 2.0L 的排量省油，中级车上 2.0L 的排量比 2.4L、2.5L 的排量省油，很多时候其实是因为小排量发动机的驾驶者驾驶车辆用到了更少的动力，即使动力不够也因为油耗和噪声的原因不愿意大力踩油门踏板。

（2）小一级别的车比大一级别的车省油

小一级别的车一般比大一级别的车轻，在低速运行下因为主要阻力是受车重影响很大的滚动阻力，确实有油耗优势。但是小一级别的车的变速箱、发动机的技术水平往往比较低，加上因为车身较短又要保证空间，无法做出非常合理的流线型设计，中高速行驶时风阻较大，也不利于省油。

同时小一级别的车发动机配置过低，“小马拉大车”导致油耗上升的情况也比大一级别的车多些。上述情况在小型车和紧凑型车之间尤为明显，实际上紧凑型车现在普遍油耗不比小型车高多少，即使在小型车优势较大的城市驾驶，有一些紧凑型车比一些小型车更省油。

（3）手动挡车比自动挡车省油

这句话在自动挡车发展早期是正确的。传统的 5MT 车相比 4AT 车挡位更多，巡航转速更低，加上没有液力变矩器带来的损耗，一般来说更省油。

但是现代的自动挡车通过改进换挡程序，增加挡位等，已经可以做到与手动挡车差不多甚至比手动挡车更省油。而CVT车，因为传动比可以连续变化，采用双离合变速箱，换挡间隔极短而且传动效率极高，基本上都可以做到比手动挡车更省油。

另外，即使是一辆理论上油耗更低的手动挡车，如果是掌握不好离合和换挡时机的新手驾驶，也可能会比自动挡车更费油。

（4）涡轮增压发动机相比自然吸气发动机更省油

这句话不全是错的。对于高档车来说，如果要追求额外的动力，相比增大排量和气缸数，不改变排量但增加涡轮的办法，一般确实可以更省油。它的原理相当于是在你不需要那么多动力的时候，发动机就是一台普通的、适中排量的自然吸气发动机，没有大排量发动机费油，同时发动机的重量也可以减轻，而大排量发动机本身重量也大。但对于家用车，特别是紧凑型和小型家用车，却未必能更省油，为什么呢？

配备涡轮增压发动机的车在快速路上以中速匀速行驶，或者堵车、低速蠕动的时候，涡轮不介入，进气量比更大排量、自然吸气发动机的车少，因此可以省油；刚上高速路或在快速路持续加速，或者在高速路上加速超车的时候，因为最大扭矩输出和速度的匹配，配备涡轮增压发动机的车也会比较省油。

但是在普通市区道路，红绿灯多，或者在快速路上半堵不堵的状态下，频繁减速再加速，涡轮迟滞的影响较大（大功率涡轮增压发动机车型此时涡轮可以维持不介入），油门踏板踩下去动力过一会儿才上来，会大大增加油耗；高速巡航的时候涡轮保持介入，油耗也会稍高。

总体来说，涡轮增压发动机车型与自然吸气发动机车型的油耗是差不多的。但是同样是四缸发动机，涡轮增压发动机车型相比自然吸气发动机车型成本更高，而保养维修更贵，同时平顺性和静音性也有劣势，所以并不强烈推荐。

（5）同样的发动机，高功率版车比低功率版车费油

实际上高功率版车在同样动力条件下发动机转速可以更低，可以更省油。

（6）德系、美系车费油，日系、韩系车省油

根据用户平均油耗数据，比较自动挡、紧凑型车的百公里油耗，德系车和日系车其实都很省油，美系车和韩系车平均稍差一点儿。

油耗最差的是动力、变速箱、轻量化设计都较落后，同时在国内紧凑型车引进严重滞后的法系车，甚至比近2年自主品牌里好一点儿的紧凑型车还要差。

13. 车辆安全的几个问题

（1）车皮厚就会更安全

车皮厚薄会影响小碰撞的损伤，进而影响维修成本，也会影响整车的隔音，但是对于保护乘客安全，真的不重要。对乘客而言，重要的是钢架强度，能否在碰撞

后保持车体完整。

（2）车越重越安全

在其他情况不变的条件下，车重增加反而会使操控极限和制动性能下降，更不安全。

举个极端的例子：一辆车难道只要在车里多放砖头就可以提高安全性？虽然因果性不存在，很多时候车重和安全相关性还是存在的，原因是重的车，比如大卡车、高级轿车，一般结构刚性也更好。但同级别的两辆车，一辆轻、一辆重，往往是因为后者轻量化设计水平不够，或者钢架的强度不够好，只好做得更“粗壮”，但不能说明后者安全性最好。

（3）SUV 比轿车更安全

SUV 与轿车相比，对于一般的追尾事故来说，确实在高度方面有优势。视野高、看得远虽然是优势，但 SUV 因为重心高，弯道行驶会比较容易侧翻，而侧翻的致死率是最高的，对于雨雪天气多的地方尤其明显。而 SUV 的平台往往比同价位轿车的平台低一级别，有时候也反映到安全性的设计上。总体来说，同价位 SUV 和轿车的安全性其实差不多。很多人因为 SUV 看起来“粗壮厚实”而觉得 SUV 更安全，但其实没有什么影响。

（4）碰撞后整车变形越小的车安全性越好

其实好的安全性，应该是车前部充分溃缩吸收能量，但驾驶室却保持完整。碰撞后车体很完整的话，人就要更多地吸收碰撞的动能，其实更不安全。

（5）减配防撞钢梁，是厂家对消费者安全的漠视

防撞钢梁主要的作用是减少低速碰撞下车体的损伤，对于减小小擦碰的维修成本是有意义的，但对于真正威胁到乘客生命安全的中高速碰撞没有太大作用。

（6）美系车安全，日系车不安全

就世界普遍情况来说，最安全的低价车恰恰是日系车。不过最不安全的车，也是日系车。

总体来说，其实德系车、日系车、美系车都较好，当然，也只是某个时候的比较，不是一成不变的。

不过国内市场是有些不同的。国内日系车和韩系车可能由于碰撞标准不够严格，以及消费者缺乏安全知识的缘故，安全配置节省较多，会比国际市场的情况再差一点儿。

德系车虽然安全，减配较少，但是因为有大量老车型得不到更新，普遍安全状况也比国际市场的情况要差。而美系车在国内市场确实安全配置相对较“厚道”，尤其是福特，所以相对好一点儿。不过总体来说，各车系差不多，还是应该主要考虑具体车型和品牌。

（7）三厢车比两厢车安全

很多人觉得两厢车追尾时对车内人员的保护性较差，这其实与三厢车没有什么差别。两厢车的车尾一般会特别增加强度，所以很多时候虽然车身短，但比同平台三厢车还要重，可以弥补缓冲距离小的劣势。真正有问题的是三排座 MPV 和 SUV 的第三排，因为各种测试缺乏对第三排座位安全性的测量，故第三排座位的安全保护是个未知数。如果一定要买三排座的车，全尺寸设计的 MPV，第三排空间较大，坐满三排后车尾距离也较长，安全性可能会好一些。

（8）主动安全比被动安全重要

网上有很多人说主动安全好可以避免事故的发生，比事故发生了以后才用来减小事故损伤的被动安全用处更大。所以很多人会优先选择 ESP 而不是侧气囊或者碰撞成绩整体更好的车，这个说法不完全对。

市区驾驶，最危险的事故往往是因为你没注意或者对方没注意，在路口一辆车垂直撞向另一辆车，这种情况下一般是无法躲避的，主动安全根本无法发挥作用，而侧气囊（气帘）和好的车架刚性就会很有用。

而在高速公路上行驶，若出现险情，正确的做法是刹车撞上去，而不是急打方向盘（即使有 ESP，还是很容易侧翻）。此时好的车架刚性和头部气帘、膝部气囊的配备，也比 ESP 更有用。

中速紧急避险，ESP 有帮助，但是即使是这样的情况，贸然变线，还是可能会撞到侧面的车，造成更大的损伤。这种情况下，应该优先踩死刹车，在有正面气囊，全车人都系安全带，小孩坐在安全座椅中的情况下，在市区内发生正面碰撞，才基本不会对乘员造成什么伤害。

ESP 最大的优势是什么呢？是雨雪天气可以防止车身打滑。对于北方一些地区，这个影响确实很大，ESP 应该被优先考虑。但绝对不是对于所有地区、所有人的驾驶环境都更重要。

总体来说，两者都很重要，条件允许的话，还是应该选择 ESP 和侧气囊都配齐的车型（ABS 可能确实是比任何气囊都更重要的安全设备，但因为很少有车型不配备，这里就不讨论了）。

14. 贷款购车要注意看费用

（1）银行贷款：手续烦琐，利息低（推荐指数：★★★★★）

与其他贷款方式相比，银行车贷的门槛较高，审批手续烦琐，审批时间长，但银行车贷仅收利息，不另外收取手续费，利率也比较实惠。

某商业银行车贷部负责人介绍说，银行车贷的基本条件有三个：一是有固定收入来源，月收入应是还款金额的 2 倍以上；二是在贷款城市有固定住所，即可以提供房产证明、购房证明等；三是在金融机构的信用记录良好。此外，要求车辆投保贷款期间的全险。

值得注意的是，第一个条件中所说的“还款金额”，不仅是车贷的还款金额，还包括在银行其他类别贷款的月还款金额。例如，一位车友每月要还3000元房贷，还想申请每月还款金额为2000元的车贷，那么其月收入要超过1万元才符合条件。

据了解，在银行办理车贷一般要求首付三成，少数贵宾客户可以首付两成。银行不同，贷款年限不同，贷款利率也不同，一般银行车贷一年、两年、三年利率分别为4%、8%、12%。各个银行对利息的支付方式要求也不同。有些银行要求在申办成功后一次性支付全部利息，也有银行车贷允许利息计入还款金额中，每月支付。此外，银行车贷的贷款金额仅以裸车价计算，车购税、保险等未纳入贷款范围。

以一款售价40万元的汽车为例。如果首付为三成，那么该车首付款为12万元，购置税约为3.42万元，三年车险为3.46万元，可贷款28.0万元，按其所在银行普通车贷约12%的利率计算，其利息为3.36万元。那么提车时，车主要支付的费用包括了首付款、购置税、三年车险和总利息，共约22.24万元。

还有部分车企与某些银行签订协议，会对指定车型实行“贴息贷款”，对消费者比较有利。而“贴息贷款”又分为完全免息和部分免息。例如，售价100万元的车，首付50万元，1年后车主再付50万即可完成交易，这就是完全免息的贷款。部分免息贷款，就是享受利率上的调整、优惠，如正常贷款利率是8%的，则降低至6%。

分析：首付多少、按揭几年最省钱？针对车主关心的这个问题，站在消费者的角度，不贷款就不需要还利息，这种方式最实惠。但是，每个人的经济条件不同，支付能力也有差别，因此不能简单地从首付多少、按揭年限长短等信息去判断某一贷款方式是否划算，最重要的还是自己的承受能力和还款能力。

（2）金融公司贷款：门槛低，代价不低（推荐指数★★★★）

银行车贷的门槛相对较高，将部分有贷款需求的车主“拒之门外”，有的金融公司顺势推出购车贷款服务，并提出了“免息”“零利率”“零月供”等广告语，让不少消费者心动。

然而，这些看似“优惠”的车贷，却并不全是“美味”，某资深汽车销售顾问透露，金融公司推出的各类贴息贷款套餐，实际上大多是噱头。因为金融公司的免息、贴息贷款要求贷款年限短且贷款金额相对较少，而且能享受贴息贷款的只能是指定车型，一般是那些售价较低的车型。而金融公司一般还要收取数千元的服务费，并要求车主在店内搭配购买车险。如此一来，“贴息”也就是“羊毛出在羊身上”。

以一款售价10万元的车为例，贷款七成即7万元，三年贴息利率按12%计算，其利息为8400元。免息后，金融公司会收取5000～6000元的代办手续费，加上车险代理费，足以抵充其“贴息”的支出。

业内人士透露，售价较高的车型因贷款金额高、利息高，因此都不会免息、贴息，所以贷款利息则比较高。一般金融公司一年、两年、三年的贷款利率大约为11%、

15%、20%，且要求首付三成以上。

同样以售价40万元的车辆为例，如果按照金融公司三年20%的贷款利率计算，贷款七成的贷款金额为28万元，利息为5.60万元，约比银行高出2万多元。这种方式的提车价为首付款、购置税、三年车险、利息总和，合计约24.48万元。购车者还需缴纳1000～6000元不等的贷款服务费。

分析：金融公司贷款审核手续简单、流程快，一般银行贷款最快也要10个工作日才能审批下来，而金融公司通常3个工作日即可放款。金融公司对贷款者的收入要求与银行要求一致，其他方面的条件相对宽松，无法提供房产证明的购车者也可找人担保来申办车贷，所以其不失为一个便捷的贷款方法。

（3）以租代售：替换概念费用高（推荐指数：★★★）

业内人士表示，所谓“以租代售”，实际上就是变相的贷款购车。

如果选择这种方式，车友在享受低门槛购车时，还必须为高利息、高手续费买单。

同样以售价40万元的车辆为例，某汽车4S店计算出“以租代售”的各项费用，使笔者吃了一惊。因为该方案首先要求将购车税、保险这两项费用计入贷款总额，即租金总额，合计约46.88万元。因“租车”门槛较低，可以首付两成，租车押金即首付款为9.38万元，需额外支付0.36万元的上牌费、代办服务费等，所以提车价总计9.74万元。此外，租金金额（即贷款金额）为37.50万元，月租金1.36万元，总利息约11.1万元。

笔者发现，这种“以租代售”的方式容易让车商偷换概念。所谓的“租金”替代了月供、总利息等计算单位，让消费者极易忽略利率等问题。

分析：“以租代售”确实可以满足那些购车条件受到诸多限制的消费者的购车需求。不过，其较高的贷款利率以及手续费用，让许多消费者吃不消。为了获得“以租代售”的高额利息和手续费，部分车商甚至采用蒙蔽乃至欺骗等手段，让消费者“租车”，而不是向银行、金融公司贷款。消费者购车时，一定要看清购车合同。在签订贷款合同时，也要弄清贷款是由什么金融机构放款的。

15. 购车“水很深”，买车者如何做功课

购车是一门学问，就如同开车，都有一定的门道和讲究。初次购车的消费者一般都要千方百计地找个熟人指点迷津，否则心中没底。找熟人不仅是对车辆进行把关，更多的是在价格上得到“让步”。

一辆车正常驶出4S店前必须缴清所有的费用，这些费用听似简单，实则相当复杂，经销商赚钱的门道就在其中。以正常购车环节举例，当车主已经明确表示下单后，销售员会将早已拟定的报价单告知车主，一般情况下包括车价、保险、购置税及杂费。其中除去当季的优惠及补贴，车价是固定的；保险费用中强制险固定不变，另外的保费根据全险或部分险及所参保的保险公司有一定的差别；购置税也有明确的规定，现在各地事实上都在按照优惠价销售，但厂家一般会在当地国税局申报一

个最低计税价，高于最低计税价按实际车价除以 11.7 计算购置税，低于最低计税价则按照最低计税价除以 11.7 计算购置税。真正存在“猫腻”的是所谓的“杂费”，不同品牌收取的杂费不同，总体而言包括上牌费、环保检测费、出库费等，这些费用并不固定，大部分经销商对这些费用没有公开，消费者可根据自身情况与销售人员进行协商。

想要获取更多的优惠，是很多消费者在购车时的最大追求。如今大多数经销商内部都有团购政策，这比零售总体价格更加便宜；如果消费者拥有自己的门路，还可以借助自己所在公司的规模等形式，尝试经销商店内的“大客户政策”。总之，购车这门学问“水很深”，需要提前做足功课。

(1) 杂费透明难或直接加进车价中

业内人士透露，真正能够讨价还价的费用主要还是在杂费中，每家经销商收取的费用都是不同的，这部分费用厂家没有明确的规定。一般来说购买车辆时，除去车价、保险、购置税外，经销商只收取上牌费，其他杂费均不收取，当然，有的经销商上牌费也不收取。

据笔者了解，大部分经销商对杂费的收取明细避而不谈，很多销售人员仅给出一个整体的报价。据某销售经理透露，杂费这一项是同行间的“雷区”，大家都不愿意公布明细，即便有些经销商表示不收取杂费，其实他们已经将这部分费用转移到了其他环节中，归根结底还是在潜移默化中向消费者收取了这笔费用，而消费者一般都不知情。对于杂费的不透明现象，消费者协会明确说明：“消费者对这部分费用拥有知情权，同时虽说厂家没有明确规定，但经销商仍需规范自身的价格体系，所有费用都应该有理有据。”

(2) 大部分车型在团购和大客户政策范围内

近年来，消费者的消费模式不断被开拓，团购这一概念被越来越多的消费者采纳。团购一般在车价上能有些许优惠，主要针对团购车主赠送相应的保养或者其他装潢。总体算下来，一定比零售消费者获得更多优惠。目前团购业务相对“火爆”，少则 3 ～ 5 位顾客为一个团体（甚至在车展期间 1 个人都可以进行团购），多则以公司为团体，人数高达 100 人。

不同品牌车型在团购政策上也有不同的标准，降低车价、赠送保养是常用手段。除去团购，经销商一般还会安排一个“大客户经理”的职位，专门针对大客户进行服务。之所以称为大客户，自然享受到的优惠力度会更大。

“我们的大客户一般来自较大规模的企事业单位，他们一般买车的数量较大，针对不同的车型我们做出不同的让利对策。”某经销商大客户经理如是说。一般情况下，购买的数量越多或者购买的车型档次越高，让利也就越多，“我们店内 90% 的车型都支持大客户政策，针对不同的案例，做出 1 ～ 3 个点的让利。当然让利是看销售状况而言。”某经销商向笔者透露。

说到这，相信不少消费者会启用自己的人脉网络，寻求在购车时的最大优惠。

其实购车可以很简单，也可以很复杂，主要看消费者的心态。不缺钱、不在乎所谓优惠的话可以直接买车走人；精打细算过日子的车主可以使用适合自己的方式去争取利益。最主要的还是买车要买得安心和放心。

16. 提车时看车况、查手续，一定要面面俱到

（1）新车车况检查很有必要

买完新车后，不少车主都迫不及待地想立刻提到新车，尤其是第一次买车的车主。如果提车时不太注意检查汽车的状况，用一段时间之后发现问题，再想要进行理赔更换，就会很难。为避免这样的情况发生，提车时要仔细查看车辆的车况，避免遇到出厂就存在的外观瑕疵及质量问题，防止汽车因库存积压、运输而导致的损伤，防止买到经过改造翻新的旧车。

车主在自检新车时不求多专业，但一定要多注意细节，比如确保漆面均匀无损。前后保险杠、外后视镜都是容易刮伤的位置，要重点检查。不光要看是不是有划痕，还要看是否有修复过的痕迹。再看一下车门开关是否顺畅，座椅各个方向能否顺畅调节以及安全带是否有污渍或者磨损等。在这些检查之后，可以将车辆发动起来，打开发动机盖，听听发动机发出的声音。正常发动机怠速的声音应该是平稳连续的，如果出现其他杂音，发动机缸体内部可能就有问题了。同时，对车辆的一些功能部件比如灯、音响、雨刷等进行逐一检查，看是否正常。并根据装备表检查随车工具是否齐全，比如全套的换胎装备等。

（2）车辆合格证很重要

近年来，因为不能及时拿到合格证而无法为车辆上牌的事件并不少见。

“合格证是办理机动车注册登记必须提交的法定证明文件之一，没有合格证或发票就不能办理新车上牌手续。”车管所车管科工作人员如是说。没有合格证，也就无法领取到车辆行驶证和产权证等。

那么，经销商为何会拖延汽车合格证不给消费者呢？一位业内人士透露：“这些合格证被经销商拿去抵押给银行以获得一些贷款，拿这些现金进行扩建或购进新车。”

但是当经销商资金周转不灵或将卖车款派到其他用途上时，经销商就不能立刻到银行赎出售出车辆的合格证。于是，也就出现了经销商拖欠消费者合格证的现象，一般拖欠时间的长短正好是经销商收到消费者购车款和给银行还款的时间差。所以，消费者在购车付款前，一定要问清“几天可以拿到合格证”。因为有的公司信誉好或资金不存在任何问题，一般 1 ～ 2 天就可以拿到合格证，但需要周转资金的公司，有时一两周甚至一个月才给银行还款。

另外，国家现在有规定，汽车合格证必须随车到车主手中，车主一定要明白。

（3）证件票据要核对

新车车主在提车时一定要核对车辆合法证件是否齐全，如购车发票、车辆合格证、“三包”服务卡、车辆使用说明书以及其他文件或附件等。并注意检查汽车信息与其铭牌上的内容是否相符，检查发动机号、车架号、产品合格证及出厂日期等一系列汽车的唯一合法标识的一致性。

购车发票

发票是购车时最重要的证明，同时也是汽车上牌照时的凭证之一。所以在购车时，消费者务必向经销商索要购车发票，并要确认其有效性。

“三包”服务卡

根据有关规定，汽车在一定时间和行驶里程内，若因制造质量问题导致的故障或损坏，凭“三包”服务卡可以享受厂家的无偿服务。

车辆使用说明书

用户必须按照车辆使用说明书的要求合理使用车辆。如果不按使用说明书的要求使用而造成的车辆损坏，厂家不负责“三包”。使用说明书同时注明了车辆的主要技术参数和维护调校所必需的技术数据，是修车时的参照文本。

铭牌

核对铭牌上的排气量、出厂年月、车架号、发动机号等内容，合格证上的号码必须要与车上的发动机号、车架号一致。

其他文件或附件

有些车辆针对发动机有单独的使用说明书，有些车辆的某些选装设备有专门的要求或规定，这时消费者都要向经销商索要有关凭证。

以上部分的各项单据、凭证、资料必须认真检查，如果发现有任何的遗漏、错误都必须要求销售商立刻解决，否则将影响车辆上牌、日后的保修等。

三、汽车保险

17. 汽车保险的各种功效

目前汽车保险主要分为基本险和附加险两大类，附加险并不能独立购买，它是附加在基本险（如第三者责任险、车辆损失险以及交通强制责任险）上购买的，附加险包括全车盗抢险、玻璃单独破碎险、车辆损失险、自燃险、涉水险等。

（1）交强险

交强险是由保险公司对被保险机动车发生道路交通事故造成受害人（不包括本车人员和被保险人）的人身伤亡、财产损失，在责任限额内予以赔偿的强制性责任保险。

（2）车辆损失险

车辆损失险是指保险车辆遭受保险责任范围内的自然灾害（不包括地震）或意外事故，造成保险车辆本身损失，保险人依据保险合同的规定给予赔偿的保险。

（3）第三者责任险

第三者责任险是指合格驾驶员在使用被保险车辆过程中发生意外事故而造成第三者的财产直接损失与人员伤亡的保险。

（4）全车盗抢险

全车盗抢险的保险责任为全车被盗窃、被抢劫、被抢夺造成的车辆损失以及在被盗窃、被抢劫、被抢夺期间受到损坏或车上零部件、附属设备丢失需要修复的合理费用。可见，全车盗抢险的保险责任包含两部分：一是因被盗窃、被抢劫、被抢夺造成的保险车辆的损失；二是因保险车辆被盗窃、被抢劫、被抢夺造成的合理费用支出。对上述两部分费用由保险公司在保险金额内负责赔偿。

（5）车上人员责任险

车上人员责任险负责赔偿保险车辆发生意外事故，导致车上的驾驶员或乘客人员伤亡造成的费用损失，以及为减少损失而支付的必要合理的施救、保护费用。

（6）玻璃单独破碎险

指使用过程中发生本车玻璃单独破碎，注意“单独”两字，如果是其他事故引起的，车辆损失险里也可以赔偿。

（7）自燃险

车辆在行驶过程中，因本车电器、线路、供油系统发生故障及载运货物自燃原因起火燃烧，造成车辆损失以及施救所支付的合理费用。

（8）划痕险

车辆在使用过程中，被他人剐划（无明显碰撞痕迹）需要修复的费用。

（9）涉水险

车辆涉水险简称涉水险，全称车辆涉水行驶损失险，是专门针对因水淹导致的发动机损失进行赔偿的一个险种。只有购买了涉水险的车主，在遇到涉水造成的发动机进水，引发故障时，才能得到保险公司的相应理赔。

18. 新车要买哪些车险

随着汽车保险种类越来越多，哪些是该买的，哪些是可以不买的，也就成为不少新车主头痛的问题。专家总结出五大必买车险，供参考。

(1)交强险

交强险是我国法律规定每一个车主均需强制购买的保险。一旦出了交通事故，交强险能代替完成难以支付的经济赔偿。

如未按规定购买交强险，公安机关交管部门有权扣留机动车，并处应缴纳的保险费的 2 倍罚款。购买交强险后会发给车主交强险标志，该标志还需粘贴到车前挡风玻璃上。

故意制造的事故、酒驾以及车辆被盗期间造成的车辆损伤，保险公司都是不赔的。

(2)车辆损失险

车辆损失险指被保险人或其允许的驾驶员在驾驶保险车辆时发生的保险事故，造成保险车辆受损，保险公司在合理范围内予以赔偿。

一些小部件单独损坏不在赔偿范围内，如后视镜、车灯、车轮（包括轮胎及轮毂）等。对于未上牌或者没拿到临时牌照的新车，发生事故造成的损失则不在车辆损失险赔偿范围之内。另外，如发生事故后找不到肇事人，保险公司可以只赔偿损失的 70%。

(3)第三者责任险

第三者责任险是指在事故中，造成除本车驾驶员及乘客之外的其他人员伤亡或财产直接损毁，由保险公司按规定进行赔偿。例如驾车不小心撞到了电动车，电动车的损毁以及电动车驾驶员伤亡的赔偿费用均由保险公司负责。

在事故中造成本车驾驶员或者乘客的伤亡、撞伤自家人、开车撞损毁自家车辆，这些都属于不赔的情况。

(4)全车盗抢险

全车盗抢险是为全车被盗窃、抢劫造成的车辆损失提供赔偿服务的保险服务。如果全车被盗、抢，经县级以上公安刑侦部门立案侦查证实满 60 ～ 90 天而没有下落的，由保险公司直接赔偿。

如果只是车上零部件例如轮胎、轮毂、车灯、后视镜等被盗，则不在赔偿范围之内。另外，如果车辆经过改装，除非对改装部分有单独购买新增设备险，否则在全车被盗时按原厂车赔偿。

(5)不计免赔险

不计免赔险全名是不计免赔率特约条款，是附加险的一种。很多事故赔偿中，保险公司都可以有 5% ～ 20% 的免赔率。当车主购买了不计免赔险后，则可避免这些免赔率，从而获得全额的赔偿。

四种不赔情况：事故没留证据导致交警无法定责，车停路边被划伤或第三者逃逸，只购买基本险附加不计免赔险时汽车被盗被抢，频繁出险产生的加扣免赔率。

19. 新车投保学问多

（1）4S 店投保还是电话车险

前些年，人们购买车险大多选择保险中介，近年来，汽车 4S 店和保险公司的电话车险则成为很多车主投保的主要渠道，而这两个渠道对于车主而言，哪个更适合呢？

4S 店车险价格高，电话保险更便宜

在消费者购车时，4S 店销售顾问会竭力推荐消费者在店内购买车险，而 4S 店的保险价格相较其他保险代理点或是电话保险要贵 15%～20%，如果消费者想以较低价格购买保险，推荐选择保险代理点或是电话保险。

4S 店适合“扫盲型”

买保险图的是省心，如果后期服务不周到，省一点儿钱并没有多大意义。在这方面，4S 店可谓占有天时地利。开车出状况，第一反应当然是联系汽修店。如果车主在 4S 店投保，发生交通事故时同样可以“沿用”这种做法。接下来，定损、理赔、维修的大部分手续都可以由 4S 店专员和保险公司进行协商解决。尤其在维修服务上，“采用原厂正品件”往往是 4S 店的“杀手锏”。

对于新购车的车主来说，4S 店也许是首选。4S 店一般都承担着对新购车的车主进行车险知识“扫盲”任务，在车主买车的同时，帮助车主上保险、联系保险公司，解决新购车的车主对车险一无所知的问题。其缺点就是价格比较贵。

电话车险属于“低价透明型”

随着近年来电话车险模式的成熟和火热，直接通过电话到保险公司投保已经成为与 4S 店、保险中介并驾齐驱的投保方式。那么，相较于其他投保方式，电话车险有哪些好处呢？首先，能拿到低于其他任何渠道 15% 的折扣。同时，投保方式公正、透明，服务承诺有保障，在报价透明方面，直接按照保监会规定的折扣比例统一报价；同时，投保电话均有录音，后期发生纠纷时，车主可要求复查自己投保时的录音。

不足之处在于，采用电话保险投保后，一些日常保单事宜，发生意外后的理赔等事情，都需要车主自行办理。若不了解，只能通过致电保险公司客服电话来寻求帮助，缺少了代理人这一环节，也就得不到直接的专业性服务。因此，电话车险更适合有一定经验的车主。

（2）哪些险种很有必要

交强险、第三者责任险、车辆损失险、车上人员责任险、不计免赔险、全车盗抢险……在林林总总的车险险种中，除交强险是强制险，车辆只要上路行驶必须投保外，其他险种均为自愿选择。

车辆损失险

新购车的车主中有不少还是新手，要降低风险，车辆损失险一定要上。小刚、小碰之类的，到修理厂稍微修修就要不少钱，投了车辆损失险就不用着急了。

第三者责任险

第三者责任险主要是在出险之后用于赔付对方。随着道路上行驶的“豪车”越来越多，给自己的车买上一定保额的第三者责任险显得很有必要。目前第三者责任险的每次事故最高赔偿限额分几个赔偿档次：5 万元、10 万元、20 万元、30 万元、50 万元、100 万元及以上。专家建议，最好能将第三者责任险投保到 20 万元或 50 万元保额，尤其是刚购车的新手，他们属于发生车祸的高风险人群，即使不小心发生车祸，也不必担心事后无力承担责任。如果在两档保额之间选择的话，可以上浮一个档次投保。

全车盗抢险

机动车辆全车盗抢险的保险责任为全车被盗窃、被抢劫、被抢夺造成的车辆损失及在被盗窃、被抢劫、被抢夺期间受到损坏或车上零部件、附属设备丢失需要修复的合理费用。如果你停车的环境不安全，或者你的爱车属于易盗车型，则最好为爱车投保全车盗抢险。

不计免赔险

不计免赔险作为一项附加险种，需要以投保的“主险”为投保前提条件，不可单独进行投保。其保险责任通常是指“经特别约定，发生意外事故后，按照对应投保的主险条款规定的免赔率计算、应由被保险人自行承担的免赔金额部分，保险公司会在责任限额内负责赔偿”。据统计，出险时车主用到最多的险种就是车辆损失险和第三者责任险，通过投保不计免赔险，才能得到你所应该承担损失的100%赔偿。当然，针对不同的保险公司，并非所有附加险都有不计免赔。即使买了不计免赔险，个别保险公司还让车主自己承担部分费用。

其他附加险

除此之外，车险中还有自燃险、车身划痕险、玻璃单独破碎险、涉水险等附加险种，是否需要投保这些附加险也要视车辆的具体情况而定。比如自燃险更适合车辆使用 3 年以上，车辆油路、线路老化的车辆，但汽车因为擅自改装或加装电器引起的自燃，保险公司是不赔的。玻璃单独破碎险则比较适合常年在路况较差区域出行的车辆。而新手开车则适合购买划痕险。涉水险则侧重于常年在外遇到突发暴雨或水路的概率较大的用户。但需要注意的是，如果报案理赔，会算作一个案件，可能会对第二年的保费产生影响。

20. 第二年车险怎样买比较划算

第二年，车主肯定会很纠结还有没有必要像第一年一样上那么多险种，多花冤枉钱。那么到底第二年车险该怎么买比较适合呢？

（1）购买方式选择

买车后的第二年，车主有了自己的选择权，可以通过电话或网上车险的方式来进行投保。由于这两种投保方式省去了中间环节，而且保险公司还长期推出一些优惠活动，因此价格要比4S店更划算。但凡事都有利有弊，在4S店上保险是可以享受直赔服务的，如果不是的话，4S店可能会拒绝给你提供保险直赔服务，这时就需要自己到定损中心定损。

（2）主险险种选择

由于是刚买的新车，车主刚开始会比较爱惜在意，再加上对自己的驾驶技术缺乏信心等，第一年往往会上全险。毕竟车辆开了一年，驾驶技术熟练了，对爱车的情况有了一定了解，因此一些不必要或者不划算的险种，车主就可以选择不买了。比如，生活在城市里，家中和单位都有安全的停车地点，那么车主就可以不考虑上盗抢险。一般家庭都会买一些意外伤害险，车上人员责任险就和前者略有冲突，万一遇到意外情况，它的赔付额很低，如果你不常常跑高速路的话，车上人员责任险也可不上。

（3）附加险险种选择

划痕险一般只提供给车龄在三年以内的新车，很实用，但保费不低，车主可根据实际用车情况自己决定。玻璃单独破碎险值得推荐，因为全车35%的面积是玻璃，行驶中被石子击伤玻璃的情况屡见不鲜，而且汽车玻璃本身的价格就不低，因此能上则上。至于自燃险，对于新车而言意义不大，毕竟新车出现自燃的情况极少。而发动机特别损失险就是人们常说的涉水险，车主只要不冒险，几乎用不上。

（4）多享受优惠条款

众所周知，保费的高低与前一年出险次数和理赔金额有着很大的关系。根据规定，只要车主在一年内没有任何违规记录、出险情况以及理赔事项，车主在第二年续交保费时会获得商业险、交强险保费的下调，同时还会被保险公司列为优质客户而享受车险优惠。

综上所述，第二年车险应在购买方式、险种选择上做出合理的选择，既要做到足额投保，又不能浪费，花冤枉钱。选择最适合的险种组合，为了让以后的开车生活有保障，才是车主真正的利益诉求。

21. 交了汽车保险还有哪些免费服务

（1）免费加水、接电、送油服务

如果开车在路上，车辆的汽油耗尽，你就可以直接拨打保险公司电话，要求送一桶汽油过来。而除了付点油费之外，几乎用不着花多余的钱就能解决问题。

另外，如果车里的冷却液失效导致水箱“开锅”，或者是车辆蓄电池亏电，打不着火，都可以直接打保险公司的电话，这些服务都是免费的。而其他救援公司的这类服务，则是要收高额服务费的。

（2）免费拖车救援

这个服务项目比较常见，如果车辆抛锚，很多车主都需要打救援电话求救拖车，不过，拖车公司会收取比较高的拖车费。但如果打电话给你的保险公司，则会在一定的里程范围内免费拖车。

另外，如果需要拖车服务，尽量给自己的保险公司打电话，因为他们最了解你的车型和车况，可避免因为拖车公司的人员疏忽，拖坏你的爱车。不过，不同的保险公司免费拖车里程不同，这个需要事先了解。

（3）免费快修服务

这个免费服务非常实用，很多人都不知道。如果自己的车出现一些小毛病而导致抛锚，并只需要简单更换零件的维修，也可以打保险公司的电话，请求支援！

比如换蓄电池、换轮胎，或者其他小修、快修服务。而如果你此时还呼救大修理厂的话，那你就绝对亏大了！

（4）免费吊车服务

如果你驾驶不慎，直接开到沟壑里或者池塘里，或是在其他什么落水的地方，都可以给保险公司打电话，进行免费吊车服务。

（5）免费年审服务

目前国内车辆年检的检测场已经与很多保险公司进行合作，因此可以为车主提供免费的年检验车服务和代验车服务，甚至还能提供 VIP 通道。

保险增值服务明细表

保险公司	电话	服务项目	服务限制条件	说明
中国人民保险	95518	蓄电池搭电、送油、拖车、更换轮胎、轮胎充气	9 座以下家用车	免费拖车距离为 50km
太平洋保险	95500	在线故障排除、医疗救援服务、路边快修、更换轮胎、送油、加防冻液、蓄电池搭电、困境救援、拖车	9 座以下家用车	快速是指针对 30min 内能排除的故障；送油不超过 10L；事故车辆拖车 50km 内免费，非事故车辆拖车 100km 内免费
平安保险	95511	蓄电池搭电、送油、水箱加水、更换轮胎、路边快修、困境救援、拖（吊）车	12 座以下家用车	全国城市中心区 100km 以内，不限次数，免费拖车（吊）车距离为 100km
阳光保险	95510	蓄电池搭电、送油、水箱加水、更换轮胎、路边快修、困境救援、拖（吊）车、派送备用钥匙	—	送油不超过 20L，首次免费提供 5L

续表

保险公司	电话	服务项目	服务限制条件	说明
太平保险	95589	蓄电池搭电、送油、更换轮胎、路边快修、拖（吊）车	9座以下家用车	免费拖车距离为100km
天安保险	95505	蓄电池搭电、送油、更换轮胎、拖（吊）车、派送备用钥匙	12座以下家用车	送油不超过10L；拖车50km内免费；派送备用钥匙（仅限同城）

四、新车装饰

22. 新车需要哪些必备用品

（1）活性炭

刚买来的新车，我们会闻到里面有一股刺鼻的味道，那是因为汽车生产使用的胶和材料的问题以及内装饰材料存在苯、甲醛等含量超标问题。用点儿活性炭，能吸收异味，净化空气。

（2）地胶

一般汽车座椅底下都是一种地毡似的物品，是原车整体铺制好的，一旦有脏物、污垢留在上面，很难清理。若上面铺上一层防水、易擦洗的地胶，清理起来就方便多了。

（3）防盗器（排挡锁）

装有电子防盗器的车一般可遥控车门，非常方便、实用，但窃贼一旦掌握破解方法，也容易将车盗走，因此现在许多车上都装配排挡锁。排挡锁是一种机械锁，将车的挡把放在空挡或倒挡位置并锁上，即使盗贼启动车，也不能将车开走，车内空间小，锁杆坚硬，不易被锯断。可以说这是为爱车上了“双保险”。

（4）防爆膜

在炎炎夏日里行车，如果你贴了一种好的防爆膜，那么它会隔断绝大部分的紫外线，阳光不会直射车内，同时会让你感到一些凉意，这就是防爆膜的隔热、防紫外线的功能在起作用。同时，防爆膜还会起到防护作用，若汽车玻璃被撞碎，玻璃碴不会飞溅，减少对人的伤害。

（5）倒车雷达

随着汽车的增多，剐蹭问题也突显出来。倒车时，若有倒车雷达，能使车辆在倒车时与障碍物的距离达到最小，天黑、雾天也不影响其性能，大大提高了人们在倒车时的安全性。

（6）坐套、坐垫

坐套、坐垫不仅可以美化车内空间，还可以保护原车座椅干燥、干净，防止皮革老化。有些坐垫还有按摩、磁疗功效。

除了以上几种车内必需装备外，有条件的车主还可以考虑以下几种装饰：真皮座椅、音响系统、挂饰件、汽车天窗、卫星巡航定位系统、安全气囊。还有各种靠垫、杯架、防静电标、杂物盘、挡泥板、车衣、行走架、车用冰箱、打气泵、刹车灯、示宽灯、车内后视镜、停车牌、灭火器、麂皮、掸子、氧吧、电动窗、自动天线、车用窗帘、机械锁以及大包围、尾翼、轮眉、雨挡、装饰灯、贴画、踏板等。

当然，车辆不是装饰越多越好，要必要、舒适、安全。

23. 汽车后备厢垫如何选择和识别好坏

（1）概述

汽车后备厢是用于存放物品的地方，其作用不容忽视。汽车后备厢垫是集吸水、吸尘、去污、隔音、保护后备厢地毯五大主要功能为一体的一种环保汽车内饰零部件。

汽车后备厢垫可以有效地保护汽车后备厢，防止脏物或者液体进入后备厢侵蚀后备厢表面，还可以防止后备厢内物品滑动。

厚实的底材可以阻止底盘噪声和轮胎噪声，提高驾驶舒适性。

（2）特点作用

在每一次出行时，你所带的物品可以安心放置于爱车后备厢中，后备厢垫精心设计的防滑表面，使它们不会因为颠簸而散落，给你最彻底的保护。

汽车后备厢垫用防水 PE 材质制作，防紫外线，耐油污，韧性强，可防止沙、泥、水、雪、油污污染后备厢。

载送花木、货物，放置潮湿物品、雨具，其立体高边设计可有效防止污物溢出污染你的爱车。

高密度发泡性材料，隔音、避振、弹性好，可以周到细致地保护后备厢的各个角落，抵御各种侵袭。

（3）选购技巧

看是否有花纹：因为汽车后备厢垫的表面有一些纹路，看起来比较清晰，所以汽车后备厢垫就具有防滑的特性。这个纹路可以有效防止物品打滑，保证其安全，尤其是对于存放的玻璃制品，显得更加重要。

看是否环保：在购买汽车后备厢垫时，一定要检查是否有异味，有异味的产品不要购买，即使便宜也不要买。因为这样会使车内空气受到污染，而且容易滋生细菌，时间长了也不利于车主的健康，所以尽量不要购买有异味的产品。

看是否有好的舒适度：好的汽车后备厢垫还具有一定隔音降噪功能，所以舒适度就好，而且汽车后备厢垫还具有抗高温、抗寒、防潮湿的作用，这样则可以四季使用，不必经常更换，只要脏了清洗一下即可。

看美观度：如果我们选择和自己爱车搭配的颜色，然后花纹设计也比较好看，适合心意，这样既可以愉悦我们的心情，还有能给爱车起到点缀的作用。所以选择适合自己的汽车后备厢垫，可以增加美观度和愉悦心情。

24. 坐垫的选用

（1）冰丝材质

这种材质的坐垫具有透气性能好、吸汗等特点，能使用 3 年左右，是汽车坐垫中较为热销的产品，推荐使用。

（2）亚麻坐垫

采用天然亚麻纤维为原料，在烈日下手摸亚麻坐垫，可以感觉温度下降 3 ～ 5℃。但亚麻坐垫很难辨别真假，因此购买时要特别注意。

（3）陶瓷坐垫

宣传说陶瓷坐垫有提神和保健等功能，但这种坐垫冷的时候冰凉，热的时候很烫，应谨慎选择。

（4）水牛皮坐垫

具有透气、防菌等特点，经济条件许可的话值得拥有。

25. 哪种汽车脚垫更适合你

（1）皮革脚垫

皮革脚垫又叫超纤维皮革全包围脚垫，由蛋白质纤维紧密编织而成，其表面有一种特殊的粒面层，具有自然的粒纹和光泽。这种材质的脚垫舒适柔软、防滑耐磨，是一种性价比较高的脚垫，一般是中高端车型最佳的选择。皮革脚垫价格不贵，清理方便，是销量比较好的一种脚垫。

（2）PVC 脚垫

PVC 脚垫又叫塑料脚垫。PVC 脚垫面层为 PVC 材质，中层为 XPE、EVA 材质。面层和中层这两种材质如同油与水一样不能交融，必须靠胶水强行复合，但是胶水在高温的夏天易脱落，脚垫会产生开胶现象，最主要的是胶水中含有对人体有害的甲醛。PVC 脚垫的特点是耐脏、易清洗，但异味大，容易滑动。虽然价格便宜，但是胶水中含有对人体有害的甲醛，所以不建议车主购买。

（3）橡胶脚垫

橡胶脚垫和塑料脚垫一样，清洗很方便，橡胶脚垫在温度变化比较大的环境下不容易变形。橡胶脚垫采用模具进行注塑或注胶的方式生产，根据材料质量，脚垫表面的花纹工艺各不相同，导致价格和性能差异较大。价格便宜的脚垫质量多半较差，其特点是防滑、易清洗，但劣质材料异味大，伴有有害气体和难闻气味。橡胶脚垫便于清理，比 PVC 脚垫的价格更贵。

（4）XPE 脚垫

XPE 的全名叫化学交联聚乙烯发泡材料，主要由低密度聚乙烯树脂加交联剂和发泡剂，经高温连续发泡而成。XPE 脚垫无色、无味，清洗方便，且具有一定的阻燃效果。另外，XPE 材质还具有良好的环保性。

（5）丝圈脚垫

丝圈脚垫清理方便，适合一年四季使用。丝圈脚垫的丝条结构能将灰尘和污物有效地控制在脚垫内部，因此丝圈脚垫的吸污能力很强，易清洗，但需要经常清洗。另外，丝圈脚垫不容易出现打滑的现象。丝圈脚垫的缺点是覆盖面积偏小，不过现在市面上已经有大包围形式的丝圈脚垫。购买时，可以选择加装大包围形式的丝圈脚垫。

（6）锦纶脚垫

锦纶脚垫又叫尼龙脚垫。锦纶脚垫相比其他材质的脚垫更结实耐用，耐磨性也更为出色。锦纶脚垫清洗比较方便，但清洗后会残留多余水分，需要擦拭或晾干水分。另外，锦纶脚垫的价格略高于其他材质的脚垫。市面上锦纶脚垫的质量各不相同，价格区间较大，购买时要认真挑选。

（7）亚麻脚垫

亚麻脚垫易变形，目前市场上的亚麻脚垫价格比较便宜，一般在 20 ～ 100 元之间。亚麻脚垫摸上去比较软，但清洗后容易起毛，而且清洗几次之后就会变形，导致脚经常踩的位置深陷，影响舒适性。另外，在温度较高的夏季，亚麻脚垫经过长时间使用之后，容易产生异味。虽然亚麻脚垫价格便宜，但不建议购买。

（8）呢绒脚垫

由于材质柔软且外形美观，一般购买呢绒脚垫的车主大部分为女性。大部分汽车的原厂脚垫就是这种材质，虽然看着美观，柔软舒适，但是呢绒脚垫价格较高，清理十分麻烦，所以不推荐车主使用呢绒脚垫。

26. 汽车座椅选择及其养护

（1）座椅的种类

织物座椅是以化学纤维物质为主要材料制作的座椅。织物座椅是性价比最高的，虽然不显档次，但是很实用。

织物座椅的优点： 不易破损，寿命长，而且修复难度低，同时还不容易老化；绒布座椅摩擦力更强，坐上去感觉更稳，不会有打滑的感觉；制造成本低，透气性好。

织物座椅的缺点： 容易脏且不易清洁，脏东西会落入到座椅里面，清洁起来非常麻烦；散热性不好，由于织物座椅的吸热性比较强，因此在夏天打开车门马上坐下去的话，会感觉很不舒服，有种“闷”的感觉。

皮质座椅是由天然动物皮或者化学合成皮革制成的座椅。很多厂家都会使用皮质座椅来提高车辆的内饰档次。

皮质座椅的优点： 容易清洁，相对于织物座椅来说，灰尘只能落在真皮座椅表面，而不会深入到座椅深层，因此用布轻轻一擦就可以完成清洁工作；更易散热，虽然真皮也会吸热，但是它的散热性能比较好，夏日正午被阳光灼热的车辆，用手拍几下就可以散去热气，或者坐上去一段时间就不会感觉那么烫了。

皮质座椅的缺点： 表面易损，如刀、剪、针等尖锐硬物会在皮革上留下印痕，并且容易老化；坐的感觉比较滑，由于皮质座椅材料特性的原因，使得我们坐上去会感觉非常滑，摩擦力比较小；可能烫伤，在夏天的时候，皮质座椅表面受到太阳的照射之后表面温度会非常高，可达60℃左右，因此可能会造成皮肤烫伤；不透气，夏天在皮质座椅上坐久了，腿上都是汗，这是皮质座椅的弊端。

（2）皮质座椅不等于真皮座椅

多数厂家使用的是人造皮革，也有些厂家会在座椅上使用半真皮半人造皮以及再生皮（将皮渣、皮纤维磨碎，经高压后用黏合剂黏合，形成片状，具有部分皮革特性）。对于使用非动物皮制成的座椅我们最多可以称其为皮质座椅。因此在选购的时候要特别注意。

（3）如何判断座椅皮质的好坏

一看， 好皮皮面光滑，皮纹细致。

二摸， 好皮手感柔软、滑爽有弹性，若皮面颗粒多、板硬或发黏的话，质量不会好。

三烧， 如果你有机会得到皮的样品的话，点燃后有一些焦状物，则为皮质材料，真皮则没有。

四擦， 用潮湿的布在皮面上来回擦拭，若有脱色现象，则说明质量不过关。

五拉， 向两边拉皮子，若出现缝痕或露出浅白底色，则说明皮子质量差。

（4）座椅的使用与养护常识

由于织物座椅会有比较大的纤维孔存在，因此平时在车里最好不要吃东西或者放杂物，如果必须这么做也一定要注意，不要让食物的细渣或者杂质掉落在车座上，以避免滋生螨虫或其他微生物而产生怪味，从而影响身体健康。

虽然织物座椅很容易弄脏，但是织物座椅在清洁方面却比较简单。在不是很脏的时候，可用刷子和吸尘器配合清洁，一边刷座椅表面，一边用吸尘器把脏东西吸出来。

对于特别脏的座椅，清洁时首先用刷子清洗较脏的部位，然后用干净抹布蘸中性洗涤液，在半干半湿的情况下全面擦拭座椅表面，最后用吸尘器或者干布清洁座椅并清除多余的水分。

汽车皮椅要尽量距热源远些，如离热源太近会导致皮革出现干裂。不要长时间暴露在阳光下暴晒，这样可避免皮革褪色。经常清洁保养，一周用吸尘器吸一次灰尘。在清洁时不要用吹风机去快速吹干皮革，要做到自然风干。及时清理洒落在座椅上的污物，避免化学物质对座椅产生腐蚀。避免尖锐物体划伤。

在养护方面，清洁皮质座椅时要使用专用清洁剂，不要采用家用的洗衣粉、洗洁精等非专用皮革清洁剂，因为一般非皮革专用的乳液及油脂，其分子颗粒较大，无法渗入皮革组织形成保护，反而阻塞了皮革的毛孔，使皮革失去了透气性，从而加速皮革硬化及裂痕的形成。

另外，在清洁的时候最好不要用潮湿的抹布，因为水分可以渗入座椅的海绵中，使座椅不容易干燥，并且湿润的皮革还容易重新吸附灰尘。如果使用了潮湿的抹布，最好再用吸尘器对座椅清洁一下，以使其尽快干爽起来。值得注意的是，真皮座椅一旦弄上污垢，要及时清洁，如果超过一定时间不做清洁，这些污渍就难以去除了。

此外，皮革与人体经常接触的表面，由于摩擦和油脂较多，看上去更有光泽，不要以为这个部位很干净。恰恰相反，皮质座椅出现光泽，即表示皮革的毛孔已经被严重堵塞，这是皮革开始受损的前兆，如果不立即对皮革进行清洁，将大大减少皮革的使用寿命。

如果你有足够的钱那就选真皮座椅，但如果手头资金不足的话，建议你还是选择织物座椅更好些，因为织物座椅性价比更高且相对容易打理。而且，好的织物座椅绝对比低端的皮质座椅在质量等方面要好。

27. 方向盘套有无必要

（1）车主纷纷为方向盘“添衣”

买来新车，车主总想给方向盘点缀一下。特别是天气变冷以后，很多车主觉得每次刚开车的时候方向盘都很冰冷。所以，刚一入冬，很多车主就给爱车的方向盘“添衣”——方向盘套。然而，使用方向盘套对驾车安全有何危害和影响，很多车主都表示不清楚。

（2）方向盘“添衣”不易掌控

首先，冬天气温较低，人的反应能力和感知能力会下降，使用方向盘套增加了驾驶员的操控难度。

其次，冬季雨雪天气，道路结冰现象多发，使用方向盘套会减少方向盘和手之间的摩擦力，在遇到雨雪路滑、急转弯路况时，方向盘不易操控，容易出现把控滑落，在处理紧急状况时不利于安全处置，方向盘容易脱手，影响安全，造成事故。

此外，驾驶员可以通过方向盘的振动来感知路面状况，尤其是在高速行驶或急转弯时，都可以通过方向盘及时判断，做出紧急处理。使用方向盘套后，在一定程度上会使手与方向盘的摩擦力减小，减弱驾驶员对路面状况的感知能力和判断能力。

同时，使用方向盘套在关键时刻还很容易让方向盘打滑。尤其对于手掌娇小的女车主来说，更不适合使用太厚的方向盘套，否则难以完全握住穿上“衣服”后的方向盘，从而影响行车安全。所以，方向盘套会增加行车风险，应尽量避免使用类似产品。

（3）如确实需要，应如何挑选合适的方向盘套

方向盘套最大的弊端就在于打滑，再严丝合缝的产品也会对操控造成一定的影响。如果真想加装方向盘套，在挑选时要选择内侧摩擦力较大、安装上以后不会出现打滑情况的方向盘套。

同时，方向盘套的表面不能太滑，如长毛材质、亚麻类等方向盘套，使用中很可能出现打滑、抓不住的现象。另外，在使用前，要检查方向盘套表面的做工，查看是否有一些坚硬的线头或是硬褶皱，以免使用中划伤手掌。

（4）选择手缝真皮方向盘套

既然使用方向盘套会给驾车带来安全隐患，那么，是不是冬天就不能用方向盘套？对此，专家给出建议，冬季最好选用手缝真皮方向盘套。

手缝真皮方向盘套与市面上需要用橡胶固定的毛绒类方向盘套有很大区别，最关键的一点，它是真正地固定在方向盘上，不会有相对的位移，并且在缝制过程中会使方向盘套紧贴方向盘，可以做到完全贴合，避免打滑。

同时，驾驶员冬季驾车，如果是为了保暖，建议直接购买带有防滑功能的冬季手套，相比方向盘套来说要安全得多，并且可以真真正正地做到保暖。

28. 除去甲醛造成的新车异味

车内空气污染物主要是甲醛，这种有害物质在夏季极易从车内皮制座椅、顶棚织物等处释放出来，若长期待在甲醛超标的车内，势必对人体健康有害，建议车主做一次专除甲醛的售后保养。

（1）长期接触甲醛会引发多种疾病

专家表示：“车内的有毒有害气体有甲醛、苯、胺和TVOC（总挥发性有机化合物的简称），但一般检测车内空气质量主要还是检测甲醛，因为甲醛可在车内存留长达10年，其他有毒有害气体5个月左右就会基本挥发。”甲醛的用途非常广泛，它是化学工业中的“多面手”，但对人体健康的危害巨大，长期接触低剂量甲醛，可引起慢性呼吸道疾病、鼻炎癌、妊娠综合征、新生儿染色体异常、白血病等疾病，特别是对儿童，容易引起青少年记忆力和智力下降。

专家表示："如果车主在车内感觉眼睛痛或喉咙不舒服，那肯定是车内甲醛含量超标了。"夏季车内温度特别高，容易让甲醛散发出来，车主在开车前要先开窗通自然风，让味道散发出去，再开启车内空调系统，行驶一定距离后再关闭车窗。

（2）保养前先彻底清除一遍车内甲醛

专家说："不管是豪华车，还是普通车，或多或少都会有味道，这个味道是什么物质散发的，需要用专业的检测仪才能检测出来。"车辆经过太阳暴晒后，车内甲醛含量在 0.08mg/m^3 以下符合国家标准。

在做清除车内甲醛保养之前，车主先把爱车室内彻底清洁一遍，再利用空气压缩机把"甲醛净"溶剂（纳米二氧化钛，乳白色半透明液体，能分解甲醛，产生负氧离子，除菌防霉）雾化，均匀喷洒在车内，覆盖车内部件及各个角落。待晾干之后，用空气压缩机将光触媒（光催化剂）溶剂再次雾化，均匀喷洒在车内即可。

专家表示："光触媒（光催化剂）溶剂呈乳白色，附着力非常强，可有效降解甲醛、苯、TVOC 等污染物，本身无毒无害，不会产生二次污染。"不管是刚从 4S 店提的新车，还是已经开了几年的旧车，做过甲醛处理的车辆的空气质量终归是要好些。

2

Chapter

第二篇 用车

一、新车磨合

29. 新车磨合十分重要

新车磨合是汽车保养之本，要想以后用好车，第一步就是磨合好车，因此刚买新车的车主一定要高度重视对新车的磨合。

（1）为什么要磨合

汽车是一个机械产品，其中有许多机械零部件都是相互配合工作的，由于机械加工精度限制等原因，它们之间的相互配合并没有达到非常顺滑的状态。刚出厂的新车，或者刚刚大修过的车，都需要进行磨合。

磨合就是通过各个零部件之间的咬合部位相互摩擦，使咬合面更顺滑，相互的配合更严密。经过比较好的磨合的车辆，整体车况都会更上一层楼，如车辆比没磨合之前更有劲、更省油、噪声更小、操控更灵活等。

汽车磨合不仅包括发动机的磨合，还包括变速箱的磨合、刹车的磨合等，汽车磨合是这些主要部件磨合的统称。

（2）怎么样磨合

平稳起步，缓慢加速

动作要轻缓，起步要平稳，发动机点火后要先充分热车，再缓慢起步，避免急加速、急刹车、高速过弯等激烈驾驶现象。先以低挡起步，缓慢加速，以行驶 1km 以后换入高挡为宜。

不可让发动机转速过高

一般汽车厂家都会标注汽车磨合期的最高行驶速度，以不超过汽车最高速度的 2/3 为磨合期最高速度限制。但这种方法并不准确，因为有时会出现虽然速度并未超限，但由于挡位掌握不当，发动机转速过高的情况，所以最好以发动机的转速来衡量更为科学。一般汽油发动机在磨合期内最高转速不要超过

2000r/min，柴油发动机则以1000～1500r/min为宜，转速太高，发动机负荷增加，对发动机的损伤很大。

不可长时间保持一个挡位

行车时要及时换挡，使每一个挡位都能磨合到，各种路况都要跑跑。配备手自一体变速箱的车辆要将手动、自动模式都磨合到。

不要负重行驶

汽车磨合期间，负重太大也会有损车辆，所以磨合期的车辆越轻越好，最好不要拉太多人跑来跑去，也不要装载重物。

不要过长时间行车

新车刚开始磨合时，一般开几个小时就需要停一停，让汽车休息一下。不要整天让汽车都在行驶，甚至跑长途。

尽量避免紧急制动

紧急制动不但会使磨合中的制动系统受到冲击，而且加大了底盘和发动机的冲击负荷，所以在最初行驶的300km内不要采用紧急制动。如确有突发情况，也应尽量先踩离合后踩刹车，以减小对发动机的冲击。

（3）磨合期要多长

汽车的磨合包括发动机、变速箱、刹车这些主要部件的磨合，但主要是指发动机的磨合。发动机的磨合大约要经过3000km的行驶距离。变速箱的磨合主要是齿轮之间的磨合，它的磨合时间比发动机要略长一些，一般需要5000km的行驶距离。刹车的磨合时间大约需要400km。

综合以上各因素，时间最长的是变速箱的磨合，大约需要5000km，因此整车的磨合期大约是5000km。

（4）是否可以不磨合

现在随着汽车工业的发展，有的厂家提出来新车无需磨合。这主要是因为发动机的制造工艺水平大大提高，它包括四个方面：一是机械加工的精度大大提高；二是冶金工艺水平大大提高，使汽车零部件的材质发生了很大变化；三是发动机的整体设计水平大大提高；四是有些高档车型在出厂前就已经先进行了冷磨合。

不过，一辆新车到底需不需要磨合，最重要的还是要先看看车辆的使用手册，看看厂家对此有什么要求，只要按照厂家的要求去做就不会出现太大的问题。笔者认为，车辆都要有磨合期，只不过是磨合距离的长短不同而已。

30. 磨合期的汽车应注意的事项

（1）无论是新车还是旧车，汽车启动都需要“预热”

因为刚启动的发动机温度低，各部位的润滑油还没到位，立即开车会让互相接触的部件没有得到充分的润滑，致使零部件损耗。启动发动机后车辆便开始产生废气（比正常行驶排放的废气要多），但是车辆又必须进行一定的“预热”。但如果长时间“预热”，发动机不但产生大量积炭，而且也不利于环保，有专家建议启动车辆 10s 左右后就可以出发了（涡轮增压发动机应该为 60 ～ 90s）。

另外，“热车”也有季节之分，比如冬天的时候气温很低，机油的润滑度不够好，这时怠速时间就可以稍微长一些，一般在 30s 左右就可以了，然后可以采用低速行驶 1 ～ 2km 的方法继续“预热”，这样就可以避免长时间怠速所产生的负面效果。

（2）保养要适时

新车在磨合期阶段，务必及时进行保养。依照车辆说明书上的厂家建议，达到一定里程数或时间后，及时进行车辆的检查和保养，更换机油、机油滤芯等，并全面检查底盘系统。

（3）避免车辆经常满载运作

新车在磨合期阶段经常满载运行，这种情况属于负荷过重，会导致发动机及变速箱的负荷增大。因高负荷而导致的发动机输出功率过大，长此以往会造成机件的过度磨损。

新车或刚大修好的车满载运行将会对机件造成损坏。因此，在最初的 1000km 内，国产车不能超过额定载荷的 75% ～ 80%，进口车不能超过额定载荷的 90%。

（4）忌长途行驶和高速行驶

长途行驶也就意味着发动机连续长时间工作，会直接影响到零件之间的配合，不利于发动机长期的使用，造成机件磨损加剧。如果需要跑长途，建议每 200km 应当让车辆熄火休息半小时。

另外，处在磨合期的汽车，最好避免高速行驶。新车初驶阶段对速度都有规定，国产车一般规定在 40 ～ 70km/h 以内；进口车一般规定在最初的 1000km 内，当油门全开时车速不超过最高车速的 80%，且要求在使用中注意观察发动机转速表和车速表，使发动机转速和车速都在中速下运作。一般情况下，磨合期的发动机的最高转速值建议保持在 2000 ～ 4000r/min。

（5）使用品质较好的燃油

其实不管是新车，还是旧车，它们都不能使用低于厂家规定标号的燃油（一般在油箱盖上有标号）。这对于仍处在磨合期的新车来说更为重要，如果条件允许的话，尽量使用品质较好、标号较高的燃油。最好也别添加抗磨损的添加剂，加了添加剂还有可能出现里程数已够而磨合不足的现象。

（6）换挡需要及时

这主要是针对新手和使用手动挡车型的朋友来说的。及时换挡是为了避免高挡位低转速和低挡位高转速行驶的情况，这对发动机的长期使用来说都是不好的。也不要长时间用一个挡位，该升挡就升挡，该降挡就降挡，不要每一次都到达挡位的最高速度才进行切换。

另外，自动挡车型也需要磨合。方法是可以先将挡位挂到低挡，再让发动机转速提到中高段，保持 20 ～ 30s，时间不要过长，发动机转速也不能过高。然后放开油门，主动让车速和发动机转速降低，此后每一个挡位都用这种方法进行适当的磨合。至于手自一体变速箱，则可以切换到手动模式，然后按照上面的方法，每个挡位都进行磨合。

（7）刹车系统需要轻柔磨合

在新车磨合期，切忌猛踩刹车，缓慢刹车可以让新车的刹车鼓或刹车片得到一个更好的配合间隙。

（8）切忌时常紧急制动

不管是新车还是旧车，紧急制动可以避免的话就尽量避免，因为每一次紧急制动都会给刹车系统带来强大的负荷，不仅对刹车系统有损害，而且还增加了危险性。所以在最初行驶的 300km 内不要采用紧急制动。如确有突发情况，也应尽量先踏下离合器踏板，以减少对发动机冲击。为了避免紧急刹车的情况发生，开车时最好确定一个安全距离，在这个安全距离内便开始缓慢刹车。换句话说，就是在确保安全的前提下尽量让车辆可以缓慢地停下来。

31. 新车磨合期的技术要点

汽车磨合期是指新车或大修后汽车的初驶阶段，磨合里程一般为 3000 ～ 5000km，这是保证机件充分接触、摩擦、适应、定型的基本里程。在这期间可以调整、提升汽车各部件适应环境的能力，并磨掉零件上的凸起物。汽车磨合的优劣，对车的寿命、安全性、经济性将会产生重要的影响。

出厂后的新车，虽然在工厂已经进行过磨合，但是零件的表面依然较粗糙，还有瑕疵。而且在加工、装配时存在一定的偏差和一些很难发现的隐患。另外，新零件与配件间，有很多金属粒脱落，这些金属粒不仅使零件间磨损加剧，落入机油后还会使机油的质量下降，影响润滑效果。

（1）磨合过程

汽车的磨合期分为三个阶段。1000km 为磨合初期，2000km 为磨合中期，行驶至 3000 ～ 5000km，零件表面就可形成氧化膜，磨合基本完成。

（2）行驶速度

磨合期内应尽量低速行驶。一般情况下，载重汽车最高车速不宜超过 45km/h，小车的最高车速应在 80km/h 以内。同时，在起步前不要让发动机怠速运转太长时间，

30s 左右即可起步。初驶期 300km 以内应避免紧急制动。

（3）磨合期内的驾驶规定

① 保持起步平稳，避免猛踩油门，且不要使发动机转速过高。

② 起步前，水温应达到 50℃以上。以低挡起步，1km 以后换入高速挡，行车中水温应控制在 80 ～ 90℃

③ 行进中及时换挡，不要长时间使用一个挡位，也不能使用高速挡低速行驶或使用低速挡高速行驶。

④ 选择良好路面，避免过大振动、冲撞或紧急制动。制动前，应先踩离合器。

⑤ 选用优质的燃油及机油，不宜使用发动机耐磨添加剂。

（4）注意事项

处于磨合期的车辆，在平时要经常检查，提前发现问题并将其排除。

① 机油、冷却水、轮胎气等，一定要充足，无泄漏现象发生，发现欠缺时应及时补充。

② 各部分如有不正常的响声，要及时检修，机械故障对磨合期内的车辆造成的影响往往比对磨合期后的车辆造成的影响要大得多。

③ 一般车上在仪表盘中都有警报灯，有的汽车装有行车电脑。及时发现仪表盘和行车电脑里的警报信息，才能更好地掌控车辆的状况。

④ 处于磨合期的车辆装载重量一定不要超过额定载重量的 75%～ 80%，满载、超载对新车各个构件都会造成损害。

32. 新车的首保和二保

（1）首次保养（首保）尤为重要

汽车的首次保养称为走合保养或者磨合保养，根据车型的不同，走合保养的里程从 3000km 到 5000km 不等，而在这个里程以内的 1500km 是谨慎期，是磨合保养中的重中之重。

在谨慎期内，首先需要注意的是车辆的载重量不要过高，即便是能够乘坐 5 人的车也不要坐满人，这段时期内一两个人开着车到处跑跑最好。

在道路的选择上绝对不要一开始就开着车走比较复杂的路面，如坑洼的道路、异常拥挤的道路（车辆的走走停停对磨合期的影响非常不好）等，应该走顺畅一些的公路，让车辆的运转处于流畅的状态。

然后是车速的问题，很多人都知道磨合期内车速不要过快，这是正确的，但是有经验的人知道，磨合期时不时跑跑高速对车辆反而有帮助，因为不仅仅是发动机，变速器、四轮机械系统以及轮胎都需要在一定的时速下持续“热身”，让相互之间的“沟通”达到最佳效果。

过了谨慎期，汽车的车速可以适当提高一些，但最好不要超过 120km/h；行驶的路面也可以稍微“粗犷”一些，但仍旧需要小心一点。不管是3000km还是5000km的磨合期，都不要顶到头了才去做保养，提前一点，把该换的都换了，然后全车检查一番，这样合理的首次保养完成后对车辆的未来帮助非常大。

（2）二次保养（二保）润滑内容增加

汽车的第二次保养里程在12000km左右。第二次保养的时候，最好把机油、方向机助力油以及减速器油一并更换。在机械方面，要对除了发动机以外的如底盘部分做一些大的检查，尤其是刹车系统，该更换的一定及时更换，以免带来安全隐患。

除了第二次保养外，还有第三次以及未来的很多次车辆保养。此外还有一些固定零部件的定期保养，如正时齿轮带的更换、制动蹄片的更换等都是非常重要的。

33. 新车油表显示忽高忽低，要常检查油路传感器

新车在磨合期的时候，油表显示会出现忽高忽低的状态，这种现象是很正常的，但是总是遇到这样的现状，就要好好去检查了，尤其是刻度的前半部分下降得较慢，到了后半部分则较快。

对于新车油表显示忽高忽低的状态，汽车维修专业人士解释认为，油表不准的最主要原因是油位传感器的问题。由于是新车，显示忽高忽低是常有的事情。

不止是新车会遇到这样的问题，有些使用了几年的旧车也会出现类似的问题。因为在一般情况下，车辆的油表在从高到低下降的过程中，如果前半段可以行驶300km，后半段就只能行驶100km左右。也就是说，在前半段很多车型的油表会下降得比较慢，而过了中间刻度之后，就会下降得比较快。这主要是和用来反映油量的油泵设计有关，它不能很均匀地反映燃油的消耗变化，毕竟这种绝对匀速变化很难实现，也不容易通过维修或更换配件来改变。

如果是新车的油表刻度突然下降为零，则说明传感器有问题，可以直接去4S店进行更换；如果是旧车，则要及时清洗油位传感器。由于汽油中含有很多杂质，而油位传感器一直浸泡在油箱内部，时间长了就会被污染，直接影响到指示的准确性。

如果油表刻度指示不变，这种情况主要是由于在油位传感器和浮子之间的连杆被卡住，使浮子不能正常地上下浮动，从而导致油位传感器不会发生变化，所以油表指针就定格在某一个位置。

对于汽车油表出现的这些状况，维修师傅建议广大车主，在为自己的汽车加油的时候，尽量选择油品较好的汽油，因为清洁的汽油会使油泵里面的杂质较少，会降低油表发生故障的概率。

34. 新手开车必须要知道的十个用车常识

（1）脚刹在熄火状态下无法正常使用

现在汽车的设计，脚刹一般都通过电池工作。当汽车处于熄火状态时，脚刹只能踩两至三下，此后就会变僵硬，无法起到刹车作用。

因此，突然发现这一现象时不必惊慌，并非汽车故障；当汽车（特别是手动挡车）在坡道意外熄火时，迅速踩下脚刹后不可再松开，更不可反复地一踩一松，否则易导致汽车溜滑，撞上其他车辆。当出现溜车时，应果断拉起手刹，然后打火启动。打火启动后，脚刹会立即恢复工作。

（2）路上暂停时勿离前车太近

新手上路往往分寸把握不好，遇有堵车或红灯时，刹车过慢，以致车头离前面车辆太近，加之起步要领操作不熟，常常过于急躁，很容易在重新起步时撞上前车。

与此相关的是，新手在有坡度的路上临时停车，应拉起手刹，重新起步时待车头有前进动力时再放下，以防倒溜。由于油门和离合配合不好，有的新手放下手刹后车辆也可能出现倒溜，这时应果断重新拉起手刹，避免撞击后车。这也正是前后两车之间保持安全距离的道理所在。

（3）无红绿灯时过路口宁等不抢

在没有红绿灯而设有主辅路标志的路口，自己如在辅路上行驶，要等主路车辆全部通过后再穿行。如主路车流大，要耐心等待，切记不能心存侥幸，莽撞穿行。有些新手“初生牛犊不怕虎”，在主路来车已经很近的情况下猛踩油门企图穿过，是十分危险的。

而且，在路口观察主路车辆要左右两方向兼顾，确保两边绝对安全才可通过。在设有红绿灯的路口，起步时也不能急于抢先，防止撞上横向路上最后通过的车辆；通过路口时速度不能太快，以防与横向路上不遵守交通规则而闯红灯的车相撞。

（4）下陡坡时不要空挡滑行

很多新手驾车，为了体验驾驶乐趣，在陡坡下行时往往空挡滑行。这样做可能会使车辆难以控制，特别是空挡滑行时车速会迅速加快，遇有紧急情况难以及时刹车，有时会出现危险。因此下陡坡时一定要挂上挡位行驶，并配合脚刹。

（5）并线、倒车、入库要习惯看反光镜

很多新手由于刚接触汽车，还不习惯看反光镜。在并线、倒车、入库的过程中，通过反光镜确保安全十分必要。

在行进中变换车道（并线），不仅要提前打方向灯以警示后车，还要仔细观察两侧反光镜，看清后面是否有车紧跟，尤其是要驶入的车道是否有后车紧跟。如有，要么自己加速拉开距离再并入该车道，要么等后车驶过再并入。有的新手开车不看后面情况就盲目并线，是很多事故发生的根源。

倒车和入库时，速度较慢，但容易发生剐蹭。要保持怠速（即不踩油门，控制离合器，利用车辆自带的极低速度使车移动），并不停地观察两侧反光镜，保证两侧不碰触墙、柱。很多新手倒车和入库时容易看一边而忽视另一边，造成剐蹭。

（6）下车后注意锁车门

现在车门钥匙基本上是遥控锁，新手开车由于习惯还没形成，下车后容易忘记锁门。如在外停车，就很容易发生车内物品被盗。因此，停车后要注意车门是否落锁。此外，车门上锁后钥匙放在兜里还要防止挤压，有时车主离开车一定范围内，由于遥控钥匙受挤压，车锁又被意外打开，车主却浑然不知。

（7）备用钥匙一般不要放在车内

汽车的备用钥匙是应急之用，但一般情况下不要放在车内。因为如前面所说，新手有时会忘记车门落锁，而此时如备用钥匙在车内，则给了不法分子可乘之机，将汽车盗走，这样损失就大了！

当然，如驾车远行，随身带上备用钥匙有时也是必要的，但也不宜放在车内，否则常用钥匙丢失或无法使用时，势必要破坏车窗才能拿到备用钥匙，损失也不小。

（8）不要把硬币放在手刹附近

出于付停车费等目的，很多车主会在车内放些硬币。但对新手而言，不要把硬币放在手刹附近的水杯槽里，否则，在取放时一不小心，就可能误使硬币掉入手刹缝隙，进入机械舱。虽然机械舱内机器都是密闭的，一般认为不会对汽车机械运转产生影响，但毕竟会增加麻烦。

（9）夜间停车要关闭车灯

很多新手容易犯这样的错误，就是在夜间停车入位熄火后，忘了关闭车灯。有些车在熄火拔出钥匙而车灯未关闭的状态下，车灯仍保持暗光状态，如不关闭，一个夜晚下来可能会把汽车蓄电池的电量消耗殆尽。

（10）紧急情况要及时打亮双闪灯

新手开车，进错车道甚至进入逆行线、行进中熄火等意外情况发生并不少见，这时作为驾驶者的新手往往比较惊慌，急于恢复正常的行驶状态。在此过程中，一定要及时打亮双闪灯，让其他车辆知道你的车出现了紧急情况，需要紧急掉头、转向、重新起步或其他非正常的操作，从而有意识地避让你，避免事故发生。

35. 学会看听并用

（1）学会看仪表盘上的故障

新手开车，学会看仪表盘非常重要。要经常注意看仪表盘上的指针，随时关注仪表盘上显示的图标。凡是看到仪表盘上亮红灯，尽可能马上停车熄火进行检查。

尤其是到农村去，在高低不平的路上，如果“砰”地剐了一下底盘，你不能采取无所谓的态度，有可能把油底壳碰漏了，导致机油泄漏。当然出现这样的情况时，仪表盘上会显示出红色的机油壶和水波浪的标识。遇到这种情况，应立即停车熄火。新手如果不了解情况，继续向前行驶，就会出大问题，造成发动机的损坏。

（2）停车一定要拉好手刹

很多新手，习惯性地在停车时把变速杆放在空挡。这个习惯非常不好，容易使变速杆进入前进挡，从而发生危险。

停车时，一定要拉好手刹，否则很容易撞到别人的车；而如果在坡道上，还可能产生更大的危险。不少人学车时不注意这个问题，这样的事故已出了不少。但手刹在行驶过程中一定要放到位。

（3）随时注意车辆异响情况

行驶中，驾驶者要密切注意车辆各部分的响声。一旦发现车辆有异响，首先要准确判断声音来自车内还是车外。如果确定来自车内，应该关系不大；如果来自车外，就应停下来检查。

在没熄火的情况下，如果声音消失，可判断是行驶过程中的异响，可能是轮毂、轮胎、变速箱、传动轴、悬挂响；如果还继续响，可能是发动机出了问题。这时，你要仔细听声音来自哪个部位、哪个方向。如果是新车，你可慢慢行驶，可能是轮胎扎了钉子或粘了小石子造成异响，有时踩刹车也会有异响，可能是刹车片厚度不够，也可能是零部件的密度大而造成的正常异响。

36. 新手上路四大要点要牢记

（1）全神贯注，集中精力

开车不打电话、不发短信、不抽烟、不吃东西，这都是基本要求。如果是新手开车，尽量不要聊天，免得只顾聊天，忘了其他。

（2）养成不争不抢的好习惯

很多人一开车，脾气就上来了，不允许别人超车，不允许别人变道到他前面，否则就是挡了他“面子”，非要加速超过来或者挤回来才算了事，这其实是非常不好的习惯。

（3）不能违反交通法规

很多人喜欢抢黄灯，其实抢黄灯是违法行为。还有很多车主喜欢占着非机动车道进行右转弯，这其实也是严重的交通违法行为。新手开车一定要坚定不违反交通法规的原则，不要别人违反了交通法规，自己也要跟着违反。

（4）要控制好脾气

不在情绪不稳定的状态下开车，是非常重要的一件事情。极端的情绪会影响车主的判断力，更会延长车主的反应时间，如果在此时遇到紧急情况，将会非常危险。

37. 新手应当心这几点

（1）最损车的行为：高速低挡

对于一般驾驶人员来说，正常行驶时不会用手动模式或自动模式中的低速挡，问题都不太大，无非就是多耗点油。但是，如果在高速公路上行驶用手动模式或自动模式中的低速挡，则会对变速箱造成很大的损伤。

（2）车没停稳就换挡

如果不注意等车完全停稳就切换挡位，会导致变速箱出现问题。有些人为了赶时间，车辆没停稳就在R挡（倒车挡）和D挡（前进挡）间切换，这种情况确实经常发生。

说明书也清清楚楚写着："汽车未停稳，切勿将换挡杆挂到P挡或R挡，否则会严重损坏变速器！"

（3）没电了，推车启动

开惯手动挡汽车的车主，更容易犯这个错误。有时候坐在后座看书，打开阅读灯后忘记关闭，等再准备出门时，发现车辆蓄电池没电了，发动不起来。

提醒：如果自动挡车抛锚在路上，不得不推到路边停放时，一定注意速度要慢，推车距离不能太远，最多50～100m。至于推车启动，那是绝对不能做的。

（4）刹车失灵，关闭开关

某些车辆出现刹车失灵事件时，有的车主想得很简单：刹车失灵，那把点火开关关闭，或者直接拔掉车钥匙，车辆不就停下了吗？

提醒：这是非常危险的行为。行驶时如果拔出车钥匙或关闭点火开关，方向盘就会被锁定，导致汽车失去控制，会造成严重的车辆损坏。危急情况下，用损车的方法来强行熄火停车也不是绝对不行，但必须注意前提是前方没有车辆或行人，是直行道路。

（5）高速行驶或下坡时挂N挡滑行

一些人认为在高速行驶或下坡时挂N挡滑行可以省油，其实这是非常错误而且危险的做法。你省下的油钱远远比不上变速器烧坏的修理费用。原因是高速行驶时，输出轴转速较高，而此时突然挂 N 挡，变速器会出现供油不足的情况，尤其对多片式离合器而言，更是容易因为缺少润滑、冷却而烧损。

38. 新手在高速公路上驾车十大禁忌

（1）忘记检查轮胎

气温高，速度快，容易造成爆胎，爆胎会导致方向失控而酿成事故。爆胎的原因很多，防止爆胎，还要从出行前的准备做起。

防范：长途出行前四个轮胎都要仔细检查一遍，最好到专业维修店调整好轮胎气压。尤其不要忘记检查备胎，看是否完好、有气。中途休息时，也要检查轮胎，用拳头敲打一下，看是否正常。如果有漏气，要立即修补。一旦行驶中发生爆胎，不能急踩刹车，这样车辆容易打横失控，要紧握方向盘，逐渐减速靠边。

（2）速度快慢不均

在高速公路上就该高速行驶，车速快了，新手会紧张，方向也会跑偏，易引发事故。但是车速慢了，尤其是正常路况下低于 80km/h，容易给快速行驶的后车造成视觉错误而发生追尾。

防范：在上高速公路前，就给自己规定一个时速，这也为今后在高速公路上行驶奠定一个“个性速度”。建议新手初次上高速公路，正常路况下保持 90 ～ 100km/h 的速度，如果速度只能低于 80km/h 的，建议还是走普通公路。另外，尽量在行车道内行驶，不要长时间占用超车道。

（3）不声不响超车

在高速公路上超车是必然的，但很多新手缺乏经验，超车时忘记打转向灯，或一打转向灯还未仔细瞭望，就开始超车。这有两大危险：一是前车也许正要超车；二是后车距离太近或正想超车，互相抢道，发生碰撞。

防范：超车前一定要前后看清楚再动手。尤其是超越大货车时，一定要确认前车已经知道了你的意图。先打转向灯，必要时打远光灯示意。开始超车了就要果断，返回行车道时要看一下后视镜，确保与后车有足够的安全距离。还有，被超车时不要紧张，管好自己的方向，走好自己的车道。尤其是大型货车超上来，偶尔会在两车之间形成旋转气流，此时要紧握方向盘，紧盯前方车道，让其尽快超过去。

（4）跟车距离太近

高速公路车速快，车距相应要拉大。以 100km 时速计算，1s 的时间车辆就行驶 28m 左右。

防范：通常时速 100km，跟车距离就是 100m。高速公路上会不断出现确认车距的指示牌，可以此来估计自己的跟车距离。尽量不要长时间跟在大货车后面，这类车体积大，阻挡前方视线，而且有些货车尾灯昏暗，潜藏危险。

（5）雨刮器喷淋没水

春天时晴时雨，雨天路又湿又滑，另外前车溅起的细密的泥水会覆盖挡风玻璃，此时只用雨刮器是刮不干净的，应喷水后再刮。但很多新手出发前没有检查喷水装置，没水喷，视线一片模糊；干刮，则更加模糊，且有可能毁坏喷水电动机。

防范：出发前一定要确认喷水装置中有水。挡风玻璃溅模糊了，喷水刮拭前，要先看清前方道路，车流不能复杂，因为一喷水刮拭，就会有短暂的成片模糊。此时要适当降低车速，连续喷水，将雨刮器开到中挡速度。

（6）开车接听手机

高速行驶接听手机，一是会使注意力分散，方向跑偏；二是会导致车速突然减慢，易引起后车追尾。即使是用耳机，也有同样问题。

防范：上高速公路前把手机开到静音状态，因为听着铃声响不去接，心情会很急躁，注意力不集中而影响开车。开到静音状态，到休息站时，再拿出手机给来电一一回复。高速公路是全封闭的，即使遇到急事，也不可能立刻掉头，还是要到下一个出口才能返回。所以不必急于在高速公路上接电话。

（7）开车拧饮料瓶盖

开车时口渴了，要喝饮料，一手扶方向盘，一手拿起饮料瓶，单手去拧瓶盖子，拧不开，又低头看，这样一来，前方有情况就来不及处理了。

防范：事先准备好瓶盖可以用手推开的饮料瓶，或者带吸管的饮料瓶。如果有乘员，这件小事一定不能自己做，就指定由其代办。

（8）错过出口倒车

一不小心错过了出口，又倒车回来，或者在经过路牌时，突然刹车减速，甚至停下来看路牌或打电话问，这都是高速公路行车的大忌。

防范：高速公路上因道路不熟，低速行驶或突然停车造成的追尾事故很多，而且大都发生在出口附近。出发前最好先问清楚出口名称，或者在高速公路入口处向路政人员打听清楚。然后一路上要留意标志牌，一般出口前2km开始就有提醒标志。万一开过头，千万不能倒车，只超过1m也不行。应该在下一个出口出去，到收费站问清楚后，再重新上路。

（9）驾驶员与乘客高谈阔论

自驾游时一般车上都是趣味相投的好朋友，大家一路说笑，驾驶员有时也会“忘我”地加入进去。驾驶员有时为防止疲劳瞌睡，需要有人在一边说说话，但聊得太投入了，就会严重分散注意力，引发不良后果。

防范：乘客可以适当地和驾驶员说说话，但不要说那些需要动脑筋或要引起争论的话题。驾驶员要把注意力集中在开车上，偶尔听几句，不要多参与。

（10）路上停车大家围观

在高速公路上遇故障停车，车辆突然靠边，停车后不设警示标志，乘客又都围着车辆看，这是非常危险的。

防范：遇到故障，如果车还能开动，要确认与后车有足够的安全距离，再打转向灯靠边，停在紧急停车道上，打开双闪灯，在车后100m以外设警示标志。乘客全部离车，站到侧护栏的外面，千万不要站在车边围观，更不能坐在车里。很多追尾事故都发生在停车道。

39. 新手怎样掌握汽车转弯驾驶技巧

汽车要安全平稳地通过弯道，就要处理好两个问题：一是合理地选择车辆行驶路线，以保证行驶平稳；二是尽量选择较大的转弯半径，合理地控制好行车速度，使离心力降到最小。

汽车在平路上行驶时，由于道路阻力小，比较容易提高行驶速度，在运行速度较快时转弯会产生较大的离心力，急转弯会产生更大的离心力，这样不仅会影响汽车的平顺性，严重时会造成翻车事故。因此正确的操作应是根据车速、弯道曲率半径，在进入弯道前放松加油踏板，使汽车平稳降速行驶。

弯道行车大致规律：在准确控制车速的前提下，当视线不清时，左转弯尽量靠右，以扩大行车视野。当视线清楚又无障碍物时，可切弯行驶。若视线不良，弯道曲率半径较小，则要使车辆靠车道的外侧行驶，即右转弯时车辆接近道路中心线行驶，减少方向盘的转动量，从而减小离心力。当上陡坡时，右转弯必须靠右行驶，以确保行车安全。

40. 新手上路的六大软肋

（1）上路成路盲

不认路是新手最大的难题，一坐上驾驶位，方向感就更加模糊。

有的新手上路都坚持一大原则——走熟悉的路线。可等真正上了路，也会出现因为记错出口或者没有及时拐弯错过事先设计好的路线，绕来绕去终不得法。

防范：上路前，仔细看一遍地图，将市区几个主要干道的方向、主要支路和重点标志建筑物的方位记清楚。迷路时，如果求助无门，则尽量想办法回到自己熟悉的主干道，然后再尝试走回原来的路线。万一走错路，尤其是行驶到禁止掉头、转弯或者单行路上时，宁可多绕一段路再返回原路，也别违反交通法规。

（2）忘记看后视镜

在并线、倒车或超车时，后视镜的作用很大。刚上路的很多新手，有的没有养成看后视镜的好习惯，或者因为太紧张，只是紧盯车辆前方，忘记观察车辆周围的情况。

防范：新手要习惯后视镜中的影像，并要与实物比较，知道大概的距离和方位。在路面情况不复杂时，新手也要常用余光关注车辆的后视镜，留意车辆四周的路况和车况，以应对突发事件。不过，后视镜能拓宽视野，也存在盲区，新手在驾驶过程中要多积累经验。

（3）慌忙变道没准备

新手对道路不熟悉，常常要到路口附近才想起要拐弯或掉头，这时候才开始变道，难度明显加大，而且技术有限，也时常会被卡在路中间。要想轻松切线变道，对于新手来说，绝对是技术含量高的活儿，尤其是周围车流量大时。

防范：新手开车时将目光放远，并多留意路口指示牌和路面的白字地名路线指示，需要变道的路段，及早准备，以免临时手忙脚乱。变道时，看清楚本车道和要并入的车道，估算两条车道上的后车距离和车速，保证足够的时间顺利变线，看准时机后，提前打转向灯提醒后车，变道时干脆利落，稍微提速。

（4）遇加塞儿不懂控制车速

拥堵的路段，总有些驾驶员不管车技是否熟练就频繁加塞儿。有的车技熟练的老驾驶员“见缝插针”的功夫尤其了得，即使空隙不大时，也能随意变道加塞儿。在这种一步步往前挪的路面上，新手如果控制不好与前车的距离，与前车距离稍大，就会使其他车的驾驶员有机可乘，加塞儿成功；遇到加塞儿的，一旦车速稍快，控制不好，难免会出点事故。

防范：有车突然加塞儿的时候，新手一般的直觉反应是刹车，减速避让，有时候过于紧张还会令方向盘转向过大，引发交通事故。这种情况下，与前车保持车距的学问非常大，宁愿稍远也不要贴得过近。对方加塞儿时候，适当减速，不要与对方争高下，安全第一。

（5）新手遇事故心慌慌

在市区内，一般的事故也多为小事故，不过由于是“头一遭”，新手遇到事故时会感到不知所措。如果对方态度恶劣，自己的态度就先软了一半。其实大可不必，老驾驶员都是从新手过来的，磕磕碰碰或追尾等小事故是很多驾驶员都会遇到的。

防范：新手上路，磕磕碰碰总少不了，一旦遇到交通事故，首先就是不要慌张。如果是轻微事故，则与对方协商解决，要注意自己是有责还是无责，如果对方要赖或态度恶劣，可报警处理。如果事故较严重，则应该停车保护事故现场，在车身后方安放警示标志，提醒其他车辆绕行，并报警，等交警前来处理。还有一个相当重要的环节，就是拨打保险公司的电话，这是理赔的关键。

（6）车多密集不会停车

停车是大部分新手的“死穴”。尤其在车多、密集的停车场，新手尤为头疼，费半天劲儿，也不能让车顺顺利利进入停车位。

防范：在停车场停车时，除了要留意车位后大的障碍物外，还要额外留心较矮、不容易察觉的消火栓、台阶、地面凹陷等。倒车时速度一定要慢，最好找停车场的看管人员做相应指示。倒车雷达在这个时候能起一定的辅助作用。

41. 新手上路需注意的突发状况

相信每一位驾驶员都经历过初次上路的忐忑不安，眼盯前方，双手紧握方向盘，身体僵直前倾，远离前车，缓慢前行，起步停车或遇到坡路和堵车时经常熄火等，这些都是新手的写照。客观地讲，新手的确影响了车流速度，也产生了一些事故隐患，很多人给新手冠以“马路杀手”的称谓。

（1）方向盘卡住钥匙拧不动

有的新手进到车里，启动车时发现车钥匙拧不动，方向盘也被卡住了。

出现这种情况其实就是方向盘自动锁死，也就是当停车时，方向盘摆到某个角度，而这时钥匙也扭不动。事实上，大部分轿车都有这项功能，其主要功能是防盗。这时，只要轻轻转动方向盘，出现“啪”的一声，方向盘锁就解开了。

（2）自己刚买的车总是没电

早上启动车辆，经常打不着火，检查后发现蓄电池没电了。这时候新手千万别对自己的车抱怨，因为新蓄电池很少会亏电，很可能是自己的问题。想想是不是上车就开空调、熄火也听音响或者有时候晚上忘关车灯。特别是在严寒日子里，千万不要让蓄电池亏电，否则你只能在寒风中矗立等待救援。因此，下车前，应关闭所有电器开关。

（3）后门在车内总是打不开

后排座的人要下车，却发现车门怎么也打不开，但从外面一拉就打开了。

肯定是新手错误地开启了儿童锁。儿童锁是为了防止儿童在车里开门，即在车里面的后排座位置打不开车门，但从外面却可以正常打开。这时，只要关闭儿童锁即可。

（4）总被别的车远光灯晃

自己好好开着车，却总是被人用远光灯晃，新手总是不适应。

频繁晃远光灯是提示的意思，当然不排除认识人打招呼。首先，如果对面来车不停地晃你，那么只有两种可能：一种是你开着远光灯行驶；另一种是你越线行驶，而对方是在用远光灯提醒你。另外，如果是后车频繁晃远光灯，那么就是你占道行驶，或是开得太慢。

这时，看看自己的仪表台，是不是表示远光灯开启的指示灯亮了，如果亮了，那么应关闭自己车辆的远光灯。

（5）总觉得自己的车不舒服

坐别人的车很舒适，开自己的车总觉得路面坑坑洼洼。

这是胎压不合适导致的。如果是新车，还是在市内公路上行驶，那么表示轮胎胎压过高。正常的胎压大多保持在 2.0 ～ 2.5bar（1bar=10^5Pa）之间，但有些 4S 店比较粗心，没有测胎压，车辆减振性能会大大降低，影响舒适性，甚至会加速轮胎的磨损。

遇到这种情况，应该去汽车维修店，把自己车的轮胎胎压调至正常值。

42. 新手停车有技巧

（1）停车的基本原则

停车要考虑自己进出方便，还要考虑别人进出方便，更要考虑可能发生的意外情况。

（2）等信号停车

1min 以上的等信号灯停车，应该熄火，这样做节油、环保。1min 以内的等信号灯停车，可以不熄火，挂空挡、拉手刹，但是千万不能带挡。

（3）路边暂停

在路边暂时停车时，一定要提前打开转向灯，并且观察后视镜，确定没车、没行人时再靠边停。停车地点必须是允许停车的，又不影响其他车辆和行人通行的。

（4）路边起步

靠路边暂停后又要起步时，要全面观察路况。不仅要看后视镜，还要转过头看。一切正常后，打开转向灯，鸣喇叭、上路。

（5）路上暂停别跟前车太近

堵车或等信号灯停车时，至少要留出转一下方向盘就可以出去的距离，以防前车出现故障，自己被夹在中间出不来。

（6）车头朝外

无论在哪里停车，尽量车头朝外停：一是走的时候方便；二是有防盗功能。偷车贼如果只有偷一辆车的机会时，一般会偷车头朝里的车辆。

（7）车停明处

夜晚临时停车，要选明亮、宽敞、无障碍、视距远的地方停，千万不要将车停在阴暗的角落里。长时间或整夜停车一定进停车场。

（8）高楼窗下不安全

有人从楼上往下倒垃圾、摔瓶子，刮大风时楼上花盆、广告架会掉下来，停车要离开这些危险区，比如停在没有窗户的楼堵头山墙下边。

（9）车内不要放物品

应将车内物品收藏好，从车外能窥见的部位不能放有他人感兴趣的物品。放了一个空皮包，车窗玻璃就可能会被砸碎。

（10）路边顺向停车技巧

路边顺向只有一个车位时，只能选择倒车入位。方法：向前开，让自己车的车尾与前车车尾对齐。两车相距 1m，停车。原地往右打足方向盘，成 45° 角慢退。当自己车的车头与前车车尾成一条直线时，迅速将方向盘向反方向打足，慢退，车就基本能停好了。

（11）路边横向停车技巧

车向前开到自己车的车尾与右边汽车车头的右侧成一条直线的位置，两车相距 1.5m，原地向右打足方向盘，慢退。当车尾进入挡口后，快速回正方向盘，并且迅速观察左右两个后视镜，调整车的左右距离。以两侧的车或地面划线为参照，摆正方向，退到停车位（“打足方向”，是最大量的意思。液压助力方向盘打到底的时间不要超过 15s。平时一般用不了这么长时间，如果打到底用的时间长了，可往回带一点儿，然后再打，反复操作）。

（12）停车场内停车

停车场内往往是倒车入位，车头朝外。

（13）高速公路停车

特殊情况下需要停车，要停在最右侧应急车道内，并开双闪灯，三角牌放在车后 150 ～ 200m 处，一定不要偷懒，放在 50m 以内等于没放。如果前方有情况需要排队停车时，所有人员都要暂时离开车辆，撤到护栏以外，以防后面来车追尾。

（14）上坡路边停车

如果路边有路沿，应将车驶近路沿，前轮向左打一定角度，停车、熄火、挂 1 挡、拉紧手刹。让右前轮后部接近或紧靠路沿，防止汽车沿坡倒滑。如果路边没有路沿，应将前轮向右打一个比较大的角度，避免汽车沿坡倒滑后驶入道路中央。如果路边有可用的砖石，捡过来塞上。离开时别忘了送回原处。

（15）下坡路边停车

如果路边有路沿，应将车驶近路沿，将前轮向右打一定角度，让右前轮前部接近或紧靠路沿，防止汽车沿坡顺滑。然后停车、熄火、挂倒挡，拉紧手刹。如果路边没有路沿，应将前轮向右打一个比较大的角度，避免汽车沿坡顺滑后驶入道路中央。如果路边有可用的砖石，捡过来塞上。离开时别忘了送回原处。

43. 新手如何应对“碰瓷党”

（1）遵守交规，“碰瓷党”无机可乘

相信大家都知道，很多“碰瓷党”都是利用逆行、违反交通信号、在禁止掉头的地点掉头或者违章并线等违章行为进行讹诈的，一般遇到这种情况，很多驾驶员都会因为自己违章驾驶而不敢报警！所以说，要想避免遇上“碰瓷党”，必须遵守交通规则。

（2）报警是一种明智选择

如果没有违章，而被“碰瓷党”盯上，最好的办法就是报警。轻微的事故，可以先根据《机动车交通事故快速处理办法》撤离现场，同时报警由交警调查处理。交警在接到车主的报警后，会核查事故车辆和驾驶员资料，将事故时间、地点、当事人姓名、驾驶证号、机动车号牌等信息录入系统存档，如果发现短期内多次发生类似事故的车辆，将严格进行核查。

（3）不要小看保险公司的力量

按交通部门规定，一般汽车都会购买第三者责任险和交强险，因此，交通事故发生以后，一定要通知相关保险公司进行处理，进行报案。他们会处理“伤者”产生的医疗费和车辆损失费用。

（4）任何时候证据永远是第一位的

如果没有证据，你很难说清自己的责任，所以遇到“碰瓷党”，一定想办法记录整个过程。这时候行车记录仪、手机、照相机以及目睹事故的人都是线索。

44. 安全驾驶口诀

启动之前先坐稳，车内仪表检查准。油压电压都稳定，切记调准后视镜。
一拧钥匙一脚油，手脚配合要紧凑。踩住离合挂倒挡，松开手刹向后望。
出库倒车要注意，来往车辆看仔细。轻踩油门慢离合，平稳启动不熄火。
车身出库快打轮，车尾方向要对准。车身摆正快回轮，踩住离合刹车稳。
移库倒车要注意，宽窄程度看仔细。位置狭窄分次移，车身两侧留余地。
拐弯倒车须留意，内侧车身看仔细。倒车镜中测距离，注意回轮有时机。
掉头倒车要安全，不让后轮出边线。操纵打轮要熟练，防止掉沟出危险。
挂上一挡看前方，起车平稳不要抢。车动加速换二挡，逐级增挡要流畅。
路面行驶要沉着，思想集中慢行车。十次肇事九次快，麻痹大意事故来。
路好不开英雄车，路阻不开赌气车。十分把握七分开，留着三分防意外。
快速反应要敏捷，判断情况要准确。犹豫不决要误事，优柔寡断失良机。
交通信号要留意，提前减速别忘记。公路标志看仔细，行车方向要注意。
交叉路口情况杂，车前左右细观察。交通规章要牢记，出事就在一两米。
并道之前打转向，后视镜里看车辆。车辆尾随可转向，侧面有车让一让。
躲避打轮要灵活，高速行车把稳舵。车速慢减要换挡，及时减挡才正常。
窄道会车靠边行，注意行人随时停。转弯减速不能急，脚搭刹车别大意。
人多车多别硬挤，不要生气不能急。手忙脚乱发脾气，一旦出事来不及。
刹车之前挂空挡，减速滑行不匆忙。快道行车有四忌，每条必须要牢记。

一忌超速快行车，二忌压速慢行车。三忌思想开小差，四忌路口右转弯。
超车之前看车辆，道路畅通左转向。鸣笛加速超车急，猛踩油门别犹豫。
转向减速再回道，后面车辆要关照。雨天路面视距差，注意减速防侧滑。
雾天能见度太差，宽示灯开防碰擦。夜间行车麻烦多，身体疲惫别开车。
农村公路比较窄，控制车速不能快。遇到牲畜别惊吓，不鸣喇叭让一下。
掌握车距很重要，行车安全很有效。沉着灵活别着急，全凭目测有距离。
车速较快远距离，以防刹车来不及。出租车后远距离，随时停车要注意。
雨雪雾天远距离，视线不清能见低。向阳行车远距离，日光强烈太刺激。
停车之前左转向，空挡滑行看车辆。靠近路边把车刹，车一停稳拉手闸。
行车平稳又灵活，精神饱满乐呵呵。开车死板又着急，头脑紧张傻兮兮。
行车不怕路艰难，胸有成竹避风险。违章车祸遭大难，痛苦悔恨人心寒。
纵使车流千千万，驰骋万里闯难关。机智果断保平安，归家团聚尽开颜。

三、行车常识

45. 十件车辆必备汽车用品

（1）后备轮胎

建议车主必须每 3 个月定期检查一下后备轮胎，必要时还要给它充气。

（2）千斤顶

千斤顶是换胎不可缺少的工具。买二手车时，一定要检查千斤顶是否完好，因为原厂附送的千斤顶轻巧易用。

（3）随车工具包

工具包内通常放置一些基本的工具，包括扳手、螺丝刀、轮圈匙等。

（4）强力电筒

强力电筒，在晚间遇上车出故障的情况下，除了可以作为检查车辆的照明外，更可用来发出求救信号或是示意其他车辆，确保安全。

（5）急救箱

急救箱中应备有绷带、纱布、消毒药水及其他急救药物，以备发生意外时，作急救之用。

（6）绝缘手套

主要用于在紧急维修和清洁车身时保持双手清洁，或当要打开发动机盖或水箱盖时，作隔热之用。最好采用绝缘手套，在处理电器问题时，可避免触电。

（7）蒸馏水

车上应常备大约1L的蒸馏水，普通清水或矿泉水绝不能当作蓄电池水使用。

（8）小型灭火器

现代汽车在发生意外时，已很少会发生火灾，但有一个灭火器遇到特殊情况时可救人一命。

（9）车胎防漏剂

可在车胎被尖锐物件刺破后发挥防漏功能，免去要即时换胎的烦恼。

（10）原厂汽车手册

当车辆出现问题时，如仪表板中某一个警示灯点亮，便可以从手册中找出原因。

46. 正确的开车姿势

正确驾驶位置的调整看似简单，却是安全驾驶的基础，在平时看不出来，一旦遇到紧急情况，正确的驾驶位置和正确的驾驶姿势会让你最迅速地做出反应，最大限度地减小发生事故的可能性。

（1）握方向盘的姿势

很多人都认为握方向盘的姿势应该是握住11点和2点方向，其实错了。

正确的姿势应该握在9点和3点方向。道理很简单，方向盘9点和3点方向也就是直径，握住这里的时候力臂是最大的，相应的转向力也是最大的，可以比别的位置更有效地转动方向，在发生事故的瞬间，多争取零点几秒的时间都会避免最大的伤害。

（2）调整离合器、刹车、油门与腿部及座椅之间的距离

根据自己的身材，保证把刹车踏板、离合器踏板和油门踏板踩到底的时候，大腿与小腿之间自然弯曲，此时的座椅前后位置是最合适的。

（3）调整座椅角度和高度

比较理想的座椅角度是靠背与垂直方向夹角为8°，但不可能用量角器精确测量，只是一个大致的角度，不过最忌讳的是像坐藤椅那样仰着开车，这样是很危险的。而座椅的高度要以保证大腿能够充分发力为原则，尽量使自己舒服，不能太上扬。

（4）调整手臂与方向盘间的距离

手握住9点和3点方向，胳膊自然弯曲，手臂与肩部接近平行。调整方向盘高度的标准和方法是，把手臂平行前伸，放置在方向盘顶部，调整方向盘高度，使手臂高度与肩齐，此时锁定方向盘即可得到合适的距离。

（5）调整安全带高度与肩部的距离

安全带的高度绝对不能低于肩部，最好高出 5 ～ 10cm，并保证系上安全带后，安全带从左侧锁骨中间穿过。

（6）调整头枕与头部之间的距离

正常驾驶的时候头部基本上会离开头枕，头枕的高度要以头靠在头枕上后，头枕的中部与头部的中部对齐为准。

另外，在开车时如何打方向盘也很关键，要顺畅地顺序推拉，禁止掏轮和单手揉轮。很多人在掉头时习惯松开方向盘让它自动回正，或者单手揉轮，这样都是危险的，因为这样做等于对车辆操控的放弃，一旦遇到紧急情况，刹那间反应不过来，很容易发生事故。

47. 进入高速公路的第一步

高速公路行车，从表面上看，比城市里的交通状况简单，但在实际驾车过程中，由于高速公路上车辆的行车速度都比较快，一旦发生紧急情况，往往会更加危险。特别是一些新手，在刚刚进入高速公路时，一些不当操作很容易引发追尾或碰撞事故。

（1）充分利用加速车道，时速提升到 60km 以上

从一般道路驶入高速公路之前，应该首先根据标志确定目的地的行驶方向，因为一旦进入匝道后，就不能再有停车、掉头、倒车等行为。

在准备驶入高速公路行车道时，应在进入高速公路的合流三角地带之前打开左转向灯，沿加速车道提速行驶，并尽快将车速提升到每小时 60km 以上。同时，注意观察前车的行驶速度和加速情况，与之保持能够在加速车道上充分提速的安全距离。在掌握好前车情况，并估计不致妨碍行车道车辆行进的条件下，选择驶入行车道的时机，果断驶入高速公路行车道。

（2）判断主车道情况，寻找时机进入主车道

在选择进入高速公路行车道的时机问题上，需要注意的是应集中精力观察左侧行车道上行驶车辆的车速与车流情况，进入行车道时，方向盘的操作不要过急、过猛，以免与行车道中的车辆发生事故。

一般在主车道车辆稀少时，应该尽量避免抢在正常行驶的车辆前驶入主车道。主车道上车流密度大，而且车辆相距较近或以车队状态行进时，应该考虑自己车的加速性能和主车道上车队中首车的速度，进而判断自己进入主车道的时机：第一，当首车速度较慢，本车加速性能良好时，在不影响首车正常行驶的条件下，应该从容加速，从首车前方驶入；第二，如果首车开得较快，其他尾随车辆与其有近有远时，可以选择车速较慢的车辆的空当驶入，但一定不能影响其正常行驶；第三，首车开得较快，尾随车辆一辆跟一辆相距很近时，本车应控制好车速，当所有车辆通过后，再驶入。

48. 自动挡和手动挡开车技巧有何不同

（1）临时停车不必挂 P 挡

一般来说，在驾驶自动挡车型时，很多人会有这样的习惯：等红灯时只踩刹车，或不拉手刹挂 P 挡；加速时一味深踩油门；停车时先挂 P 挡，再拉手刹。这些操作方式看似正常，却是很多驾驶者常犯的错误。

等红灯或短时间停车等待，正确的方法是踩脚刹、挂 N 挡、拉手刹。由于临时停车，此时不必挂 P 挡，更不能直接踩住刹车，不要让挡位保持在 D 挡上。因为 P 挡行程长，使用起来不方便；而如果踩住刹车，D 挡仍默认转动状态，会磨损变速箱。当然，某些高档车型配有自动锁止功能，驾驶者只需要踩刹车和油门，其他的都不用操心。

（2）停车时等车停稳后再挂 P 挡

在加速时，正确的操作方法是踩下油门，若转速上升到换挡区间，如果一味重踩或深踩油门，变速箱会延迟换挡时机，反倒会出现提速慢的现象。

当结束行驶，需要长时间停车时，将车开入停车位置，先踩住刹车将车停稳，然后拉紧手刹，确定车辆完全被制动，然后再将挡位推入 P 挡。P 挡带有锁止装置，如果车辆还没停稳就挂 P 挡，则会有小的移动，锁止功能会导致下次启动时不易摘挡，严重的会造成变速箱损坏。

（3）复杂系数多一倍，起步时要力求平稳

相对于自动挡车，手动挡车的复杂性主要在于离合与换挡之间的配合，以及换挡时机的选择。使用过程中，要时常关注车辆转速表及车速表。

手动挡车起步时要力求平稳。很多司机在开手动挡车起步时，会遇到熄火的情况。起步时，需要配合好离合和油门，通常离合抬到一半时就要轻踩油门，然后慢慢地抬起离合。

需要提醒的是，踩离合时，要快踩慢抬。踩离合时要踩到底，使离合片完全脱离齿轮，否则会挂不进挡或打齿轮。至于换挡时机，一般来说，2000 ～ 3000r/min 是换挡的理想时机，如果观察车速的话，一般 20km/h 换 2 挡、30km/h 换 3 挡，40 ～ 50km/h 换 4 挡、50 ～ 60km/h 换 5 挡比较好。

（4）充分利用挡位减速

当车辆减速时，除了刹车外，挡位是一个很好的减速工具。降低挡位，可以有效地降低车速，强过踩刹车的效果。特别是在车速较快的时候，可以在短时间内将车辆速度降下来。

如果将车停在坡道上，除了拉紧手刹外，建议挂上一挡或者倒挡以防溜车。对于一些使用年份较长，手刹和变速箱老化的车，为了保险起见，最好在车轮的后边垫上一块砖头。

49. 手自一体变速器的使用技巧

（1）手动模式下下坡技巧

下坡的时候，如果是开手动挡车，正确的操作模式是换入低速挡，带挡滑行；如果是开自动挡车，车速会不受控制地不断提升，则只能在滑行的时候适时踩刹车；如果是开手自一体变速器车并选择手动模式，这一切就简单了，下坡时挂入手动模式，并向后拨挡把，降入低速挡，这时候可以充分利用发动机制动降低车速，驶入坡底时可以迅速加挡或者换入自动模式，会很快恢复正常驾驶。在实际应用中驶入地库的时候采用手动模式很实用，甚至不用踩刹车。

（2）手动模式下高速行车技巧

高速行车的时候最好选用手动模式，这样不但提速快，而且还可以在急刹车的时候使用发动机制动。在高速行驶的时候，如果想刹车，那么在踩刹车踏板的同时，迅速向后连续拨挡把，使车强制降入低速挡，会产生强大的发动机制动，加快减速。

（3）手动模式下弯道技巧

过弯道的时候，通常都会在入弯处踩刹车减速，通过弯心后加速出弯。但是这时候发动机的转速和车速就会降得很低，加速需要一个过程。如果使用手动模式，在入弯前通过减挡利用发动机制动减速，过弯时只需保持车身稳定，此时由于强制降挡，发动机会自动维持高转速，出弯道后，可以迅速提高速度。

（4）手动模式下溜车技巧

我们在开车的时候经常会遇到需要溜车滑行，比如遇到红灯。很多人会在这时候松开油门踩刹车，但由于自动挡车型收油后减速迅速，所以会导致车辆提前停下，不得不又加油前行。而如果换入空挡，滑行的距离是远了，但是大大增加了危险，因为此时的车失去了动力，机动性和反应能力大大降低了。此时使用手动模式就很方便了，车缓慢降挡，可以平稳滑行很远，而且动力还没有切断，遇到紧急情况可以迅速踩油门加速躲避。

总结

既然选择了手自一体变速器车型，就不能让它闲置，刚开始的时候可能会觉得不太习惯，操作起来容易忘，但是习惯了之后你就会发现手自一体变速器的手动模式很好用，不但可以享受驾控乐趣，还能享受自动挡的舒适，你会爱上它！

50. 手动挡离合器的正确使用方法

（1）无事不要踩离合

汽车上的离合器在正常行车时，是处在紧密接合状态的，离合器应无滑转。在开车时除汽车起步、换挡和低速刹车需要踩下离合器踏板外，其他时间都不要没事踩离合，或把脚放在离合器踏板上，行车时把脚长时间放在离合器踏板上，很容易造成离合器打滑、离合器片烧蚀等现象，严重时甚至使离合器压盘、飞轮端面烧蚀拉伤，导致离合器压紧弹簧出现退火等故障。同时，还会导致费油、毁车，增加行车费用。

（2）一快、二慢、三联动

起步时离合器踏板的操作要领是一快、二慢、三联动：在离合器踏板开始抬起时快抬；当离合器出现半联动时，离合器踏板抬起的速度稍慢；由联动到完全接合的过程，将离合器踏板慢慢抬起。在离合器踏板抬起的同时，根据发动机阻力大小逐渐踩下油门踏板，使汽车平稳起步。

（3）注意油门配合

在行车中换挡，操纵离合器踏板时，应迅速踩下并抬起，不要出现半联动现象，否则，会加速离合器的磨损。另外，操作时要注意与油门配合。为使换挡平顺，减轻变速器换挡机构和离合器的磨损，提倡使用两脚离合器换挡法。这种方法虽然操作较复杂，却是开车省车、省钱的好方法。

（4）刹车时少用离合

在汽车的行车中，除低速制动停车需要踩下离合器踏板外，其他情况下的制动都尽量不要踩下离合器踏板。低速行车中制动停车的操纵方法是先踩下制动踏板，然后再踩下离合器踏板，使汽车平稳地停下来。

（5）车辆启动

有的驾驶员开车，每次上车，插上钥匙，一旋到位，点着火就启动。如果长期这样，车辆启动起来比较困难，要打几次火才能启动。有时，车辆在车库里放久了，更需要打火数次才能启动。

正确的打火方法是，插入钥匙，旋转至“ACC”停止，等待 2 ~ 3s，让主电源继电器触点稳固接触，让第一部分需要通电的器件通电；继续将钥匙转至“ON”处，再停止等待 6 ~ 10s，让油泵继电器吸合，等待各个传感器调整状态完毕后，将钥匙转至“START”至发动机连续运转后返回“ON”处，在电脑的指导下，自动调整出一种最佳位置度和最佳参数，最后成功启动发动机。不过，对于临时或短时间内停车后可以不用停顿，只需观察仪表盘上的黄色信号灯熄灭后，即可迅速启动。

51. 开手动挡车需要掌握哪些技巧

要把手动挡车开顺，就必须先弄清两个问题：一是换挡时机，即什么时候加挡，什么时候减挡；二是换挡本身的操作，即换挡时油门与离合的配合。

（1）如何选择最佳换挡时机

所谓最佳换挡时机，实际上就是让发动机尽可能地运行在最佳转速范围内，而这个范围，往往在技术参数上表现为最大扭力出现的转速范围。从根本上讲，换挡就是不论车速多快，让发动机都能在合适的转速与车速配合。

初级阶段

具体还要根据不同车型而定，升挡后看发动机是否持续有力，不抖动，不闷响；降挡后听发动机声音是否正常。

熟练阶段

开顺的最佳方法是凭“感觉”。想要快速行驶的时候，应高转换挡。什么叫高转换挡？听到发动机声音明显加大，则证明要升挡了。同样，如果想要温柔驾驶，则换个风格，严格按转速换挡，转速上到 2000r/min，立刻执行换挡。

（2）油门和离合器如何配合

需要油门和离合器配合的通常有两种情况，分别是车辆起步和车辆行驶中。

车辆起步时的油离配合，首先是将挡位置于空挡，着车后踩下离合器踏板，将换挡杆挂入 1 挡，慢慢松开离合器踏板，配合油门踏板，启动汽车。这个过程其实是不断地在找感觉，即找到离合器的“接合点”。做到在自由行程时快速松开，即将到达接合点时缓慢松离合器踏板。同时油门踏板开始跟进踩下，勤加练习就能掌握好这个“合点”。

行进中的油离配合则需要结合车速进行调整。因为随着车速的增加，留给驾驶员的操作时间会呈反比减少，也就是说在抬离合器踏板时动作一定要快。同时，为了保证换挡操作顺畅，油门踏板也要控制好，不要在换挡进行时踩空油门踏板。

（3）如何开车省油

第一步也是最重要的一步：“把车开顺”。就像上面提到的一样，在合适的时机换到对应的挡位，只有把握好最佳的换挡时机才能实现最有效的节油。

而与之相对的是开车过程中的“拖挡”，如高速挡低转速以及低速挡高转速等，这些都是开车过程中最应该避免的行为。第二步就是掌握一些行车技巧，比如起步时要慢踩油门踏板，不要一味地追求快速起步，应尽量避免紧急刹车，要定期检查轮胎气压，确保胎压合适，不要长时间怠速等。

（4）坡道如何起步

可以把坡道起步的整个过程分为两步，分别是起步前的准备和正式起步。准备工作是车辆在坡道停稳后开始，先拉紧手刹，然后将挡位移至一挡，接着按住手刹按钮往后拉，此时不要松手刹，到这里坡道起步的准备工作就完成了。

接下来就是正式起步过程。首先，右脚松开刹车踏板，回到油门踏板，右脚适当地踩油门踏板并保持一定转速后，左脚抬起离合器踏板，应先快抬至接近半联动位置，然后再慢抬离合器踏板，同时注意倾听发动机声音的变化，待发动机运转声音发闷、转速下降时，左脚应迅速停住并且保持不动，同时右脚二次加油，以保持足够的动力能够顺利起步，然后慢松手刹。

熟练之后，一般的坡道其实完全没必要拉手刹。脚快速从刹车踏板移到油门踏板，踩到约 3000r/min 转速，离合同时抬到半联动位置。车辆会轻微后滑一点儿，这时油离配合好之后，牵引力增大，汽车前行。

（5）高速超车要降挡

挡位越高扭矩越小，加速时反而会让车更“肉”。正确的做法是在超车时降一挡，比如本来在四挡，准备超车时换成三挡，这样发动机才会达到高转速，有更大的扭矩储备，在加速时会得到更强的动力，反而会使车辆提速更快，等超过前车时再及时升挡。

52. 自动挡车行驶和停车的误区

（1）高速行驶或下坡时挂 N 挡滑行

有些驾驶员为了节油，在高速行驶或下坡时，将换挡杆拨到 N 挡（空挡）滑行，这很可能烧坏变速器。因为此时变速器输出轴转速很高，而发动机怠速运转，变速器油泵供油不足，润滑状况恶化，而且对变速器内部的多片离合器来说，虽然动力已经切断，但其被动片在车轮带动下高速运转，容易引起共振和打滑现象，产生不良后果。当下长坡确需滑行时，可将换挡杆保持在 D 挡滑行，但不可使发动机熄火。

（2）长时间停车时仍挂 D 挡

自动挡车在堵车时，一些车主常常只踩下制动踏板，换挡杆却保持在 D 挡（行车挡），并不换挡。若时间很短，这样做是允许的。但若停车时间长，最好换入 N 挡（空挡），并拉紧驻车制动。因为换挡杆在 D 挡时，自动挡车一般有微弱的前移，若长时间踩住制动踏板，等于强行制止这种前移，使得变速器油温升高，油液容易变质，尤其在空调系统工作时，发动机怠速较高的情况下更为不利。

（3）在 P 挡或 N 挡以外挡位误启动发动机

有些驾驶员在 P 挡或 N 挡以外挡位启动发动机，虽然发动机不能运转（因为联锁机构保护，只有在 P 挡和 N 挡才能启动），但有可能烧坏变速器的空挡启动开关。因为自动变速器上装有空挡启动开关，使得变速器只能在 P 挡或 N 挡才能启动发动机，避免在其他挡位误启动时使汽车立刻起步往前窜。因此，启动发动机前一定要确认换挡杆是否在 P 挡或 N 挡。

（4）加大油门就可换到高速挡

有些驾驶员认为只要 D 挡起步，一直加大油门就可以换到高速挡，殊不知这种做法是错误的。因为换挡操作应是“收油门提前升挡，踩油门提前降挡”。也就是在 D 挡起步后，保持节气门开度 5%，加速到 40km/h，快速松油门，能提高一个挡位，再加速到 75km/h，松油门又能提高一个挡位。降低挡位时按行车车速，稍踩油门，即回到低速挡。但必须注意，油门不能踩到底。否则，会强行挂入低速挡，造成变速器损坏。

53. 仪表盘常见五种故障指示灯解读

（1）水温表报警灯

水温表一般在车辆上多为指针式的，其指针一般在正常温度时指示在红色区域以内的部位，温度值一般在 95℃左右，有的车辆要高一些。水温表的指示可以告诉我们车辆现在的温度情况，显示发动机现在是否处在正常温度工作范围，是否有高温等异常情况。车辆一旦长时间高温运行会造成发动机的严重损坏，这就要求我们在开车时要注意水温表的指示。尤其是在夏天，天气相对很热时容易造成发动机高温，因此要特别关注车辆的水温表，不要让水温表的指针指示到红色报警区域。如果指针指示到了水温表的红色报警区域，要及时将车开到路边，停车检查，看发动机是否“开锅”。如确实“开锅”（水箱一旦“开锅”严禁赤手打开水箱盖，以免被烫伤），这时先不要启动车辆，应让其慢慢冷却，然后等待救援或补充冷却水，再开到附近的维修站进行检查维修，找出引起水温过高的原因并及时予以排除故障。

（2）发动机故障灯

当这个报警灯点亮或压力表指示过高时一定要将发动机熄火，先检查一下机油是否缺少，方法是将车熄火后，拔出发动机机油尺，看机油液面是否在最低限和最高限之间。如果机油液面高度正常，则要找维修人员进行检查，以确定该灯点亮的原因。

（3）刹车报警灯

若在正常行车手刹松开时刹车报警灯点亮，需要及时下车检查一下制动液面，看制动液是否缺少；一旦制动液严重缺少，要注意查找是否存在泄漏的情况。由于制动液不会瞬间缺少太多，但制动液的泄漏会导致刹车失灵，一定要特别小心；检查后，如无缺少，则需要将车辆开到维修站检修一下制动液液面传感器或刹车报警灯开关是否存在故障。

（4）ABS 报警灯

如果 ABS 报警灯在行驶中点亮，说明 ABS 电控系统出现了异常；在这种情况下，一般正常的刹车系统不会出问题，只是 ABS 不工作，车主遇到这种情况不用害怕（不是说 ABS 有故障就没有刹车了，因为它们两个不是串联的关系，ABS 只有在车轮即将抱死时候才会启动，车轮不抱死的时候不启动，但是只要刹车系统没有故障，刹车依然可用），只要正常驾驶即可，然后尽快到维修站进行检修。

（5）安全气囊报警灯

若在车辆启动后安全气囊自检没有通过时，安全气囊报警灯便会点亮；此时安全气囊有可能在发生意外时不弹开，起不到被动保护的作用，但是这时车辆仍可继续行驶，不必过于担心，只要尽快到维修站检修一下即可。

54. 雨天驾车需注意的七点

雨天能见度较差，道路湿滑，概括起来应注意的七点事项如下。

（1）在雨中行车应保持直线和低速行驶

特别是在高速公路上，车速最好控制在30km/h内，并和前车保持安全车距，不要跟在大货车后面行驶。在大雨情况下驾车，要尽量与前车保持一定距离，不要跟车太近，更不要频繁超车。尤其在超越大型车辆时，其溅起的水花会让小车司机在几秒内看不清车外的情况，这样就很容易发生意外。勿随意变道，勿猛打方向盘，转弯时应缓踩刹车。如果是前轮侧滑，应当将方向盘朝侧滑的相反方向转动；如果是后轮侧滑，要将方向盘朝侧滑的一侧转动，切不可打反方向。同时，要保持雨刮器正常工作，时刻让视野保持清晰。

（2）雨刮器的保养

雨刮器最好一年一换，如果雨刮器的扫水能力下降，在行车过程中观察路面情况将很困难，特别是在夜间雨天行车，没有刮净的雨水还会在灯光下产生反射光，使前方视线模糊，易引发交通事故。

（3）轮胎的保养

车主要定期检查爱车轮胎的磨损情况，如果轮胎磨损过度，特别容易导致车辆跑偏及制动距离过长的情况。专家建议，在雨天行车，保持高胎压才更安全。

（4）保持视野清晰

雨天行车，除了慢速行驶以外，还要及时打开雨刮器、近光灯或者雾灯，如车内有雾气，应及时打开冷气进行消除。另外，如果车辆的外后视镜没有加热功能，车主一定要更加细心观察路面状况，特别是在并线的时候，一定要留意后方有无车辆。

（5）礼让非机动车、行人

雨天行人撑伞、骑车人穿着雨披，他们的视觉、听觉、反应等都受到限制，有时因为赶时间横冲直撞，在相互避让时由于道路湿滑而摔倒，为了避免这种情况，遇到行人时，应提前减速慢行，多鸣笛，耐心避让。在夜间雨中驾驶时，地面因积水会反射光线，适当地变换远近灯光，有助于及时发现障碍物。

（6）留意路面积水区域

雨天行车，不仅要观察前方，也要留意路面有无积水区域。水深超过排气管，容易造成汽车熄火；水深超过保险杠，容易引起进水。如果快速驶过积水区域，还会对路边行人、非机动车造成影响。

（7）保持低速行驶

雨天行驶一般保持 30～40km/h 的速度，与前方的车辆也应保持比晴朗天气更长的距离，不可采取急刹车，因为极易引发车辆失控侧滑。万一发生此类情况，驾驶员一定要沉着冷静，双手平衡地握住方向盘，轻踩刹车，保持车辆平衡。

55. 雪天安全开车的注意事项

（1）起步打滑

车辆在冰雪路面起步时，经常遇到的就是轮胎打滑现象，有时越给油轮胎打滑越严重，这时最要紧的就是一个字“稳”！起步时不要乱给油，首先要做的是稳住油门缓给油，把油门控制好才能稳定起步。如果 1 挡时缓给油还不能起步，这时手动挡车型或手自一体车型可以试试用 2 挡起步，因为在相同转速下，高挡位的扭矩输出比低挡位的要小，可以避免因为扭矩过大造成打滑。

自动挡车型可以直接选择雪地模式来起步，雪地模式是通过程序的设定，让车辆以 2 挡起步。另外还有一种方法是可以先用倒挡让车辆移出原地，然后再换成前进挡，这样做有时也可以解决起步困难的问题。

如果是前驱车，按上述方法起步，需要注意的是挡位的控制。因为油门控制不好，前驱车可能只会在原地不动，这时如果使用升挡的方法或许就可以解决起步打滑的问题。而四驱车的起步过程相对更好一些，但也需要注意缓踩油门。对于后驱车来说，因为它的动力来自后轮，如果控制不好很可能出现甩尾或原地转圈的情况，所以后驱车在起步时要确保电子稳定系统在开启状态并可以正常工作。

（2）检查雨刮器

行车前检查雨刮器和玻璃水是否正常。车顶的雪在融化后会沿着挡风玻璃流下来，可以用雨刮器刮干净。在泥泞路上行驶，前车甩起来的泥点会溅到前挡风玻璃上，喷玻璃水用雨刮器刮干净可以保持良好的视线。

（3）急加速打滑

在冰雪路面驾驶时，尽量避免猛踩油门急加速的情况出现，因为如果猛踩油门的话，车辆的轮胎会出现打滑现象，反而起不到加速的效果。如果出现打滑，四驱车和前驱车还好一些，后驱车比较容易出现甩尾的情况，这样是非常危险的。在冰雪路面需要加速时，可以缓踩油门让车辆慢慢地把速度提起来，这样反而会比猛踩油门的效果好。

如果进入弯道速度过快，车辆易出现转向不足，即车头向弯外滑动，车辆不能按驾驶意图沿前轮指向行驶。特别是前轮驱动的车辆，更易发生类似现象。首先松开油门踏板，收油。然后略微回正方向，在转向与回正间不断调整，但切忌过大，以不超过车轮正常行驶位置为限，必要时可“点刹”减速，配合方向修正。

车辆速度过快，转向过猛，导致车尾向前甩动，出现掉头打转的倾向，即称为转向过度。后轮驱动的车辆更易发生类似情况。首先仍是松开油门踏板，轻柔而迅速地反打方向，必须回正过中线，必要时配合“点刹”降低车速。

（4）急刹车侧滑、甩尾

在冰雪路面驾驶车辆需要刹车的时候，切忌大脚猛踩刹车踏板，这样做很可能引起车辆失控。千万不要猛打方向，企图靠转动方向盘改变打滑状态，这是非常危险的，不但起不到纠正作用，有时还会适得其反，造成侧滑或甩尾。在冰雪混合路面上以 60km/h 和 40km/h 两种速度刹车到车辆完全停止，使用三种不同的刹车方式看看哪种方式距离更短，得出的结论是“点刹”+ 每次“点刹”都启动 ABS 的方式是最有效的。

（5）弯道减速不超车

在路上行驶时免不了会遇到弯道和坡道，尤其是有些立交桥的匝道，既是弯道又是坡道，如果这里的雪被压得比较滑，会比其他路段更容易发生事故。在拐弯时需要提前减速，保持低速过弯，尽量不要在弯道超车或变道。

（6）上下坡

上坡时应尽量保持低挡位并且避免换挡，下坡时应避免空挡滑行，还要注意不要踩死刹车踏板，可以通过降低挡位利用发动机制动来辅助降低车速；如果有条件，还可以准备一套塑胶防滑链，这样在上下坡时就方便多了。

（7）雾灯、大灯谨慎使用

为了保证驾驶员的视线清晰，如果不是大雾天，就尽量不要开雾灯，大灯就更不用说了。如果你开着大灯，别人看上去就是白茫茫的一片，就更加看不清楚前方道路，容易发生事故。如果正是下大雪的时候行车，能见度很低，就一定要记得打开雾灯，同时缓行。

（8）躲避障碍物

在冰雪路面上驾驶车辆最怕的就是前方出现障碍物，这时最忌讳的就是猛踩刹车和猛打方向，而如果猛打方向，则容易出现转向不足或转向过度，导致车辆失控。

一些有经验的驾驶员躲避障碍物时，在轻打方向的同时稍微给一点儿油，轮胎在转向的同时会得到一定的动力来按照驾驶员设想的方向前进，这样就不会出现转向不足的情况。不过这种方法操作起来比较困难，对于一般的驾驶员操作难度比较大。如果发生转向过度，则不要踩任何踏板，还要注意迅速反向转动方向盘，在减速中慢慢控制住车辆的走向。

（9）雪地停车

建议大家尽量不要在有冰雪的坡道上停放车辆，避免车辆从坡道上滑下来受到损伤，如果必须在有冰雪的坡道上停车，应挂挡、拉紧手刹，但不要太紧，以免冻住，并且在轮胎前后放一块砖头或木头楔子，防止车辆滑下坡道。

另外，对于露天的停车场，一定要注意周边的树木或其他遮盖物，如果积雪过多将其压弯，在摇摇欲坠的情况下，千万不要停到其下面，否则掉下来的树木或杂物会砸伤你的爱车。

（10）轮胎放气不可取

可以利用降低挡位的方法帮助车辆减速，这种方法就是经常说的牵引力制动。有人认为将轮胎放些气，让轮胎瘪一些，会增加轮胎的接地面积，这样有助于刹车。这种方法是根本不可取的。如果从 60km/h 的速度刹车到静止，低胎压轮胎的车辆在冰雪路面要比正常胎压车辆的刹车距离多出将近 14m，所以建议大家在冰雪路面驾驶车辆，最好不要将轮胎放气。

（11）保持车速和车距

在冰雪路面上驾驶时要保持高度的注意力和预见性，对将要发生的事件做出预先判断，以便提前采取措施，防止紧急情况时因不能准确操作而引发事故。注意车速不要太快（建议保持在 40km/h 左右），应保持前后车距（至少是平时车距的 3 倍以上），如果后车跟车太近，可以轻轻踩一下刹车踏板让刹车灯亮起，来提醒后车保持车距。

56. 开夜车也可以很简单

必须开夜车时，要注意以下几点。

（1）会车时注意右边非机动车

夜间会车不要手忙脚乱，切忌一会儿踩制动踏板，一会儿胡乱转动方向盘，要时刻注意右侧行人和非机动车。在与对向车相距 150m 时，应将远光灯变为近光灯，这既是行车礼貌，也是行车安全的保证。很多车主不清楚 150m 在路上的概念，其实在实际驾驶中很简单，就是当你能看清来车的两个车灯时，就应该变为近光灯，并注意提醒来车也变为近光灯。

（2）控制车速

夜间道路上的交通流量小，行人和非机动车的干扰也相对较少，驾驶员一般比较容易高速行车，因而很可能发生交通事故。夜间行车由亮处到暗处时，人的眼睛有一个适应过程，因此必须降低车速，在弯道、坡路、桥梁、窄路和不易看清的地方，更应降低车速，并随时做好制动或停车的准备；经过繁华的街道时，霓虹灯以及其他灯光的照射对驾驶员的视线有影响，这时也必须低速行驶。

（3）增加跟车距离

驾驶员在夜间行车时，视线不如白天开阔，容易遇到危险、紧急情况。为此，驾驶员必须随时准备停车。为避免危险，夜间行车要注意适当增加跟车距离，以防止发生事故。

（4）尽量避免超车

超车前，观察被超车辆右侧是否有障碍物，以免超车时，被超车辆为避让障碍物而向左并线导致发生碰撞。必须超车时，应事先连续变换远、近光灯告知前车，在确实判定可以超车后，再进行超车。在超车的时候，也一定要观察前车左侧的情况。

（5）克服疲劳驾驶

夜间行车特别是午夜以后行车，最容易疲劳、困倦。另外，夜间行车由于不能见到道路两旁的景观，对驾驶员的刺激小，因此最易产生驾驶疲劳。驾驶员夜间行车可以经常改变远、近灯光，既能引起其他车辆的注意，也有助于减轻视觉疲劳。太疲劳时应停车休息，不要强行赶夜路。

（6）准确判断路况

没有月光的夜晚，路面一般为灰黑色，路面以外呈一片黑色。有水坑的地方会显得更亮，而坑洼处则会更暗。一些老司机总结出夜间行车的要领是“走灰不走黑”。

另外要提醒大家，在夜间行车，一些道路障碍以及道路施工指示信号灯也需要格外留神。在阴暗地段，路况不易辨清时，必须减速。遇险要地段，应停车查看，弄清情况后再行进。

夜间行车视线不良、路界不清，经常会导致车辆偏离正常行使轨迹，或遇到意外情况时驾驶员来不及采取措施，因此应降低行车速度，以增加观察、决策和做出反应的时间。

57. 如何防止长途驾驶中犯困

（1）为什么开车容易犯困

当我们坐在车内完成单一的动作，观察着相同的景象时，来自外部的刺激减少了，主动参与的欲望也会下降，共同的结果就是脑部活动的减少。再加上这时候匀速行驶，导致身体活动量减少，交感神经兴奋性下降，这些行为都是“告诉”大脑可以休息的信号。同时，主动控制睡眠的神经元也开始适时地施加影响，驾驶员就开始打哈欠。除去驾车前休息不好的原因外，饱食、餐后立即驾车等都有可能成为开车犯困的诱因。

（2）止困方法

饮食

首先，准备驾车前吃饭不能太饱，也不要完全空腹，进食过饱，血液会集中在胃部帮助消化，大脑的血液供给相对变少，从而让人易生倦意。至于空腹，可能会导致低血糖、心慌、四肢无力等问题，同样影响行车安全。

娱乐

音乐节奏搭配及类型选择会直接影响着大脑的感知。换句话说，太过单一的音乐类型会让大脑沉浸在相同的感觉中，如同高速公路两旁一排排相似的树木一样，人们极易因厌倦感而让疲劳感加倍。

交谈

对话让大脑活跃，让困意不易侵犯。在旅途开始之前，作为驾驶员有必要为同车车友制定“聊天值班表”，即使有同伴睡着，也不会让驾驶员“孤军奋战”。除此之外，作为驾驶员，要多储备一些内容资料，并对同伴的兴趣点有充足的了解，可以提前储备一些新闻内容素材来作为谈资，但也不能与驾驶员过度交谈，过多地分散驾驶员的集中度。

药物辅助

说起药物辅助，首先提及的就是最著名的风油精，如果时间允许，还可以提前购买越南产的“佛灵油”，其效力比风油精更强劲。除此之外，还有一种专用提神醒脑的贴片，由冰片等组成，对于缓解困意也有一定的作用。除提神药物之外，还要强调一下，一些药物会造成身体不适，大家在远途驾驶之前，一定要避免摄入，如感冒药易产生困倦感，降糖药会产生心悸反应等。

（3）其他有助于减少困意的技巧和方法

适当跟车

跟车是比较省心的驾驶方法，但是一定选择和自己在水平上、车速上和某些习惯上差不多的前车。跟车时间也不宜过长，否则更容易犯困和产生依赖感。

视线变换

视线长时间固定停留在某一点，会让视野减小，视路面及前方情况，可以适时变换角度来欣赏沿途风景，放松精神，缓解视觉疲劳。

提高转速加挡

提高转速加挡对车有一定好处，也因为车的良好控制和驾驶刺激，以及噪声的变大，会提高驾驶兴趣，体会到城市中不曾或少有的感觉。

最多每 4 小时休息一下

通常是每 4 个小时就要在服务区休息一下。由于高速行驶中产生的热量很容易让轮胎疲劳，导致爆胎，所以应休息一下，冷却轮胎和刹车系统很有必要。驾驶两三个小时后，人容易犯困。休息时下车走走，做做操，深呼吸一下，能较快提起精神。

58. 车辆要配备车载灭火器

炎炎夏日，受持续高温影响，电路、油路问题导致车辆自燃的事故越来越多。所以，夏季最不可缺少的就是灭火器，掌握灭火器的一些注意事项还是十分必要的。

（1）车载灭火器最该放哪里

估计 90% 以上朋友都会把灭火器放在后备厢中，一般用不着它，而且后备厢空间大，放在里面不碍事。其实这种想法是错误的，在车辆发生自燃的时候不能第一时间拿到灭火器进行灭火，丧失了最佳的灭火时间，导致车辆的损失更大。

灭火器正确的位置应放在驾驶员触手可及的地方，这点奔驰做到了，因为奔驰车型把灭火器设计在驾驶员座椅的下面，如果本车或者路遇车辆发生自燃的情况，驾驶员拿起来使用会非常方便，而且这也妥善地利用了座椅下部的空间。

（2）灭火器如何固定

如果你的车驾驶员座椅下部无法放下灭火器的话，还是应把它放在后备厢中并固定好，毕竟把灭火器放在后备厢内是多数人的习惯做法。但是把灭火器放在后备厢中，一定要注意的事是固定，因为灭火器随便放在后备厢中，它总是乱滚，当我们需要使用它的时候不能第一时间找到就麻烦了，因此我们需要在后备厢中找一个地方将灭火器固定住。目前市场上有专门卖带固定装置的灭火器，或者可以买专门用来固定灭火器的装置，这样在后备厢中就可以把灭火器固定好，不会在要用它的时候找不到。

如果我们遇到车辆自燃，也不要着急，一定要冷静，首先给 119 打电话报警，然后把车停在路边进行自救。

如果车辆自燃的起火点是在车身外部，比如轮胎，可以直接把灭火器的喷嘴对准起火点的底部喷射。如果车辆自燃的起火点是在发动机舱内部，这时候则要非常小心。

（3）灭火器错误的使用方法

千万不要随意打开发动机舱盖进行灭火，因为打开发动机舱盖的瞬间会让大量的空气进入起火区域，造成火势加大。

（4）灭火器正确的使用方法

将发动机舱盖打开一个小缝隙，将灭火器的喷嘴对准缝隙处，再喷到发动机舱内，以减少火势。不过有一点需要注意，由于车载灭火器的容量有限，不能指望它能完全地将火熄掉，如果超过 3min 你发现火势还没有控制住，那么应该赶紧撤离到安全地方，车烧就烧了，人的安全才是最重要的。

（5）灭火器的保质期

车载灭火器也有保质期，它们多为干粉灭火器，是以液态二氧化碳或氮气为动力，驱使干粉灭火剂喷出进行灭火，它的保质期为一年。所以，车主朋友需要一年换一次灭火器。

59. 天热谨防汽车自燃，勤检查保养

（1）必备灭火器

灭火器是随车必备的装置。不过很多车主并不了解灭火器的正确使用方法，或

从不检查灭火器是否能正常工作，一旦发生紧急情况，也就无法开展自救，因此车主应在平时就学会灭火器的正确使用方法。

（2）车内不留危险物品

日常生活中的打火机、香水、空气清新剂等也是构成汽车火灾的危险品，这些物品如果放在车内，车辆经过暴晒后可能导致爆炸。

因此，在锁车之前应进行检查，车厢内不要留下这些危险物品。此外，普通车辆应尽量不载放汽油、柴油等危险物品。

（3）发生危险后不要紧张

如果车辆真的发生自燃，也不要紧张，大部分车辆发生自燃之前都会有前兆，如局部冒烟、有焦煳味等。

如果车主发现车辆异常，应迅速停车，不要急于抢救车内财物，以免自身烧伤或烫伤。

不少车辆自燃是可以在初期扑灭的，但往往因车主紧张而造成不必要的损失。火灾发生后，要在保证自身安全的前提下尽快报警，并尽量利用车载灭火器或其他灭火设备做初期补救，切忌惊慌失措。

（4）最好上自燃险

对于车辆自燃，保险公司一般都有自燃险，即车辆附加自燃损失险。其中规定，投保机动车在使用过程中因本身电器、线路、供油系统发生故障引起火灾的，属自燃，车主若上了自燃险，保险公司可进行赔付。

60. 冬季停车应防止手刹冻结

（1）冬季遇有雨雪天气或洗车后，停车时应减少使用手刹

雪天行车后，挡泥板内侧会存有积雪，可能覆盖于手刹拉线上将其冻住，再次启动时就可能因手刹冻结而无法行驶。尤其是自动挡车辆，后刹车片与刹车盘可能结冰。

（2）冬季停车可选择用支撑物固定车辆，减少使用手刹

在平坦的路面停车，没必要将手刹拉到顶点，轻拉两扣即可。自动挡车辆置于P挡，只要处在平坦的停车位上，不拉手刹也可。

（3）如遇手刹冻结，应采用外部加热的方法让冰融化

如果温度极低，则切忌泼热水，否则可能会使刹车盘冻得更紧。另外，对于机械手刹来说，在使用一段时间之后，应检查是否能有效驻车，以防在使用中出现意外。如果发现手刹拉线出现防尘套破裂或折弯现象，应及时更换，否则手刹冻结后很难解除，严重时刹车片可能损坏。

61. 新老驾驶员都应该知道的常识

（1）汽车高速行驶中刹车失灵了怎么办

一般汽车都会装有两套制动机构，一套是脚刹，另一套是手刹。我们平时开车踩的那个就是脚刹。它是通过汽车内的液压系统进行制动的。而手刹，有脚踩的，有用手拉的，还有电子型的，但本质上，它们都是机械制动方式，又称驻车制动器。如果由于液压系统的原因导致脚刹失效，可以通过手刹来继续制动。当然这种情况仅限于低速状况下，如果速度超过 30km/h，就应放弃手刹。

在驾驶中，除了脚刹、手刹外，还能有其他制动方式吗？有！这个方法就是带挡滑行法。根据路况和车速控制好方向，由当前的挡位依次减挡。如果是非手自一体变速箱的话（就是挡位后面 1、2、3 的那种），按照 3、2、1 依次减挡即可。

第一步：打开双闪，缓慢并道。

第二步：踩离合挂空挡，踩油门保持转速挂入低挡，缓慢抬离合器。

第三步：依次减挡，速度低于 30km/h 时缓慢拉起手刹直至停车。

（2）汽车轮胎一般行驶多少千米更换

目前，轮胎厂商建议的使用年限是 3 ～ 5 年，按一般家庭 1 年行驶 1 万千米的标准计算。大概就是行驶 3 万～ 5 万千米就需要更换轮胎了。不过，根据所处环境的不同，还是要先看轮胎的磨损情况以及老化情况。如果磨损严重，一定要很自觉地进行更换。由于橡胶会逐步老化，所以，如果发现轮胎表面有一些细微的小裂纹或者已经到达轮胎年限，也应更换，哪怕花纹还很好也不行。

（3）前轮刹车盘为什么比后轮的大

刹车时由于惯性的原因，绝大部分重力由车辆后部转移至车辆前部，这样，前轮就需要更加有效的制动力，才能有效地将车辆减速停下来！所以，前轮刹车盘应比后轮的大。

（4）换轮胎后是否要做动平衡

不管是轮胎还是轮毂，在制造过程中，重量分布都不能做到非常均匀，所以当车轮高速旋转起来之后，就会产生抖动或者振动的“动不平衡状态”，会影响汽车的行驶。因此，换轮胎后一定要做动平衡。

就算是更换气门嘴，在高速行驶中都会对车轮的动平衡产生影响，所以更换轮胎之后，动平衡是必须要做的！

（5）涉水熄火后是否要连踩几脚刹车踏板

由于水分充分附着在刹车盘与刹车片间，将会对刹车效果产生一定影响，所以需要低速行驶时踩几脚刹车踏板，让刹车盘与刹车片充分摩擦，将水分排干，恢复制动力。另外，在涉水后可以停车检查底盘的相应杆件以及水箱冷凝器，以防相应部件被垃圾缠绕。

62. 学会用汽车灯光进行求救

灯语是一种通信工具，这里给大家介绍几种灯语，虽然很多人会开车，但并不是每个驾驶员都一定知道灯语的含义，在开车过程中车灯使用不当也会造成很大的危险，在实际驾驶过程中车主还是应多学习，多注意安全。

（1）大灯闪一下：提示前方车辆让出车道

在十字路口等车，当绿灯亮时，有时候会遇到前车纹丝不动的情况。也许是新手，紧张，“手潮”，起步慢；也许是前车驾驶员没有留意指示灯的变化，等红灯时走神了。

在遇到这种情况时，狂按喇叭显然不是合适的做法，我们可以用闪大灯的方式代替“粗暴”的按喇叭。大灯闪一下，通常情况前车就能意识到，如果还没有动静就再闪一下，切忌连续闪大灯，这样对人是不尊重的，容易引起前车驾驶员的逆反情绪。

大灯闪一下也可用在前车由于一时走神或者对路况不熟，车速缓慢，挡住后车继续前进的路。此时后车司机可以把大灯闪一下，提示前车司机让道。

（2）大灯闪两下：表示不满

遇到强光闪眼，很可能是对方忘了关远光灯，车友们可以在交会前的一段较远距离内闪两下大灯，提醒对方会车时要切换灯光。如果对方无动于衷，车友们可以亮起双闪灯以表示不满，提醒对方“您闪到我了，请切换近光灯”。

（3）大灯闪三下：提醒前车进行检查

如果发现前车的车门没有关好、尾灯不亮、轮胎没气等情况，我们可以对前车连闪大灯三下，提醒前车停车检查车辆。

车辆在行驶过程中，车内的人很难发现车身外部的一些情况，譬如后备厢或车门存在异常，胎压不足等。这样的行车随时会发生危险，甚至波及旁车，因此一个善意的提醒还是很有必要的。

（4）连闪大灯：拒绝旁边车辆的并道要求或提醒行人或非机动车其所处的是机动车道

遇到车辆变道时，如果双方没有达成一种无形的协议，则很容易发生剐蹭或者追尾的事件。此时变道车辆往往处于本车的左前方或者右前方，因此使用前大灯的闪动是告诉对方你是否同意变道最直接的方式。

随意横穿马路的行人或者非机动车会对行车造成安全隐患。如遇到上述情况，我们应该减速并通过连续闪烁大灯来提醒行人或非机动车。

（5）阶段性亮刹车灯：勿跟车太紧

在高速公路上开车，保持适当的安全距离是避免事故的有效方法。但有时候有的人在高速公路上喜欢跟车，而且保持的距离比较近，遇到这种情况，前车驾驶员一定会分散一部分注意力来“关注”后车，免不了要担心后车会不会因为刹车不及时而撞上自己。前车驾驶员想办法给后车一点儿警告，告诉后车不要紧跟着自己，这时就要用到刹车灯。

在高速公路上行驶的过程中，刹车灯有另一种用法，即在后车距离自己车太近的时候，前车司机可轻踩刹车，提示后车“您离我太近了，应该远点。”

（6）会车时提醒对面车辆将远光灯切换成近光灯：闪两下远光

夜间行车时，为了目及更远的视线范围，多数人会选择开启远光灯行车。然而在会车时，远光灯直射会晃到驾驶员的双眼，甚至会出现短暂的失明。因此，如果对向车道的车辆没有及时切换至近光灯，请立即用灯语提示。

（7）一声鸣喇叭、一下远光：我有急事，请让一让

俗话说“人有三急”，在行车过程中，及时把自己“有急事”的这个信息传递出去，对自身和周边车辆都是一种保护。对于其他车辆来说，合理避让，也是为自身安全着想。

（8）三下远光加双闪：紧急求救

所谓“远亲不如近邻”，在行车过程中要学会擅用灯光求救，其优势是操作简单而且传递范围广。

63. 空挡滑行不省油也并不安全

从安全角度看，空挡滑行绝不可取。空挡滑行时汽车靠惯性前进，发动机不提供动力，这样车辆就损失了部分控制方向的能力。如果下坡是直道，问题还不大，若遇弯道或突发紧急情况，则比较容易失控。

这里用了“比较”两字，比谁？是指比“带挡滑行”。相对而言，带挡滑行就不易失控，安全隐患要少些。

有人说，空挡滑行时间不长，哪有那么多突发情况？大家不要有侥幸心理。万一你空挡滑行时，遇旁车突然变道呢？行人突然窜出呢？怠速阀突然被堵呢？“万一”轮到你头上，那就是“百分之百”，这是万万侥幸不得的。

有人问，空挡滑行省不省油？答案是不省。现在的车都是“电喷”，即喷油多少由计算机根据车辆行驶状况来控制。解析进气量、温度等参数后，“电喷”有启动、暖机、怠速、部分负荷、全负荷、托动等若干工况。你的车下坡时，油门放松，发电机负担减轻，车辆处于“拖动”状态，此刻“电喷”就会自动减少油量输出；若你选择空挡滑行，发动机处于怠速状态，并不省油。

64. 千万别用自来水代替防冻液

盛夏，不少车主认为汽车使用的防冻液就是为了冬天防冻，到了炎热的夏天完全可以换成自来水。汽车养护专业人士提示，不能用自来水代替防冻液。

防冻液除了能够保障汽车的冷却系统在冬季正常工作外，还有防腐、防锈、防沸的作用。自来水对汽车的冷却系统有腐蚀作用，而且使用自来水还会导致水箱和冷却水道产生大量水垢，堵塞循环系统，影响冷却系统的使用寿命。防冻液中添加了防腐和防锈成分，还能缓解冷却系统中橡胶、塑料部位的老化。另外，防冻液的沸点比自来水高，使用防冻液在夏天可以避免汽车出现“开锅”的情况。

一般情况下，防冻液的使用时间最多不能超过 2 年。如果车主在夏天使用的仍是防冻液，只要不超过使用期限，无需更换新防冻液。如果使用了自来水，应该立即更换成防冻液。

65. 烈日烘烤的汽车中这些物品切忌放

夏日，汽车在烈日下停放一段时间后，车内就像个“大火炉”，一定注意不要把以下物品放在车内。

（1）打火机

有抽烟习惯的车主常将打火机放在车内。一些一次性打火机本身质量较差，内部液体受热膨胀，很容易爆炸。如果一定要抽烟，建议使用汽车自带的点烟器。

（2）汽车香水

有些车主为了改善车内环境，会在仪表台上放一瓶汽车香水。香水挥发产生的气体易燃。当汽车受到高温烘烤，车内温度不断上升时，很容易引起香水爆炸。

（3）碳酸饮料

碳酸饮料含有二氧化碳气体，在高温下容易膨胀。在汽车行驶晃动时容易导致罐体破裂。车主在停车后，最好将碳酸饮料拿出来。

（4）数码电子产品

车主停车后，一定要把手机、数码相机、充电宝、电池等从车内拿出来。这些产品会因温度过高导致机器故障。电池在高温下也可能发生爆炸。

（5）食品

把食品放在烈日烘烤的车内，高温环境极易导致食品腐烂、变质。

66. 停车时方向盘不回正有危害

如果停车不回正方向盘，产生的某种应力就会持续地施加在以下三个部分而无法释放，久而久之就会加速这些零件的老化或变形。

（1）转向系统

停车时方向盘如果不回正，车轮会拽着转向拉杆无法回位，同时方向盘的齿轮和转向拉杆的齿条也处于受力状态。这种情况就好像拖拽着一个人的胳膊然后让他睡觉，虽然短时间内不会造成什么伤害，但久而久之就会加速这些零件的老化或变形，一旦变形可能会导致车辆跑偏，还可能会造成轮胎的偏磨。

（2）悬架系统

在正常停车的情况下，悬架系统处于相对的放松状态，四个悬架受力比较均匀。而当停车时方向盘没回正，很多车型的车轮会出现一个倾角，而悬架系统就会向一个方向倾斜，悬架中的弹性支柱部分、橡胶封套以及悬架系统内的一些橡胶减振垫有一个应力，让它们“吃着劲”，无法正常回位。这种情况和上面说的转向系统差不多，虽然短时间内不会造成损伤，但时间长了就会对悬架系统造成一定的伤害。如果悬架系统内的减振橡胶垫老化，悬架的摆臂或连杆的连接处就会出现框量，框量越大，磨损就越严重，形成恶性循环。

（3）轮胎

在正常情况下，轮胎会保持胎面着地受力的状态，当方向盘没有回正时，由于主销倾角的存在和乘用车轮胎外倾的设计，轮胎的胎面并不是完全着地的，而是胎肩和一部分胎面受力。这种情况下对于轮胎的侧壁压力是比较大的，由于轮胎侧壁相对比较薄，如果经常这样让轮胎受力不平衡，就会加快轮胎侧壁的老化变形，轮胎侧壁老化变形后，很可能会出现漏气或爆胎的情况。

所以，在平时停车后，可以多观察一下自己的车辆是否停好，方向盘是否回正。停车时有意识地把方向盘回正再下车，避免伤害到爱车。

67. 车辆长期停放容易发生故障

（1）损坏刹车系统

长时间停放车辆时，手刹也会长时间处于绷紧状态，这样容易造成刹车片与刹车盘粘连在一起，导致刹车系统工作不良甚至损坏。

（2）损坏发动机和变速箱

机油长时间不用时容易凝结、变质，机油氧化的现象会很严重。当车辆再次启动时，质量欠佳的机油就起不到很好的润滑作用，气缸与活塞会形成干摩擦或半干摩擦，加速零件的磨损，而且阻力大大增加，造成启动困难，容易导致发动机、变速箱磨损。

（3）油封容易老化

因为车辆停驶，油封四周的接触受力总是不均匀的，直到油封发生永久变形，这样非常容易漏油。

（4）容易造成橡胶老化、轮胎变形

汽车上的橡胶制品，其实都是经不起风化的，会自然老化。若汽车长期停放，橡胶管没有经常在油液中浸泡，会加快老化。

汽车停驶后，汽车重量由 4 个轮胎接触地面的部位承受，从而造成接触部位受压收缩变形。汽车停驶时间越长，变形部位越不易恢复，使轮胎四周的重量分布发生变化，滚动半径不均匀，造成轮胎不平衡。一旦汽车进入高速行驶后，就会发生车身抖振，会加速轮胎的磨损，还会给行车安全带来隐患。

（5）汽车的电子元件易出故障

对于停驶车辆的电子元件或插线接头，受潮的可能性会大大增加，并且停驶时间越长，发生故障的概率就越高。

（6）蓄电池提前报废

现在，汽车用的一般是铅酸蓄电池，其特点是一旦汽车停驶就会产生自放电。在正常条件下，蓄电池每昼夜自放电可使电容量下降1%以上。尤其严重的是，蓄电池长期自放电后，极板表面会产生硫化物，影响蓄电池再充电的效果，最终导致蓄电池提前报废。

（7）机油变质、零部件生锈

停放半年以上，就要考虑机油和零部件了。机油一般都是半年的保质期，而对于零部件，如果经常不润滑，也是会生锈的，包括发动机内的零部件。

（8）鼠害时有发生

车辆若是停放一两个月的话，又在露天位置，老鼠有可能将电线咬破，导致启动故障。

建议

① 车辆连续不开的时间最好不要超过15天。

② 尽量不要将车辆长时间停在露天停车场，如长时间不开，应及时取下蓄电池，以减缓蓄电池的漏电速度。

68. 车辆长期停放需注意哪些事项

（1）地势要平坦

细心的车主停车时会考虑很多因素，如防止车辆被剐蹭，防止被暴晒，但往往会忽略重要的一点，那就是地面情况。为了能将车辆能停在安全或者阴凉的地方，一些车主往往选择马路边，或是一些路面有严重凹凸的场地。殊不知，这可能会对爱车“伤筋动骨”。虽然一辆合格的汽车车身都拥有很高的刚性，但实际上都会因为路面的冲击而不断变形。一旦车身变形，车辆就“不会听话”，不要以为一两厘米的变形没什么，它会对车辆的操控以及稳定性造成严重的影响。如果长期将车辆停在一些凹凸不平的场地上，导致四轮落差过大，久而久之会导致车架扭曲，严重的甚至影响到正常开关车门。和多数损伤相比，车身框架的变形是“最难以挽回的车辆衰老症状”。

因此，如长期停放车辆，应选择适合停车的场地，保证车辆的四轮在同一平面上，单轮上路沿的情况应尽量避免。

（2）坠物需提防

在烈日炎炎的夏季，如果没有地下停车场，很多爱车人士会不辞辛苦地为爱车找一处树荫或屋檐下。将车停在大树下或屋檐下可以让爱车免遭暴晒，但其中隐藏的风险可不是每个人都知道的。

树大好乘凉，这话不仅适用于人和车，小鸟也一样。大树上成群结队的小鸟尽情地新陈代谢，排泄物从天而降，树下停放的车辆难免中招。不要小看鸟粪，即使经过清洗，它包含的酸性成分还是很容易在车漆上留下永久的色斑。停在树下的另一个“纪念物”是树脂，它不仅酸性大，甚至不采用专用清洗液都难以清除，对车漆的伤害是显而易见的。

另一处停车禁区是屋檐，危险物则来自于人为，如楼上阳台洗拖把的脏水、无意掉落的食物渣。相对而言，车辆并不那么怕晒，如果实在没有能够遮阴的停车位，就应将车辆停在太阳底下。

四、安全行车

69. 新老驾驶员都要熟练掌握驾驶技巧

（1）新手刹车苦练脚底功夫

新手开车往往最看重车辆的刹车性能，但是踩刹车也是有学问的。在转弯时要提前准备，做好车速调整。万一遇到突发情况，如突然察觉有障碍物时，应立即停止转弯，然后制动，待车速稍慢时，再进行转弯。简单一点儿说，就是停止转弯、制动、再转弯。

脚底功夫最重要。不少新手习惯用脚尖轻踩刹车，在一般情况下，这种动作没有什么不妥。但在紧急情况下，则可能无法立即将车停住。这是因为，用脚尖刹车的动作不如用脚掌迅速，能在瞬间将整个刹车踏板踩到底，发挥最大的刹车能力。平时要养成用脚尖到脚掌之间的位置来踩刹车的习惯。

（2）高速刹车可直接减挡刹车

如果速度较快时需要尽快刹车，可以直接减挡并刹车。比如挡位在 4 挡，先将右脚从油门踏板松开放在刹车踏板上，左脚迅速踩离合踏板，迅速将挡位换到 3 挡。遇紧急情况时可以直接从 4 挡换到 2 挡甚至 1 挡，然后松开离合踏板，离合器切合后右脚踩刹车踏板，但不要一下踩死，如果感觉车轮抱死，立即松开刹车踏板再踩，力度依旧是逐渐增加。带 ABS 的车也可以直接减挡，不同的是，当车速降低到比较慢的时候可以踩离合踏板后（为防止发动机熄火）一脚踩死刹车踏板（仅限车速慢时），其余工作可由 ABS 来处理。

（3）拥堵路段跟车

第一，开车时不能只盯着前车的尾灯，要尽量向前，至少看 3 辆车，预测前车的动作，才能有时间做出反应。同样，踩刹车也不是看着前车做动作，除了要瞄一眼后车的反应，避免被追尾外，还要提前看看左右车道是否有足够的空间，在刹车无效或将被后车追尾的时候，才能及时变线躲避。

第二，对于前车的每个动作都要想想，前面的车绝不会无缘无故地刹车、变线、提速。如果临近出口，前车从左向右并线，那可能是要出主路；如果距离出口很远，前车却纷纷并线，那可能是路上出了事故，可以提前做好思想准备。

（4）不同路况用不同技巧应对

高速公路：对于长途旅行来说，高速公路是比较安全的选择，但高速公路上发生事故可能后果更加严重，所以一定要注意车速不要过快。

国道：跨省的国道通常路面不错，但不宽，很多上下行车道间没有硬隔离，超车、会车频繁。另外国道上很多长途卡车往来，体积大、速度快，驾驶员经常疲劳驾驶，所以在国道上开车要特别小心。

山路：走山路很考验驾驶技术，频繁地刹车、过分使用离合器、挡位不合适等，都容易造成车辆故障，增大行车危险性。

夜路：长途公路大部分没有路灯，夜间对面车的大灯就显得极其刺眼。因此走夜路比较危险，尽量不要夜间赶路。

70. 坡道起步技巧

（1）无手刹的坡道起步技巧

因无手刹或手刹有故障时，应采取无手刹起步的方法。

操作程序是，左脚踩下离合踏板，右手将变速杆挂入低速挡；右脚脚跟踏下制动板，左脚前脚掌踏在加速踏板上。起步时，右脚前脚掌踏下加速踏板，左脚前脚掌稍踏下加速踏板，左脚慢抬离合踏板。起步后，应完全松开离合踏板。关键点是右脚前脚掌松制动踏板与脚移动踩油门踏板的协调配合。这种坡道起步方法难度较大，不易掌握，一般情况下不提倡使用，只作为一种应急方法。

（2）有手刹的坡道起步技巧

保持正确的驾驶姿势，注意前方道路的各种交通情况，不得低头向下看。

操作顺序是，左脚踩离合踏板，加速杆挂入低速挡，右脚徐徐踏油门踏板，左脚慢放离合踏板，当发动机声音有变化或车身稍有抖动时，迅速松开手刹，并再稍踏油门踏板，慢抬离合踏板。注意，此时不能立即放松离合踏板，而是要先踏油门踏板，然后松离合踏板。因为上坡时汽车阻力大，起步所需的动力也要大一些。关键点是松手刹的时机。若松得过早，会使车辆后溜；若松得过迟，会造成发动机熄火。最佳时机是当离合踏板抬至半联动位置，发动机声音有变化时，立即松开手刹。

坡道起步要领可归纳为，音变、车抖、稍一停，紧跟油门松制动，油门大小看坡度，不溜不冲不熄火。

71. 记住这些车辆盲区，让孩子远离交通事故

“儿童盲区”是指因为儿童矮小的身形，当接触车身或在车辆附近停留时，驾驶员极难在车内发现他们，因而形成特有的驾驶员盲区。

（1）正前方

车辆的正前方对于成年人，或者身高高于1m的儿童来说，即使站在车头下方也不存在盲区。不过对于身高在1m以下的儿童来说，却存在不小的盲区。如果驾驶员坐在车内，没有留意到儿童跑到了车前方，那么就容易造成意外事故。

防范：上车前绕车一圈，观察周边，行车时降低速度。除了可以避免有小孩隐藏于车后外，还可以避免一些意外的发生，如猫狗之类的小动物可能在车底下乘凉。

（2）车后方

车后方的盲区造成的意外事故很多都是驾驶员在倒车时，没有发现车后方的儿童而发生的。车辆后方因为距离驾驶位远且中间阻隔多，所以相对于前方而言，盲区区域非常大。

防范：利用高科技辅助。在市面上很多车辆都带有倒车影像和障碍物报警系统，这些系统除了在倒车和行驶时给人们带来便利外，同时也能为车主解决“后顾之忧”。但是，仅仅靠高科技辅助还是不够的，还需靠车主平时多留心。

（3）侧前方

在驾驶位的左侧只有A柱遮挡形成的一个小小的盲区，而右侧则有两处，如此一来，驾驶员的前侧方视野受到了影响。如果不小心，则很可能发生意想不到的事故。既然前侧方向存在盲区，那么我们在转弯的时候便要格外小心，没有把握时应该摆头观察A柱后方的情况。

防范：在车辆开动前，不要只依赖后视镜来观察周边环境，应尽量回头观察，这样能尽量减小盲区的范围。因此，对于习惯倒车时回头观察的驾驶员来说，也必须同时注视两侧后视镜进行倒车。

在驾车经过一些诸如儿童非常集中的区域时（如小区内、超市停车场等），要提高警惕，控制车速，以便随时做出反应。

72. 学会正确调整后视镜位置，消除视野盲区

事实上，只要适当调整汽车的后视镜，就能够尽可能多地消除盲区。

（1）调整中央后视镜

左、右位置调整到镜面的左侧边缘正好切至自己在镜中影像的右耳际，这表示，在一般的驾驶情况下，从中央后视镜里是看不到自己的，而上、下位置则是把远处的地平线置于镜面中央即可。

（2）调整左侧后视镜

处理上、下位置时把远处的地平线置于中央，左、右位置则调整到车身占据镜面范围的1/4。

（3）调整右侧后视镜

因为驾驶座位于左侧，因此驾驶人对车右侧情况的掌握不是那么容易，再加上有时路边停车的需要，右侧后视镜在调整上、下位置时地面面积应留得较大，约占镜面的2/3。而左、右位置，则同样调整到车身占1/4镜面面积即可。

（4）尽量消除视线死角

很多人以为，要消除视线死角，应尽量把左、右后视镜往外调或往下调。另外，有研究显示，或许是为了能随时维持整齐的仪容，或许是爱美心切，也有很多驾驶员把中央后视镜调整到把自己都能照进去，这是错误的做法。正常应在驾驶员仅转动眼球而不回头的情况下，约可以看到前方200度的范围。换句话说，还有约160度是看不见的。事实上左、右后视镜再加中央后视镜，只能再提供额外约60度的可视范围，那么剩下的这100度该怎么办呢？还得靠我们自己多留神了。

73. 五大必知的视野盲区

（1）视野盲区一

左侧汽车向前行驶时，不易发现右前方人行道来往的行人和非机动车；同样，汽车在右侧的情况也类似。

防范：驾驶员如遇此类情况，应该“一慢、二看、三通过”。超车时如遇前方车辆紧急刹车或者骤然降速，驾驶员应该将车辆降速至可安全控制范围内。

（2）视野盲区二

车辆在山区经过弯道时，内侧山体阻挡视野，造成车辆行驶困难，对面来车也会遇到同样的情形。

防范：驾驶员如遇此类情形，应该将车速降至可安全控制的范围内，不变道，不并到左车道。

（3）视野盲区三

车辆在上坡时，由于视野点与坡面形成夹角造成的视野盲区，看不见相对方向的车辆和坡上的其他障碍物。坡上车辆下坡时也会遇到类似视野盲区的情况。

防范：驾驶员驾驶车辆上坡时应该降低车速至可安全控制范围，不变道，不并到左侧车道，驶上坡后要立即掌控坡上路况，及时做出安全预判，下坡车辆情况相同。

（4）视野盲区四

在汽车行驶过程中，车辆的左、中、右后视镜的可视范围有限，左侧或者右侧车辆在特定位置时存在一定的视野困难。

防范：驾驶员变道前提前打转向灯，同时看内后视镜有无接近的车辆，看变道后视镜和同侧车窗外部有无车辆，若没有则迅速变道。

（5）视野盲区五

前挡风玻璃左右两侧的支撑体阻挡视线所造成的视野盲区。

防范：驾驶员遇此类情形，进入盲区前已知此处有路口，应提前降低车速至可安全控制的范围内。

74. 简洁明了的倒车驾驶技巧

① 倒车前要了解车位是否够宽，要有开门的宽度，至少停车后每边留有 50cm 的宽度。

② 倒车时要注意提前打轮控制车位（避免长时间打满轮，对助力系统不好），要四处观察来确定车的位置。一看车尾的右角会不会碰到右侧的障碍；二要保证左侧车尾一角与左侧障碍物的距离在 50 ～ 80cm（根据车位宽度而定）。

③ 注意车身将要变正后，马上将方向盘回正，用两侧反光镜看车身是否摆正。

④ 如果左边是马路牙，可将反光镜向下调，使之能够看到后轮，不要擦到马路牙，且停车时车身与马路牙应尽量平行。

以上是左侧先入的倒车方式，右侧先入则方向相反。

75. 遇到刹车失灵不要慌，沉着应对是关键

（1）平路刹车失灵

持续点踩刹车：正常行驶时，如果发现制动力不足，不要惊慌，首先要持续点踩刹车踏板，尽量降低车速，并打开双闪灯。

紧握方向盘并降挡：握紧方向盘，并从高速挡逐渐降至低速挡，利用发动机制动。

拉手刹：如果车速不快的话，可以试试拉手刹能否降低车速。但是注意拉手刹不能一下拉死，这样容易直接损坏手刹系统，导致手刹失效，应该逐步轻拉手刹。

（2）下坡时刹车失灵

下坡时如果出现刹车失灵，可能会造成失速，应立即观察前方是否有缓冲停车区。如果没有，应想尽一切办法降低车速，可以逐步拉紧手刹，紧握方向盘，用车身一侧靠贴路边障碍物将车停下。

观察路边是否有护栏、墙、山体等，双手紧握方向盘，慢慢靠近障碍物，用整

个车身侧面接触障碍物，达到减速的目的。需要注意不要猛地靠近障碍物，应该靠一点儿回一点儿，以免造成驾驶室变形，伤害到驾驶员。

利用车体的保险杠、车厢等钢性部位与路边的天然障碍物摩擦、碰撞，如岩石、大树或土坡等，达到强行停车脱险的目的，尽可能地减少事故损失。

如果刹车失灵，应根据路况和车速控制好方向，脱开高速挡，同时迅速轰一脚空油，将高速挡换入低速挡。这样发动机会有很大的牵引阻力使车速迅速降低。另外，在换低速挡的同时，应结合使用手刹，但要注意手刹不能拉紧不放，也不能拉得太慢。

（3）上坡时刹车失灵

降挡、减速、安全停车：上坡时刹车失灵，应适时挂入中低速挡位，打开双闪灯，并留够动力保持到坡顶或者水平道路停车，拉紧手刹。

向后溜车：如果向后溜车，应采取以下紧急措施。

① 猛拉手刹，在车停的一刻立即将挡位挂入前进挡，随车人员及时用石块、垫木等物卡住车轮。

② 不成功的话应转动方向盘，让车尾横过来，车尾应朝向山坡或安全的一面。

③ 打开大灯和双闪灯，引起前后车辆的注意，同时注意不要猛烈转动方向盘。

76. 暴雨时车辆如何安全“游”过积水

（1）涉水切勿松油门

切记涉水时油门不要松。如果水进入进气口，导致发动机熄火了，那就应该在原地等待救援，千万不要再试着启动了。如果涉水深度超过发动机舱盖，建议不要再行驶，立即熄火停车，否则容易发生“气门顶”。过水后，车主可以踩几脚制动，这样做可以用制动产生的热量把附着在制动器上的水蒸发出来。

（2）跟随前车保安全

雨中视线不好，路上到处是浅浅的积水，分道线难以看清。最好不要轻易涉水，如果必须涉水，可以先等大型车过去，看看深度。如果涉水深度接近前大灯，行车时应该多警惕。稳住方向盘，低挡行驶，不要换挡和停车，缓慢均匀前进。此时，“前车之鉴”就是上佳之选，在保持安全距离的前提下，跟随前车行驶。

（3）半米水深为临界

城市常见车型的最大涉水深度：越野吉普车不能超过60cm，小轿车不能超过40cm。如果水深超过车轮或汽车的最大涉水深度时，最好不要冒险通过。如果发现有多辆汽车熄火在积水路段，最好立即掉头绕行。

很多经济型轿车的轮胎比较小，车主可以通过轮胎高度判断车辆的最大涉水深度，最基本的经验就是轮胎的高度下探 10cm 就是车辆涉水的最大深度。

77. 雨天车辆侧滑，几个技巧可避免

要确保车辆制动系统性能正常以保证前后轮在制动时能同时产生均匀的制动力，避免后轮先于前轮抱死或因四轮受力不均而导致车身偏移正常行驶方向。

雨天路面行车时，一定要保持车辆的速度均匀，踩踏和松开油门踏板的动作要平稳，不要突然猛踩油门踏板加速或突然抬起油门踏板减速。若加速时产生侧滑，则要马上减小油门踏板；反之亦然。

学会准确控制车速。没有配备 ABS 的车辆在遇到紧急情况时要采用间断制动法，即先猛烈地踩下制动踏板，达到踏板行程 1/2 ～ 3/4，再松回 1/4 行程，利用这种迅速踏下和松起制动踏板多次的方法，使车辆减速停车。其实质是模仿 ABS 的做功形式，既不让车轮抱死，又能达到迅速降低车速的目的，同时也能保证驱动轮不被锁死而导致方向失控。

如果车辆发生了侧滑，要保持冷静，若是因制动引起的，应立即停止制动，车辆向左侧滑就向左转动方向盘；反之亦然，但动作不能太大，否则又会向相反方向侧滑。不能使用手刹制动，因为大部分车辆的手刹都是制动后轮的，更容易发生侧滑或侧翻事故。

行车时，遇到小角度的转弯或路面结冰的情况，急刹车可能会使车辆发生侧滑。北方的驾驶员，经常在冬季遇到轮胎打滑。他们的经验是，立即向后轮侧滑的方向转动方向盘。这样做可以有效减弱后轮侧滑，重新控制车的前进方向；不能踩刹车踏板，甚至还要踩一点儿油门踏板，将汽车的重心后移，使后轮获得更大的抓地力，迅速将打滑的情况纠正过来。转动方向盘的速度和幅度也要适度，避免回轮不及时造成新的险情。

78. 在高速公路上爆胎如何处置

高速行驶时若遇到轮胎爆破，车辆的行驶方向会突然向一侧倾斜或危险地摇摆。尤其是前轮爆胎时，这种现象会更加明显。

（1）高速行驶时遇到爆胎情况的应对方法

要双手紧握方向盘，全力控制住车辆的行驶方向，油门踏板不要一下放松，待车辆稳定后再缓慢制动并驶离主干道，将车停住。切记不要紧急制动，以免因制动力不均而使车辆甩尾或翻车，导致发生事故。

（2）前轮爆胎

因为前轮关乎汽车的转向，爆胎对汽车的行驶路线有很大影响。因此，前轮爆胎时第一个动作是紧握方向盘，待稳定后再缓慢制动并驶离主干道。在此过程中不能反复猛烈转动方向盘，同时也不能急踩刹车踏板，停稳后在车辆后方 200m 处竖

立警示三角牌，防止二次事故。

（3）后轮爆胎

与前轮相比，后轮爆胎不是那么危险。我们只要握好方向盘就可以，然后一下一下地踩刹车踏板，这样可以把汽车的重心前移，使完好的前轮轮胎受力，减轻爆胎后轮所承受的压力。当然，不要过分用力踩制动踏板。

（4）事故处置

若无备胎又在附近找不到修理点，应打开双闪灯，慢行至汽车修理厂，或请求援助。若有备胎，必须找一块平坦的硬地进行更换，尽量避免在斜坡处换胎，免得千斤顶滑落而出事故。

（5）如何预防汽车在高速公路上爆胎

① 上高速公路前一定要仔细检查。

② 在车上装一套胎压监测系统。

③ 做轮胎防扎处理。

④ 定期将轮胎换位。

⑤ 定期修正车轮平衡度。

79. 如何选购高清行车记录仪

在选购行车记录仪时，除了要考虑行车记录仪的品牌外，还要考虑行车记录仪的价格、功能、外观、使用寿命等问题。在选购行车记录仪时，应该注意以下几点。

（1）看行车记录仪视频的清晰度

很多时候，车主们提供的视频记录是否足够清晰，也是该记录是否可以作为事故处理的依据之一。有些品牌往往特意夸大各种参数设置，来诱导车主们购买。建议车主最好选择 720p 或者 1080p 的视频芯片，这样的好处是我们可以观察到的视频记录画面更清晰。

（2）看行车记录仪的夜视能力

经常在夜晚行车的车主应该更加关注具备夜视能力的行车记录仪。虽然目前来说很多行车记录仪都宣传自己的产品具备夜视能力，但是很多“山寨”产品的夜视能力非常差，画面模糊不清，根本无法清晰辨识其中的车牌号码等细节，在关键时刻能否作为证据提供也是一个问题。

（3）看行车记录仪的固定方式

无论是后视镜式还是普通的吸附方式，行车记录仪的固定方式都是非常值得车主注意的。事实上，应该这样说，没有不好的固定方式，只有不会安装的车主。建议车主在选购之前或者之后，都应该多了解一下行车记录仪的安装方式，并牢固地安装到车辆上，这样才能够确保行车过程中顺利地记录所有的行车视频。

五、培养良好驾驶习惯

80. 摒弃不良的开车习惯

从学车的第一天起，就应养成好的开车习惯。这里，提醒大家该注意的一些不良开车习惯。

（1）没完全分离合就换挡

平时开车时我们总可以看到，一些心急的司机在离合踏板没踩到底时就忙着挂挡，这样不但挡位难以准确挂入，而且长期这样操作，对手动挡车型的变速箱是一种致命的损伤。

自动挡车型虽然不存在踩离合换挡的问题，但不少驾驶员在车辆没有完全停下来时，就匆忙挂上 P 挡，变速箱同样难以承受这种车况与操作不符的情况。

（2）马路牙子一跃而上

平常很难观察到车辆的减振器、弹簧、悬挂，但它们也是车辆的易损部件。过沟坎时应提前减速，而不要硬让车辆冲过去，这不但可以保证乘坐舒适性，也是对减振器、弹簧、悬挂的保护。不少司机上马路牙子时一跃而上，想显示高超的驾驶技术。其实说不定哪一次，车辆的减振或弹簧就损坏了。

同样，不超载不但能提高燃油经济性，对悬挂这样的汽车零部件也是一种保护。

（3）长时间处于半离合状态

一些驾驶员在开车中习惯于左脚一直踩在离合踏板上，以为这样可以更好地保持对车辆的控制，但实际上，这种做法对离合片的损害极大。尤其是当车辆在高速公路上行驶时，长时间的半离合状态会让离合片迅速磨损。

另外，二挡起步的做法也同样会导致离合器过早损坏。一挡起步对任何车型来说都是有益无害的。

（4）令喷水嘴强行工作

当冬天气温低，喷水嘴被冻上时，不要强行喷射玻璃水，这样只会把水泵憋坏。可将车发动以后，等车辆温度上来，被冻的喷水嘴解冻以后再喷水。

雨刷同样也是如此，冻上的雨刷起不到应有的清洁效果。

（5）频繁操作组合开关

车辆灯光的闪射让车主自我感觉良好，殊不知，频繁开关却增加了组合开关损坏的概率。因为当开关接通的一刹那，通过开关触点的电流比平常高很多，在半接合半分开状态下打火，电火花就可能把触点烧毁。

（6）按住玻璃升降器不松手

很多车辆玻璃电动开关不起作用或是车窗玻璃不能升降到位，这与日常操作的失误有关。使用电动玻璃升降器升降玻璃，当玻璃降到底或升到顶时，一定要及时松手，否则与车辆机械部件较劲，容易损坏电动机。

（7）拉着手制动开车

有经验的驾驶员表示，在控制车速时要多用挡位，及早预见，勤于换挡，少用制动。尤其是下坡时让发动机制动，偶尔辅以制动，不要踩着制动下坡，这样可以保护刹车片。

车辆起步前，千万不要忘记松手刹。拉着手刹开车是最磨损制动蹄片的一种驾驶方式。

（8）轮胎蹭台阶

有关轮胎的提醒已经很多，但有一点还要注意，那就是轮胎的侧面最薄，因此车主上台阶或过马路牙子时要特别注意保护胎侧，在正面不碰撞的同时也不要剐蹭到侧面，侧面的碰撞比正面还要毁胎。

（9）方向盘转动角度过大

因为常常使用，助力泵也是车辆上易损的部件。驾驶员在转动方向盘时，转到尽头时应回一点儿，不要让助力泵长期处于一种绷紧的状态，将有利于延长助力泵的寿命。

81. 高速行车五大诀窍

（1）行驶中尽量保持在一个车道

在高速公路上，不要和货车、客车以及其他车辆并排行驶，也不要长时间在超车道上行驶，更不能试图从紧急停车道上去超越车辆。在行驶中，你需要明确在什么地方下道或并道，一定要提前做好准备，离出口或转向其他分道口 500m 时，就要减速驶入右边行车道和减速车道，切忌临时突然转向分道，或是过了分道口突然紧急制动。

（2）超车时要做到立即、果断

当你确定要超车时，应当注意你的左后方有没有车要超越你，同时注意你的前方超车道上有无妨碍你超车的障碍物。在超车时，注意被超车左侧车轮有无异常，预防对方给自己造成安全威胁。超越货车或客车时最好使用喇叭或灯光提醒被超车辆，并且果断提速超车。在超越其他车辆后，不要立即回到行车道，应该在远离被超车辆 50 ～ 100m 后再打转向灯回到行车道。

（3）停车要注意必要的警示

如果在高速公路上行驶中，因故障需要临时停车检修，应当提前开启右转向灯驶离行车道，停在紧急停车带内或右侧路肩上，禁止在行车道停车，同时应打开双闪灯，并在车尾 150 ～ 200m 处放好警示标志。

（4）夜晚灯光的使用技巧

夜间在高速公路上行驶，尽量使用远光灯，注意前车有无尾灯，不要疲劳开车。如果自己感觉有点困意了，最好到服务区休息。如果夜间大雾，一定要放慢车速，打开双闪灯，以行车道和超车道之间的白色分道线为目标行驶，提防右侧的故障车辆。其实最好的办法就是去服务区休息，等雾散了以后再走。

（5）克服天气不利的因素

雨天在高速公路上行驶，视线则没有晴天视线好，容易出事故，你需要放慢车速并注意路面上的积水，因为它容易让高速行驶的车辆发生漂移，导致失控。雨天在高速公路上行驶注意不要紧急制动，也不要大角度转动方向盘，应尽可能保持和前车于晴天双倍的车距，前车一旦出事，你才有足够的距离停车，不至于追尾。

82. 仪表盘上哪些灯需要注意

仪表盘上的指示灯，表示目前车辆的状态，大家一定要认清各个指示灯分别代表什么意思，这对于行车安全非常关键。也建议大家平时养成检查仪表盘的好习惯，时不时看一看仪表盘是否有什么异常，及早发现问题，解决问题，将安全隐患扼杀在摇篮里。

（1）车辆基本情况提示你懂了吗

在每次启动车辆之后，仪表盘中间会有很多指示灯亮起，几秒钟后就会自动熄灭。这个过程就是汽车的自检过程。当自检完后，对应的指示灯便会熄灭，而存在故障的指示灯会继续亮着，提示驾驶员注意。这时，你一定要仔细检查一下，究竟哪里存在问题。

这些最常见的指示灯通常包括车门提示、手刹提示、安全带提示、发动机自检、润滑油情况检查、防抱死制动系统（ABS）检查、安全气囊检查、蓄电池提示以及燃油量提示。

发动机自检提示灯

发动机自检提示灯在每次启动汽车后都会亮起，表示发动机正在进行自检。当自检完毕后（整个过程持续几秒钟），若没发现发动机存在故障，指示灯就会熄灭。若该图标持续没有熄灭，则说明车辆的发动机存在故障，这时最好前往 4S 店做进一步的检测。

车身稳定系统指示灯

与胎压监测系统一样，车身稳定系统（ESP）近年来也被越来越多的车型所标配。而对于多数刚刚拿到驾照的新手来说，车身稳定系统指示灯还是个新鲜物——多数教练车上不会有这个装置。实际上，车身稳定系统指示灯很好认，有些是“ESP”字样直接告诉你它的“身份”，也有些是一辆带着轨迹的车的图标。

为什么ESP指示灯有时会在行车过程中点亮？是不是出现故障了？实际上，对于大多数车型，当ESP在行驶过程中介入时，仪表盘指示灯会闪亮提示。而如果是ESP真的出现故障的话，指示灯是会一直亮的。

ABS指示灯

目前市场上几乎所有的轿车均配备ABS，ABS指示灯在汽车仪表盘上也比较直观，一般情况下一眼就可以知道那是ABS指示灯。正常状态下，除了车辆启动瞬间点亮外，ABS指示灯都是熄灭的。如果ABS指示灯点亮，最好就近找4S店进行检查。

（2）那些忽然亮起的灯你重视了吗

有些指示灯如果亮起，是一定要引起重视的：曾经有人不会看手刹灯，拉着手刹开了几十千米，导致刹车片、离合器烧毁；有人不看油表，开到没油“趴窝”，自己还找不到原因；有人水温过高时没发现，导致拉缸，发动机损坏……

机油指示灯

仪表盘上一个类似于“水壶”形状的图标就是机油指示灯，若机油压力出现异常，机油指示灯便会点亮，这时应该为车辆做进一步检查以排查故障。否则，轻则损坏车辆；重则，车辆起火烧毁。

加油指示灯

一般情况下，当加油指示灯亮黄灯时，最好尽快为车辆添加燃油，不要等到亮红灯时才加。这主要是出于对汽油泵的保护考虑，目前多数汽油泵都需要浸泡在燃油里散热，倘若燃油不足，汽油泵的散热效果明显下降，会加速油泵的损坏。

冷却液温度指示灯

冷却液温度指示灯的温度计式造型很直观。顾名思义，冷却液温度指示灯就是用以表示冷却液温度，正常状态下它是熄灭的，若冷却液温度过高或过低，它就会点亮。

手刹指示灯

对于新手来说，手刹也是经常被忽略的地方，常常不是停车忘记拉手刹，就是启动忘记放手刹。长时间拉着手刹行驶，会导致刹车片磨损、手刹烧毁，甚至离合器损坏。车辆启动后关注一下仪表盘，就可以避免此问题。

安全带未系提示灯

现在的家庭轿车中，大多配有驾驶座和副驾驶座的安全带指示灯，有的还伴有声音提示。关于未系安全带出事的事件已经报道过不少了，大家一定要养成上车系安全带的良好习惯。

胎压报警灯

现在大多数车型都配备胎压监测系统，用以时刻监测车辆轮胎压力是否正常。当车辆轮胎胎压出现问题时，胎压报警灯便会点亮，最好先停车检查是什么原因导致胎压出现问题，查明原因，及时修复，以避免事故隐患。要知道轮胎胎压出现问题，随之而来的安全隐患可大可小。

没有配备胎压监测系统的车辆，可以买一个胎压测试工具，定时对轮胎压力进行检测。

（3）灯光提示你会看吗

在仪表盘上，除了车辆安全方面的指示灯外，还有一部分也是非常重要的，它甚至关系到我们驾车的安全，那就是灯光指示灯。

夜间，在城市中行驶开近光灯，在郊外行驶用远光灯；紧急情况下打双闪灯；雨雾天打开示宽灯、雾灯……在车内的你，怎样判断自己有没有用错灯呢？仪表盘上，其实都有显示。正确使用灯光，既是对自己安全的保障，也是对他人的负责。

83. 锁车好习惯：一想、二收、三锁、四拉

一想：熄火后先检查车内贵重物品，如正在充电的手机、放在中控台的钱包、大额现金等。

二收：将以上贵重物品，收纳到随身携带的挎包中，然后挎在身上，做到包不离身。

三锁：关闭四个车窗及天窗，下车后利用遥控锁关闭车门。

四拉：为避免个别品牌中控失效缺陷，以及干扰器造成的车门假锁，尽量用手拉动驾驶室车门，检查确认是否真的锁牢。

84. 热车时停车怠速还是低速缓行

（1）为什么要热车

一项统计数字显示，发动机部件的磨损，超过 90% 是在冷车启动后 3min 内造成的。需要热车的主要原因如下。

第一，车辆在经过长时间停放后，发动机内的机油会集中在下方油底壳内，各部件表面的润滑油膜基本上已经消失，这时启动发动机，其上半部分是没有机油的，需要大约 30s 的时间，机油泵才能将机油输送到发动机活塞、连杆和曲轴等最需要润滑的部件。

第二，发动机刚刚启动时，供油系统温度尚低，无法达到工作温度（90 ~ 100℃），汽油不能完全雾化，这时的汽油还处于液态，如果强行加速行驶，因为油气混合比过高，会令油耗升高、动力不足，而且汽油燃烧也不充分。

第三，变速箱中的润滑油此时也都因重力作用，囤积在下方，这时如果把车开

起来，会有换挡生涩的感觉，就是因为变速箱齿轮润滑不够造成的。只有行车时让变速箱齿轮运转起来，才能将底部润滑油带起，润滑上部。如果只在原地用怠速热车，由于变速箱没有油泵，所以根本达不到润滑的效果。

（2）热车究竟需要多长时间

热车时间并不是越长越好，只要发动机达到稳定的怠速，车就可以开动了。现在的汽车一般都使用电子喷油嘴，不同于老式的化油器车型，电喷车供油系统由ECU控制，不受空气流速和温度的影响，燃油雾化程度高，发动机启动后很短时间内就可以达到稳定的怠速。所以热车时间无需太长，只要机油压力升高，水温达到50℃左右即可。一般在车发动后，等0.5～1min，就能让发动机内的机油达到各个部件表面。

需要注意的是，除了需要时间让机油覆盖全部零件之外，发动机在持续工作之前还需要达到一定的工作温度。一般发动机从环境温度达到工作温度需要7～8min，但这个过程无需待在原地，只要不以高速行驶即可。发动机长时间怠速会增加油耗和积炭，不利于环保。

（3）热车只能待在原地吗

热车就好比运动员上场前的暖身，你看赛场上有哪个运动员是原地站着暖身的？所以说车也一样。在启动后0.5～1min，等润滑油差不多流过所有发动机部件后，车辆就可以动了。如果观察转速表的话可以看出，汽车发动后，转速表会打到1000r/min出头，然后慢慢回落，最终在800～900r/min停住（有些车型可能最后会停在1000r/min左右，但都有一个回落趋势），这时候就差不多可以行车了。

这时切记不要立刻就高转速行驶，因为此时变速箱中的齿轮还没有完全润滑，如果急于提高转速，磨损会很严重。这个时候需要温柔一点儿，发动机转速不要超过3000r/min，以2000r/min为宜。行驶3～5min后，发动机温度升高，水温达到50℃左右，变速箱完全润滑后，就可以按照平时的驾驶方式继续行驶了。

此外，出于环保考虑，原地怠速热车也是不可取的。三元催化器在怠速时很难达到正常工作温度（400～800℃），原地怠速热车就会造成更多的污染，也不利于延长三元催化器的寿命，还会加剧积炭的产生。

（4）夏天的时候需要热车吗

多数人都认为，热车只需要在冬天进行，夏天气温高，发动机不需要预热就可以工作，其实不然。

热车除了可以让发动机达到工作温度外，还有一个作用就是给发动机和变速箱中的部件留出润滑的时间。只不过冬天热车的时间需要长一点儿，因为低温让润滑油的黏度增大，附着力和流动性变差，增加了发动机启动时的阻力，所以需要更多时间让它加热升温。此外，在低温下金属的抗磨性会降低，必须让其保持在工作温度下，发动机才能达到正常的配合间隙，保持最佳工作状态。

（5）涡轮增压发动机如何热车

涡轮发动机在工作中会产生较高的爆发压力，发动机平均温度大幅提高，机械负荷与热负荷也更高，因此其工作环境十分恶劣。在冷启动时，涡轮增压发动机也需要先怠速运转几分钟，等到机油完全润滑全部部件，温度上升到工作温度后，才能行车。相比自然吸气发动机，涡轮增压发动机需要的原地怠速时间更长，大概1.5～3min为宜。在车起步后也不要给大油门，否则极易损坏涡轮油封。

关于热车时间，没有一个可以具体量化的值来衡量。冷车启动时，可以通过观察转速表和水温表来判断。当转速回落并稳定住，水温达到50～60℃时，热车基本就算完成了。这时让车起步，以低速行驶一段，等变速箱齿轮也完全润滑以后，就可以正常行驶了。热车这么一个小动作，不麻烦，但好处可很多。

85. 会刹车才更安全

（1）根据距离、车速进行刹车

高超的刹车技巧是不给乘车人有冲击的感觉，其前提条件是正确把握前方的道路及交通状况。首先是松开油门踏板，然后根据距离、车速等进行刹车操作。

（2）车辆完全停止前松一次刹车

如果我们踩刹车的目的是停止车辆行驶的话，一直踩着刹车直至车辆停止行驶前瞬间会产生比较大的冲击，其技巧是在车辆完全停止前松开一次刹车，然后再轻踩刹车踏板，直至车辆停止行驶。

（3）紧急刹车时要用力踩刹车踏板

现在防抱死制动系统（ABS）已经是车辆的标准配置，如果遇到紧急情况时，一定要全力踩下刹车踏板。

（4）恶劣天气谨慎使用紧急刹车

尽管现在车辆基本都配置了ABS，车轮抱死等现象得到极大改善，但仍建议在雨天行驶注意控制车速的同时，谨慎使用紧急刹车的动作。

（5）转弯时先减速再刹车

转动方向盘踩刹车踏板时，车辆容易失去重心，因此在进入弯道前应该通过刹车充分地降低车速。但如果来不及减速的话，可根据情况短暂使用刹车。湿滑弯道路面紧急刹车的话容易发生甩尾，可以通过降低挡位的方法，利用发动机制动进行减速。

（6）凹凸路面使用发动机制动

有一些路况差的路面有许多凹凸，车辆通过时车轮会瞬间悬空，这时的刹车不仅容易产生短暂抱死，而且容易发生侧滑。所以还是应尽量降挡或者松油门，利用发动机制动。

86. 驾驶自动挡车千万别 D 挡到底

有些开自动挡车的新手驾驶员，是 D 挡开到底，这样不仅对车辆有损伤，也会带来一些安全隐患。

（1）自动挡也分挡位，千万别 D 挡到底

很多人都简单地认为，开自动挡车时，挂 D 挡前进，挂 R 挡倒车，挂 P 挡停车，认为自动挡就是“全自动”，这是大多数驾驶员错误的“共识”。在开自动挡车的过程中，驾驶员应该将 D 挡到底的习惯改过来，尤其是汽车在爬陡坡时，仅仅使用 D 挡，驾驶员会明显感觉汽车比较“肉”。这个时候不妨退后一挡，采用爬坡挡（变速杆底座上标识为“1”或者“L”“2”）爬坡，汽车不仅行驶起来会非常有力，而且会更加轻快。如果一味地坚持使用 D 挡行驶，会导致发动机“拖拉”得更严重，增加损坏的可能性，而且油耗也会加大，发动机积炭还会增加。

另外，在下坡的时候，挂 D 挡连同一直用脚踩制动踏板的方式下坡，会增加制动器的磨损，长时间用刹车，会使制动系统过热，从而造成刹车效果减退，影响安全。这个时候就可以采用制动器和低挡交叉使用的方式，减少制动器的磨损。汽车在市区拥挤路面一直以低速行驶时，可将挡位放在 2 挡或 3 挡，这样可使加速更快，且避免积炭的产生；当车速超过 60km/h 以后，使用 D 挡行驶，不但省油，也不会损害加速性。

（2）熟悉最常用的挡位，玩转“N、P、R”挡

明白了开车不要 D 挡到底，另外几个常用的挡位也要熟悉，N 挡为空挡，用于平直道路上短暂停车时使用；P 挡为泊车挡，在停车时使用；R 挡为倒车挡。由于市内开车会遇到频繁起步，这时候短暂停车的技巧就显得非常重要了。

专家推荐：停车等待，30s 以内使用 D 挡 + 刹车，0.5 ～ 1min 使用 N 挡 + 刹车，1min 以上用 N 挡 + 手刹，再长时间等待就可以用 P 挡 + 手刹了。

在遇到红灯或堵车的情况下，停车时间在 1 ～ 3min 的，最好把挡位挂在 N 挡上，这样可以减少油耗，避免变速箱油过热，从而保护变速箱。如果在行车过程中误把变速杆挂到 N 挡上，也不要惊慌失措，只需要松开油门踏板，等发动机转速降到怠速后，再换入 D 挡即可。如遇到汽车故障，需要其他车辆牵引时，行驶速度不要超过 50km/h，牵引距离也最好不要超过 50km，否则很容易损坏变速箱。另外，切记不能倒车牵引，这样做会损坏变速箱内部的一些齿轮构造。

P 挡和 N 挡的作用都是使发动机及车轮传动系统脱离运转，不同的是，发动机停止运转的时候，挂 N 挡可以随意推动车辆，而挂 P 挡时，强行拖车，会损坏自动变速器。在上下坡停车时也要注意，不能仅使用 P 挡制动，要配合手刹一起使用，以免 P 挡机械锁损坏。

R 挡在使用过程中问题相对比较少，驾驶员朋友自己稍加注意即可。

（3）“HOLD”“O/D”很重要，不要“荒废”这些实用功能

除了“D、N、P、R”这些大家熟知的自动挡挡位之外，一些自动挡车还有“HOLD”“O/D”等键，不过在很多驾驶员用车过程中，这几个键代表的特殊功能基本上处于“荒废”状态。

其实，利用好这几个键，对于特殊天气行车以及特殊路段超车帮助是很大的。为了防止冰雪路面起步打滑，通过利用“HOLD”模式就能轻松实现雪地平稳起步。如果驾驶员要体会手动换挡的感觉，也可以将变速器设置成“HOLD”模式，通过提高瞬间的输出力矩，能够提高瞬间加速能力。

很多自动挡变速器都有“O/D”超传动比键。启动超传动比键时，即进入超传动比状态，传动轴转速大于发动机转速，目的在于使车辆运行更加经济省油。如果想在超车时获得更强的动力，就按下这个键，这时“O/D”指示灯闪亮，说明“O/D”挡已锁止。现在的自动变速器智能化程度很高，在用力踩下油门踏板后很多车型都会自动降挡超车，无需设置“O/D”按键，驾驶员对于超车时候自动降挡也不要奇怪。

很多带运动和雪地模式的自动挡变速器上有“S”和“*”键。“S”表示运动模式（SPORT），启动此键，自动变速器换挡时机会延迟，发动机在高转速上能保持较长时间，使车辆动力加大，但油耗会有所增加；“*”表示雪地模式，启动此键，车辆从 2 挡起步，这样可以降低扭力输出，避免车辆在湿滑路面起步打滑。

87. 自动挡车的四种换挡坏习惯

（1）下坡时挂 N 挡行驶

因为学车基本都是手动挡车，这些驾驶员为了节油，在高速行驶或者下坡时，会选择空挡滑行。所以不少人因为这个习惯，改换自动挡车后也习惯性的下坡时换到 N 挡。

这样做，变速箱的输出轴转速很高，而发动机处于怠速运转，因为变速器油泵供油不足，润滑状况不理想，很容易导致变速箱损坏。而且下坡挂空挡由于失去了发动机自身的制动力，在遇到紧急状况的时候危险系数更高。

正确做法：长下坡时保持 D 挡或者低速挡最佳，切勿让发动机熄火。

（2）长时间停车仍挂 D 挡

对于 D 挡“行天下”的驾驶员来说，不管是等红灯还是长时间等待，一直都是保持 D 挡，短时间没什么影响，如果等待时间过长，踩刹车踏板的时候，发动机的动力依然在向变速器传输，这样就容易造成变速器油温升高，容易变质。

正确做法：长时间停车等待时，最好换到空挡，拉起手刹。

（3）倒车时，车还没停住就直接换入 R 挡

倒车时，有些人觉得自己动作很潇洒，车都没停稳就直接从 D 挡换入 R 挡。动作潇洒了，可是车却受不了。由于瞬间产生的逆回转压力推向倒挡离合器片，

偶尔一次没什么关系，但长期有这种习惯就容易造成离合器片过度磨损。

正确做法：车辆停稳 1 ～ 2s 后再换入倒挡。

（4）上长坡时一直用 D 挡

在长陡坡道时，一直使用 D 挡，你会发现变速器不停地在忙着换挡，一会儿升一会儿降，这种情况其实也是对变速器有损伤的。

正确做法：自动挡车可能会遇到因为坡太陡，挡位太高、扭矩不足而上不去坡的情况，这种时候可以选择切换到低速挡，或者切换到手动模式自己控制挡位。

88. 自动挡车停车如何操作

（1）日常停法

停法 1：踩住脚刹→挂 P 挡→松脚刹→拉手刹→熄火→拔钥匙。

停法 2：踩住脚刹→挂 N 挡（空挡）→松脚刹→拉手刹→熄火→挂 P 挡→拔钥匙。

停法 3：踩住脚刹→挂 N 挡→拉手刹→松脚刹→熄火→挂 P 挡→拔钥匙。

（2）到底哪种方法有道理呢

常见说法：停车先挂 P 挡再熄火，变速箱容易坏

根据“技术帖”的说法，所有自动挡变速箱里都有一个钢制钩子，称为“P 挡停车锁死控制机构”。停车时把挡位杆推到 P 挡，它就会扣住变速箱齿轮。一般自动挡车的停车操作次序是踩住脚刹→挂 P 挡→松脚刹→拉手刹→熄火拔钥匙。这样停车，只要地面稍有一点儿坡度，钩子和齿轮就会一直较劲地“咬着”，停车后本该得到休息的变速箱一直“憋着”，直到第二天汽车开走。

自动挡车重新发动时，变速箱因为一直“憋着”，会发出较大的嗡嗡声，车辆还可能“打哆嗦”。当从 P 挡换到其他挡位时，会感觉拉挡位杆比较吃力。在换挡的瞬间，变速箱里的钩子与齿轮强行脱开，会对齿轮造成巨大冲击。长时间这样停车，自动变速箱容易损坏。

这个帖子称，自动挡车比较安全的停车操作次序应该是踩住脚刹→挂 N 挡（空挡）→松脚刹→拉手刹→熄火→挂 P 挡拔钥匙。

如果停在坡上，第二步应先拉手刹，然后依次是松脚刹、熄火、挂 P 挡、拔钥匙。

笔者体验：坡道上尝试，重启时挡位杆会变重

为验证“技术帖”说法，把车开到一个小坡上，按一般操作次序停车熄火。车辆停在坡道上，但在挂 P 挡后松掉脚刹的一瞬，车身明显往后一顿，同时可听到车身内部传来几声不太响的金属部件撞击声。重新发动汽车时，挂在 P 挡上的挡位杆变得特别“重”，要用力才能换到其他挡位上。按着“技术帖”推荐的操作次序停车，则没有这些感觉。“技术帖”上的说法似乎有点道理。

专家说法：对变速箱冲击微弱，影响其实不大

有着多年维修汽车经验的某汽车维修部经理认为，自动挡车停车时先挂 P 挡后熄火，虽然可能对变速箱齿轮造成一定冲击，但冲击程度是比较微弱的。“我修了很多年车，修过的品牌车型至少几百种，从来没遇到因为停车不当而造成变速箱损坏的事例。”他也没否定“技术帖”上的说法。

从理论上讲，按照“技术帖”推荐的步骤停车，确实有助于减轻自动变速箱齿轮等零部件的磨损，从而更好地保护自动变速箱。自动变速箱是自动挡车的核心部件之一，损坏后维修的费用动辄几千至数万元，换变速箱还可能花半辆新车的钱。养成良好的停车习惯，对延长汽车使用寿命无疑是有好处的。不管怎么操作，停车时都应尽量把车停稳之后再熄火。

89. 自动挡车 6 大损车习惯应改掉

（1）起步时

一般操作：踩刹车、打火、挂挡、松手刹、抬脚刹、给油。

正确操作方法：先接通电源（不启动发动机）、踩刹车、挂挡（不是直接挂入D挡，而是挂入N挡）、点火、再由N挡挂入D挡、松手刹、抬刹车、起步。

分析：从理论上说，如果先启动发动机，再将车辆从P挡挂到前进挡（D挡），要经过R挡（倒车挡），确实会对机械造成一定的磨损，在N挡点火更能保护车辆。不过，专家认为，车辆并不像我们想象的那样娇贵，不这样做造成的磨损，直到车辆用报废也未必会表现出来。所以，我们尽量要按正确的操作方法，但也没必要为几次在P挡点火的行为而焦虑。

（2）等红灯时

一般操作：一直踩着刹车挂D挡或挂P挡。

正确操作方法：拉手刹、挂N挡。不能长时间（30s以上）踩刹车挂D挡，否则会磨损变速箱；也不要挂P挡，否则会对P挡的锁止装置造成磨损。

分析：对于熟练的驾驶员来说，等红灯时间较长时挂空挡（N挡）确实对节能环保有好处，媒体也有这样的说法，停车3min应关闭发动机，就是出于这方面考虑的。

（3）行驶中

一般操作：一直踩住油门来加速。

正确操作：踩住油门，当转速上升到换挡区间（2000～2500r/min）时收油门再加油，加挡会很平顺。

分析：如果同样排量的车，按这样的做法操作，确实会更省油，加速也会比一直深踩油门快一点儿。不过，这样的差异并不明显，尤其是无级变速的变速箱，一般没必要这样做。

（4）D挡到底

一般操作：虽然车辆是手自一体的，或除了D挡外还有D1、D2、D3这些限制挡，但可能从来不会用，一直只用D挡开车。

正确操作：限制挡可以在上下坡道的时候使用。

分析：在遇到特别陡的坡时，确实要使用限制挡或手自一体中手动模式的低挡位。在爬陡坡时，低挡位能获得更大的扭矩；在拥堵的市区走走停停时，用手动模式的2挡、3挡也更省油；而在长下坡路段，用低挡位，深踩油门踏板结合刹车使用，可减轻刹车盘的压力。

（5）超车时

一般操作：猛踩油门踏板就行了。

正确操作：先松油门踏板，再一脚踩下去，变速箱会自动降挡，满足动力的要求。

（6）停车时

一般操作：先挂P挡、松开脚刹、拉上手刹，最后熄火。

正确操作：先踩脚刹、拉手刹、熄火，再抬脚刹并挂入P挡。

分析：从理论上讲，这样操作能降低磨损。不过与起步时一样，不这样做，也不一定会损坏车辆。

90. 八种毁车行为应知道

（1）全时四驱两轮强行拖车：毁传动

全时四驱的车辆前后轴一直通过中央差速器和动力系统联系在一起，这一点和分时四驱、适时四驱都有所不同。如果用两轮着地的方式拖曳，传动系统就会因被动摩擦导致损坏。

（2）小四驱强行拖曳大车：毁变速器

一些以“小而强大”著称的四驱车，有时也会跃跃欲试帮帮忙。小车的强大是相对它本身的载荷而言的，一旦超过负荷，齿轮就承受不了了。

（3）大风天套车衣：毁漆

有单独车库的人毕竟是少数，大部分人不忍心把爱车放在露天日晒雨淋，就细心地买一件车衣套上，殊不知在风大的天气，这样做就是毁车。车表面的灰尘就是细小的颗粒，软布加小颗粒不停地摩擦，就是传说中的“磨砂”。给车穿上衣服放在哪儿，经过一个星期的大风，都会磨损车漆。

（4）长时间半离合：毁离合器片

新手开手动挡车，怕熄火，驾校教练为了通过率，会教你时刻“闷着”离合。有些人成了习惯，无论做什么操作，脚都不离开离合，这样离合器片的寿命会大大缩短。

（5）换大轮、电镀轮去越野：花钱找麻烦

如今流行装饰流，有人用扁平比小的宽胎和大轮，有人还用电镀轮。扁平比小的轮胎并不适合越野，容易被扎破。大轮有时还比轮胎略微突出，更容易蹭伤。电镀本身就比较软，如果在硬地面换胎，很容易磕损，影响外观，钱也白花了。在越野中，什么合金轮都不如黑色的、封闭的钢轮实惠。

（6）偶尔使用清洁剂：堵塞油路

有些车开了很长时间，没有使用过清洁剂，受加油站加油人员的“诱惑”，用了清洁剂，结果油路堵了。长时间使用的车都会有些脏东西，清洁剂能清洁燃烧室积炭，也能把这些脏东西清洗下来，从而导致油路堵塞。

（7）“啃”马路牙子：毁胎

有些人买了高高大大的越野车就总想用一下，随处可见的马路牙子就成了“演习”的对象，有必要没必要总想翻越它。还有些人不是刻意为之，就是强迫性地停车太靠边。轮胎侧面是最脆弱的，和马路牙子的挤压容易破坏里面的帘层，一旦鼓包，轮胎离不能使用就不远了。

（8）油箱空了才加油：毁油泵

油泵浸在燃油里，可以得到一定的冷却。如果油箱总是见底儿，油泵经常处在“干涸”的状态，有可能会被烧坏。好的燃油习惯是燃油还剩 1/4 的时候就加油。

91. 雾霾天气开车牢记八个窍门

冬季是雾霾天气多发季节，严重影响行车安全。这就要求司机雾天行车“慢”字当先，掌握八个窍门。

（1）行前做好检查

务必检查车辆的安全技术状况，特别是制动、灯光、雨刮器等。车窗玻璃一定要擦干净，雾天湿度大，水汽很容易凝结在挡风玻璃表面，这样会使视线更加模糊。

（2）正确使用灯光

雾天开灯驾驶，不是为了看见别人，而是为了让别人看见你。应开启近光灯、雾灯，雾大或走高速公路时应开启应急灯。夜间行车不能开远光灯，因为远光灯的照射面积大，容易在雾里造成散射，反而看不清前方。

（3）适当控制车速

能见度小于 200m 大于 100m 时，时速控制在 60km 以内；能见度小于 100m 大于 50m 时，时速控制在 40km 以内。如果连 10m 之外都不能看到，最好把车开到路边安全地带或停车场，待大雾散去或能见度改善时再继续前行。

（4）切忌盲目超车

如果发现前方车辆停靠在右边，千万别盲目超车。不能轧线行驶，否则会有与对向的车相撞的危险。在弯道和坡路行驶时，应提前减速，避免中途变速、停车或熄火。

（5）不要猛踩刹车踏板

如果猛踩刹车踏板，否则可能会导致追尾。如果需要紧急制动，可以连续几次轻踩刹车，达到控制车速的目的，并可以有效地提醒后车注意。

（6）勤用喇叭警示

雾天开车的时候，等于是半个“盲人”。要多按喇叭，提醒其他车辆和行人自己的位置，如果听到别的车辆鸣喇叭，自己也要马上做出回应，并且减速慢行。

（7）应打开车内循环系统

雾霾天，汽车内的防霾不应忽视。雾霾天开车上路，光紧闭车窗还不够，雾霾天开车，还要有一些防霾措施，应开启车内循环系统。多数汽车在正常行驶状态下，默认开启的是外循环模式。外循环模式是利用风机将车外的空气抽吸到车内，用来补充车内的新鲜空气。平常还好，但在雾霾天气下，如果依然保持外循环模式，那混合着污染物的空气也会进入车内。所以在雾霾天，车主不仅需要紧闭车窗，还应该开启车内空调的内循环系统，这样能最大限度减少雾霾的侵入。

（8）及时更换空调滤芯

汽车空调滤芯相当于一个“口罩”，其很重要的一个作用就是减少空气中的污染物随空调系统进入车内。如果空调滤芯长时间没有更换，会吸纳大量杂质、污垢，反而变成一个污染源。应当按照保养手册定期清洗空调系统或更换空调滤芯，这样才能阻止雾霾进入车内。

92. 驾驶员应该改掉的用车恶习

（1）大力按开关按钮

车内的电气设备的开关，在使用一段时间后按键可能不再灵敏，如果暴力操作，极容易出现短路、断路等故障，影响车辆正常使用。最容易出现问题的是音响 CD 按键、天窗开关按键、电动车窗玻璃按键、雨刮器喷水按键等。

（2）高挡低速行驶

为了达到节油降噪的目的，一些手动挡车型的车主一味地降低发动机工作转速，有的甚至不到 1500r/min 就强行升挡。对于大部分中、小排量的手动挡车型，应该至少将升挡转速控制在 2000r/min 左右。发动机长期处于高挡低速运行状态可能导致积炭产生，从而出现动力下降、油耗增加的不良后果。

（3）过度热车

很多车主都习惯采取原地怠速热车的方式，事实上，原地怠速热车不仅效果有限，还浪费汽油和时间。正确的做法应当是原地热车 30s 左右后，立即上路行驶。但由于此时发动机及驱动系统都尚未达到正常的工作温度，仍应将转速控制在约 2000r/min 之内，待水温达到正常后方可高转速运行。

（4）油箱见底儿后才加油

有些车主很少注意油箱刻度，直到油箱警示灯亮起后还会再行驶一段距离再去加油。经常出现这样的情况，车辆燃油泵的寿命可能会大大降低。电喷汽车的燃油泵都是依靠燃油自身进行冷却的，如果油位过低，极有可能出现燃油泵过热甚至烧毁的情况。因此车主应当在油表显示最后 1/4 刻度前为车辆补充燃油，保障燃油泵得到充分冷却，从而延长其使用寿命。

（5）熄火后仍使用电气设备

车辆一旦熄火，蓄电池就处于只放电不充电的工作状态。所以如果长时间熄火后仍然一直使用车内大功率用电器，这样可能很快导致蓄电池彻底放电、车辆无法启动的严重后果。

（6）单侧碾轧减速带

很多车主在通过减速带时，喜欢只用一侧的轮子轧过去，认为这样冲击小，对车辆损害小。实际情况却恰恰相反，由于长期受力不均匀，这种单侧碾轧减速带的习惯很容易损坏悬架系统并影响车轮定位角。

（7）原地打轮，并把方向打满

对于一些新手来说，在移库或倒车时，经常会把车轮原地打满方向盘后再移动车辆，因为对车辆的控制不是很熟悉，反倒会影响汽车的寿命。

正确方法是，等车轮开始滚动后再同时配合车轮滚动的速度来配合相应的速度而转动方向盘，车速快就快速打轮，车速慢就慢速打轮。尽量不要将方向盘打到底，应保持一定的余量，如果停车位很狭窄，不得不打满方向盘后行车，也要注意尽量缩短打满的停留时间，最好保持在 10s 以内。

（8）离合不离脚

开手动挡车的驾驶员里，有些人习惯一直或长时间让离合处于半联动状态，以为这样能更快速控制车辆，比如换挡时。殊不知，这样的做法会加速离合器片的磨损，降低其使用寿命。正确的做法应该是换挡前踩住离合踏板，换完挡后松开离合踏板。

（9）启动后急给油

尤其是在冬季，汽车启动后不宜长时间原地热车；但启动后就急给油、急升挡的做法也是错误的。刚启动时，机油泵才刚刚开始工作，发动机内部机件还没有完全被机油覆盖，而且此时的悬挂系统、变速箱等部件也是低温状态，高速高挡对这些部件会造成损害。

（10）长期不用车或短途用车

有些车主朋友由于某些原因，用车机会少，只有周末或放假的时候才用车，其实这样的用车方式对车是非常不利的。发动机和变速箱等由于长时间不运作，润滑油下沉，会导致金属摩擦接触面生锈，并加剧磨损的速度。短途行驶也是这样，发动机从刚刚启动到达正常状态的时间内，磨损也是最为严重的。如果车主长时间这样用车，损坏的不仅仅是发动机和变速箱，蓄电池的寿命也会大幅缩短。

（11）长期在不平整路面停车

因为免费停车，所以车主会把车辆停在一些马路牙子边、坡道等位置。长期让一侧车轮停在马路牙子上，或者是凹凸不平、有坡道的路面的话，会对车辆有较大的损伤。长此以往，车辆长期处于不平衡状态，会导致四轮落差过大，对车架造成扭曲，严重的程度甚至会影响到正常开关车门。

（12）停车水平有限，停车车轮不回正

很多新手勉强停车入位后就匆忙离车，并没有养成车身调直、车轮回正的习惯。如果在不回正车轮的情况下长时间停放，极易导致方向机拉杆及防尘套损害，从而影响转向系统的正常工作。

3

Chapter

第三篇 养车

一、日常养护

93. 为什么要定期给汽车做保养

（1）为什么要换发动机机油

发动机是汽车的心脏，发动机内有许多相互摩擦运动的金属表面，这些部件运动速度快、环境差，工作温度可达 400 ～ 600℃。在这样恶劣的工况下，只有合格的机油才可降低发动机零件的磨损，延长使用寿命，那么机油的作用是什么？

润滑减摩：活塞和气缸之间，主轴和轴瓦之间，均存在着快速的相对滑动，要防止零件过快的磨损，则需要在两个滑动表面间建立油膜。有足够厚度的油膜将相对滑动的零件表面隔开，从而达到减少摩擦的目的。

冷却降温：机油能够将热量带回机油箱再散发至空气中，帮助水箱冷却发动机。

清洗清洁：好的机油能够将发动机零件上的炭化物、油泥、磨损金属颗粒通过循环带回机油箱，通过润滑油的流动，冲洗零件工作面上产生的脏物。

密封防漏：机油可以在活塞环与活塞之间形成一个密封圈，减少气体的泄漏和防止外界的污染物进入。

防锈防蚀：机油能吸附在零件表面，防止水、空气、酸性物质及有害气体与零件的接触。

减振缓冲：当发动机气缸口压力急剧上升，突然加在活塞、活塞屑、连杆和曲轴轴承上的负荷很大，这个负荷经过轴承的传递润滑，使承受的冲击负荷起到缓冲的作用。

机油状况的好坏直接影响到发动机的性能和寿命，所以必须选用合适的机油并及时进行更换。

（2）定期更换机油会出现的问题

一般情况下，国内销售的自然吸气发动机车型厂家会要求用户在行驶

5000～15000km 的时候更换机油，而涡轮增压发动机车型则要求在行驶 5000km 的时候更换机油，如果车辆不怎么开或者一直处于停驶状态，最好每半年更换一次机油。当然，如果你所处的环境以及油品质量都还不错，可以适当延长换油周期和时间。

如果你的车过了换油周期而不去换油的话，变质或比较脏的机油会失去润滑作用。另外，由于使用很久后的机油中也会混有金属碎屑，这会导致发动机内部的机械磨损加大，严重时可能造成发动机内部零件断裂损坏。

（3）为什么要换机油滤芯

机油滤芯的作用是对来自油底壳的机油中有害杂质进行滤除，以洁净的机油供给曲轴、连杆、凸轮轴、增压器、活塞环等，起到润滑、冷却、清洗作用，从而延长这些零部件的寿命。因此机油滤芯要与机油一同更换。如果不更换的话，机油杂质得不到过滤，从而导致发动机内部零件加速磨损。

（4）为什么要换空气滤芯

空气滤清器是对空气进行净化的装置。空气中的灰尘、沙粒以及各种杂质如果直接进入发动机气缸，它们将加速发动机的磨损，从而降低发动机的使用寿命，甚至造成发动机的严重损坏。空气滤清器的滤芯分为干式滤芯和湿式滤芯两种，而干式滤芯也是我们车上最常用的，它的材料为滤纸或无纺布。为了增加空气通过面积，滤芯大都加工出许多细小的褶皱。当滤芯轻度污损时，可以使用压缩空气吹净，当滤芯污损严重时应当及时更换新芯。一般来说，空气滤芯并没有准确的更换时间，它是根据车辆使用的环境来确定的，但更换时间最长不超过 1 年，车辆行驶距离不超过 1.5 万千米。

如果滤芯阻塞严重，将使进气阻力增加，发动机功率下降。同时由于空气阻力增加，也会增加吸进的汽油量，导致混合比过浓，从而使发动机运转状态变差，增加燃料消耗，也容易产生积炭。平时应该养成经常检查空气滤清器滤芯的习惯。

94. 爱车保养应注意的常识

（1）有疑问就检查

哪怕你觉得有一丝不对劲儿的地方，都要去检查检查。一定要记得这点，未雨绸缪，总比亡羊补牢强。

（2）选用合适的机油

用户指南上都会标明机油的黏度，甚至会为你推荐品牌。比如说，如果你看见上面推荐美孚机油，也不必想着那都是广告，很可能那种机油就最适合你的爱车，有了它，你的爱车才能实现最优性能。

（3）结合自己的具体情况

依据技巧能让我们保养好爱车，但也不可能每次都做到，不可能每天都把车开到店里保养。只需要养成习惯，定期检查灯光和信号。

(4) 按说明书来

按照说明书使用，会延长爱车的寿命，从长远角度来说，也能替你省钱。不要自欺欺人，以为你的车不花钱保养，照样能行驶很久。你花钱保养的时候，也就意味着将来能既省钱又省力。

(5) 留意"发动机故障灯"

人们总觉得发动机故障灯有些小题大做，但是说实话，它确实提供了我们需要的信息。有可能是油箱盖松了，也可能是动力传动系统的问题。

(6) 研究召回品

召回品和技术服务公报有时候是汽车生产商发布的，却不是所有的都能上新闻。这就需要你留心他们的信息，多研究，才能让爱车寿命更久。这条建议很简单，只要登录全国公路交通安全管理局网站或是订阅像《汽车新闻》这样的简报即可。

(7) 注意季节变化

无论是冬天来了，还是要准备夏季旅行，相比其他部件，季节变化总是最能考验爱车的电池、冷却剂和轮胎，这些关键部件决定了你是被困还是一路顺风。如果你能花钱升级一下轮胎，那将会换来更好的牵引力和控制力。

(8) 经常清洗

定期洗车、打蜡，能保护油漆、防止生锈。但不要忘了车里，应彻底清洗，多用吸尘器吸吸。

(9) 选择合适的汽油

超标号的无铅汽油并不会帮助车辆缓和压缩冲程。当然，也不是说高标号的汽油就会损害发动机，只是比较浪费，你完全可以把这笔钱花到别的地方。

95. 新车如何日常保养维护

(1) 新车需要注意保养细节

车辆维修保养档案要随车携带

一般来说车辆维修保养记录都会形成一个完整的车辆档案，包含了行驶里程、维修保养内容、维修保养时间、每次维修保养的详细说明等。每次维修保养都要把当时行驶的里程、维修保养的情况（包括"三滤"的更换、配件的更换、修理部位故障情况、修理后的车辆状态、维修时间、使用注意事项等）等信息如实记录在档案中。油耗变化、行驶路况、车主备忘等信息最好也能记下来，避免自己遗忘。轮胎换位的里程，机油、防冻液、刹车液更换的里程和时间等有关车辆使用的情况全部要记清、记准。

车辆的油、液、滤等要确保及时更换

机油每 5000km 应该更换（有些车型每 10000km 更换），汽油每次油箱剩余 1/4 时要加满，齿轮油每 5 万千米应该更换，制动液每 2 万千米应该更换，防冻液 3 万千米应该更换，空气滤清器、汽油滤清器都要按时更换。油、水、液保持干净和不滴漏，保持使用标准，是车辆安全使用、延长使用寿命的关键保证。

不过也要注意一点，关于多少千米换机油、多长时间换易损件，都要根据实际使用情况来做出一些调整，因为车辆不同的使用环境，油液的消耗度也不同，因此不能完全盲从固定的里程和时间。

更换零配件要选择安全可靠的正品

车辆维修和更换零配件有一个原则就是，关键、重要的零配件要使用正品，在正规的地方购买。配件的价格差异比较大，如果贪图便宜购买了质量较差的产品，可能会带来更大的安全隐患。

虽然说一些外围、次要的配件使用一些副厂件不会影响实际使用效果，但是在选择中要注意产品质量，否则后患无穷，比如刹车片、缸线、火花塞等关键核心部件。而水箱、大灯、保险杠、装饰条等则可以自由选择质量过关的品牌。

省钱不能太过分，否则得不偿失

减少走高速公路节省一些过桥费和高速费；可以自己准备一些洗车、打蜡的工具，自己对爱车进行清洁保养；学会自己检查机油、防冻液、制动液、蓄电池等情况和出现故障的解决办法；汽车轮胎每隔 1 万千米可以自己动手换位；平稳驾驶，避免激烈驾驶带来的高额油费。

维修保养尽量固定一个修车厂

固定维修地点的话，可以保证价格上能略有折扣，而且由于维修人员对车辆情况比较熟悉，如果车辆出现故障也方便查找原因。

（2）汽车保养必须做到的五油、三水、五胎

1）五油

① 如何检查汽油　千万不要让你的车的油表到底了再去加油，现产的新车都采电动汽油泵以及油量电子感应器，要注意让其浸泡在汽油里散热。此外油量太少，也可能影响排气系统的氧传感器，这些零件都不便宜，所以勿超过底线才去加油。

② 如何检查机油　只要隔几天把机油尺拔出来，擦干净，再插进去，再拔出来，看看机油的液面高度是否在上限与下限之间就可以了。如果在日常的检查中发现机油内有杂质或汽油味，以及排烟呈现淡蓝色，就表示发动机出了问题，机件可能异常磨损，应赶快进厂检修。

③ 如何检查变速箱油　更换发动机机油时，可以顺便检查一下变速箱油，由于检查过程比较烦琐，所以可以请经销商的服务部门来处理。为了测量精确，必须将

车挂入空挡，以怠速运转，并将车停在平坦的地方，且油液必须达到 80 ～ 93℃的工作温度。油液过多或过少，都可能损害变速箱。油液过多，可能会造成机件运转阻力过大，或者使得变速箱油起泡变质而导致机件不正常磨损。因此检查变速箱油时，务必测量精确。

④ 如何检查动力方向机油　当发动机冷却下来后，将加油盖及储油筒顶部擦拭干净，然后将方向机油盖旋出，并且用无纤维、干净的纸巾将油尺擦拭干净，然后再装上锁紧，锁紧后再打开，抽出机油尺，检查油面。注意：加注或更换油液，必须使用正确的动力方向机油，若使用不当，会导致方向机受损。

⑤ 如何检查制动液　打开发动机盖，看看制动液壶的液面高低，只要不低于下限即可。注意：在未检查制动液液面高度时，不可添加制动液，以免添加过量，而使制动液喷洒至高温发动机上，导致机件腐蚀甚至起火燃烧。如果制动液中起了气泡，或油变脏了，就表示制动液已经变质，应尽快更换，以免制动液沸点降低，产生气泡，造成刹车效果变差，非常容易发生危险。

2）三水

① 水箱水　使用防冻原液的主要目的是防冻、润滑及防腐蚀。它的原理是加入防冻原液让水箱水变成混合的溶液，以达到降低凝固点的作用，不容易结冰；同时，它的沸点也相对地提高了，因此在夏天的时候使用，也可以减少水箱水的蒸发，增强冷却发动机的效果。此外，防冻液具有防腐蚀作用，可避免水箱腐蚀，同时也有润滑作用，可以润滑水泵的轴承。

注意：当发动机和水箱过热时，取下水箱盖可能会使得蒸汽及防冻液喷出，故此时切勿打开水箱盖。

② 玻璃水　最好添加挡风玻璃清洗剂，只用清水洗刷挡风玻璃效果并不太好。

注意：使用浓缩清洗剂时，按照厂商指示加水。勿将现成可用的清洗剂与水混合，水中的微小异物会阻塞系统，水会结冰并损坏储液罐和其他零件。天气很冷时，清洁液仅加满即可，剩下的空间留作结冰时膨胀用，以免储液槽受损。

③ 蓄电池水　虽然部分蓄电池为免维护蓄电池，一般不需要加水，但夏季炎热的地区，仍有部分蓄电池需要加水。当蓄电池中的水不足时，只加蒸馏水即可。蓄电池水在夏天的时候也会蒸发得比较快，因此每到夏天就要多多检查，以防蓄电池水过少，对蓄电池造成伤害，降低蓄电池的寿命。

注意：靠近蓄电池时，请勿使用火柴，以免发生爆炸，如果需要照明发动机室，也请使用手电筒。若非使用免加水蓄电池，则必须经常检查蓄电池水是否足够，若不够，须小心添加。

3）五胎

① 超载　超载可能使轮胎过度摩擦而爆胎，所以应注意轮胎的最大负荷量。

② 胎压　胎压不足，磨损到胎唇，胎腹也容易崩裂。胎压过大，会造成轮胎中

央的胎纹磨损。驾驶侧车门后端有一张印有标准胎压的标志，此为轮胎冷却时的压力，即停车至少 3h 或行驶不超过 1.6km 时所测的胎压。轮胎冷却时，所测胎压最为准确。每 2 周至少检查一次胎压。必须使用品质良好的胎压计，仅用目视无法判断是否正常。

③ 轮胎受损　破旧轮胎可导致意外，胎纹可能因车轮行驶过久被磨平，应尽快换掉旧胎。

④ 动平衡　如果在驾驶时察觉轮胎不正常磨损，或车辆向一边跑偏，则应先做四轮定位。若在平滑路面，车辆会振动，则车轮可能需再做动平衡。

⑤ 备胎　平时就要注意备胎胎压，遇有胎压不足的状况可以打一打气。很多人都会忽略到备胎的状况，也常常有人遇到轮胎损坏之后想换备胎，才发现到备胎也是没气的。

96. 四大保养妙招帮助你省钱

（1）合理确定保养周期

科学地确定各类保养作业的间隔里程，不仅能使汽车经常保持良好的技术状况，还能节省保养费用和修理费用。一般技术状况良好的新车，在良好的条件下使用，可适当延长保养周期；而汽车技术状况较差，或使用条件恶劣，则应适当缩短保养周期。

（2）充分利用免费检测

现在的汽车厂家越来越重视售后服务，由此为车主带来的好处就是可经常享受免费的检测活动。这些免费检测活动很多看似简单，在车主看来似乎没有实质性内容，其实这些免费检测活动是非常有好处的。车主可以利用这些免费检测活动对爱车进行全面体检，及时发现一些潜在的故障，并将这些故障隐患消除，省去了将来的高额维修保养费用。

（3）尽可能少解体维修总成

很多车主都有这种感觉，自己车的某个总成（如发动机）在解体维修后便一发不可收拾，隔一段时间就要“住院”治疗。为了防止车辆过早进入维修期，最好尽可能少解体维修总成，利用各种先进的保养设备和手段，对汽车进行免拆保养，不但可以避免由于解体保养给汽车总成和部件造成的不必要损伤，还可大大加快汽车保养的速度，从而降低维修总费用。

（4）恰当用油

恰当用油包括燃油和机油恰当使用。燃油选用不当，很容易造成燃油滤清器堵塞等故障，使发动机出现怠速不稳、加速不良和油耗上升等现象，还会加速气缸的磨损，影响发动机的寿命。选用机油基本原则是，能满足车辆使用要求即可，只买对的，不买贵的。比如发动机机油，对于国产轿车，一些国产 SJ 级机油完全能够满足要求，没有必要买进口的。

97. 专家推荐的汽车保养周期表

（1）常用件更换建议

机油和机油滤芯：每半年或 5000km 更换一次（有些车型 10000km），更换前去高速路上开一段距离。

空气滤芯和火花塞：每半年清洗一次，每 30000km 更换一次，一般铂金火花塞可耐用 50000km。

汽油滤芯：每年或 10000km 更换一次，也可根据汽油品质的好坏来定。

制动液：每 2 年更换一次，以免制动液吸收水分而腐蚀部件。

冷冻液：每半年检查一次，过低要增加冷冻液，并检查其浓度。浓度过高需加蒸馏水，严禁加自来水，否则会腐蚀水箱及部件。液面高度不能超过满位，水温表温度高于 90℃时表示必须停车检查。

节气门：每半年清洗一次（或动力不足、怠速不稳时清洗）；每 1 年或 2 万千米更换一次空调滤清器；空调滤芯更换周期为 5000 ～ 10000km，汽油滤芯可以 15000 ～ 20000km 更换。

其他：正时带、张紧轮每 90000 ～ 95000km 更换；喷油嘴、节气门每 20000km 清洗一次。

（2）保养周期及保养项目（特殊情况除外）

5000km：更换机油、机油滤芯。

10000km：更换机油、机油滤芯、空气滤芯、汽油滤芯。

15000km：更换机油、机油滤芯、空调滤芯。

20000km：更换机油、机油滤芯、空气滤芯、汽油滤芯。

25000km：更换机油、机油滤芯。

30000km：更换机油、机油滤芯、空气滤芯、空调滤芯、汽油滤芯。

35000km：更换机油、机油滤芯。

40000km：更换机油、机油滤芯、空气滤芯、汽油滤芯、制动液、转向助力油。

45000km：更换机油、机油滤芯、空调滤芯。

50000km：更换机油、机油滤芯、空气滤芯、汽油滤芯。

55000km：更换机油、机油滤芯。

60000km：更换机油、机油滤芯、空气滤芯、空调滤芯、汽油滤芯。

（3）注意事项

① 每次保养的时候都要对变速箱进行检查，虽然无需更换用油，但要定期检查变速箱油液量，而且不得私自更换非原厂用油。

② 汽油滤芯和空气滤芯每 10000km 更换一次，空调滤芯每隔一年或每

20000km 更换一次。

③ 行车到达 40000km 时，要做一次全车油液更换。

④ 每 40000km 时检查火花塞，每 80000km 时需更换火花塞。

98. 车龄决定保养时该更换什么部件

（1）“青年”车（0 ~ 4 年车龄）

一般来说，一辆车在使用的前两年是生命的巅峰期，只要进行常规保养，基本不会有什么问题。主要的保养工作包括更换机油、检查转向装置、检查刹车片、更换“四滤”等。

四滤：机油、空气、空调和汽油滤清器的统称，都是最常见的周期性保养配件（5000～15000km）。

雨刮片：保证驾驶视线清晰，保证行车安全（1 年）。

刹车片：建议每次小保养的时候都要检查刹车片磨损情况（3 万～ 4 万千米，2 年）。

燃油泵：将燃油从燃油箱中吸出、加压后输送到供油管中，和燃油压力调节器配合建立一定的燃油压力（3 万～ 4 万千米，2 年）。

减振器：减振器是悬挂系统的一部分，如果减振器的弹簧不再有弹性，在高速行驶时就会抖动得很厉害，下雨天特别危险（5 万～ 6 万千米，3 ～ 4 年）。

火花塞：6 万～ 8 万千米，3 ～ 4 年。

制动液 / 防冻液：6 万～ 7 万千米，3 ～ 4 年。

蓄电池：3 ～ 4 年。

（2）“中年车”（4 ~ 7 年车龄）

超过 4 年的车辆，就像“人到了中年”，尤其是经过长期高速颠簸的车辆，很多零部件都会有所松动，车内各种橡胶管自然老化也相继出现。此时的车辆，除了常规保养外，要格外关注以下各部件的保养维修。

正时系统：正时系统是发动机传动的核心部件，包含了正时皮带以及相关的轮系。通常车辆在行驶了 7 万～ 10 万千米的时候，就该检查或更换正时系统，如果车辆行驶到半途时正时皮带突然断裂，可能会导致发动机损坏，那代价可就太大了。

橡胶管：这个车龄阶段内，漏油、漏水等问题时常出现，这是由于橡胶管的自然老化引起的。

冷却液储水器：五年左右的车辆，水箱可能会被里面的化学物质腐蚀，因此有些车辆的水箱开始漏水。

（3）“老年”车（7 ~ 10 年车龄）

由于汽车寿命的限定，在我国，汽车一般到了 10 年就该“退休”了，如果保养得当，爱车还能如期“完成使命”。总体来说，这个阶段就是以检查、更换和维修为主了。

水箱：7 年或 10 万～ 12 万千米。

自动变速箱、电子节气门、三元催化器：检查自动变速箱，更换电子节气门和三元催化器，7 年或 10 万千米。

离合器总成：包含了离合器压盘、离合器从动盘和分离轴承，12 万～ 15 万千米需要更换。

其他例如动力系统和变速箱系统中的油封，减振系统中的曲轴带轮等部件，也可视老化程度而进行更换。

99. 汽车六大系统保养秘诀

在日常活动中，一定要坚持以保养为重点，克服“重修轻保”“以修代保”的不良倾向。“三分修七分养”说的就是这个道理。

（1）润滑系统的深化保养

在常规情况下，汽车每行驶 5000 ～ 10000km 时就需要清洗保养一次，在遇到发动机噪声过大、加速无力、水温过高时也需要清洗保养一次。清洗发动机内部的油泥和其他积物，避免机油高温下的氧化稠化，减少发动机部件的磨损，延长发动机寿命，提高发动机动力。

（2）燃油系统的清洗保养（即清洗喷嘴、气门积炭）

在常规情况下，汽车每行驶 10000 ～ 15000km 时需要清洗保养一次，或发觉发动机喘抖、迟滞和加速不良、冒黑烟、无力、费油时需要清洗保养一次。清除系统内部的胶质和积炭，防止有害的腐蚀发生，避免并制止密封件和水箱的渗漏，彻底更换旧的冷却液。

（3）冷却系统的清洗保养

一般情况下，汽车在冬夏换季时应清洗保养一次，正常行驶中每 6 ～ 8 个月清洗保养一次，或者遇水温过高、漏水、开锅时清洗保养一次。清除导致发动机过热的痕迹和水垢，防止有害的腐蚀发生，避免并制止密封件和水箱的渗漏，彻底更换旧的冷却液。

（4）变速箱的清洗保养

汽车每行驶 20000 ～ 25000km 时需要清洗保养一次，或遇变速箱打滑、水温偏高、换挡迟缓、系统渗漏时清洗保养一次。清除有害的油泥和漆膜沉积物，恢复密封垫和 O 形圈的弹性，使变速箱换挡平顺，提高动力输出，彻底更换旧的自动变速箱油。

（5）动力转向系统的清洗保养

汽车每行驶 40000 ～ 45000km 需清洗保养一次，或遇转向困难、系统渗漏、更换动力转向机配件后，也需要清洗保养一次。清除系统中有害的油泥、漆膜，清除低温时的转向困难，制止并预防动力转向液的渗漏，清除转向噪声，彻底更换旧的制动转向液。

（6）制动系统的清洗保养

汽车每行驶 50000km 清洗保养一次，或遇 ABS 反应过早、过慢时清洗保养一次。清除系统中有害的油泥漆膜，避免超高温或超低温时工作失灵的危险。为有效防止制动液变质或过期，应彻底更换旧的制动液。

100. 如何保养汽车变速箱

（1）掌握好更换自动变速箱油的周期

大部分自动变速箱换油周期一般为2年或4万～6万千米。在正常使用的过程中，变速箱油的工作温度一般在 120℃左右，因此对油品的质量要求很高，还必须保持清洁。变速箱油使用时间长了以后会产生油垢，有可能会形成油泥，会加大各摩擦片和各部件的磨损，而且还影响系统油压，使动力传递受到影响。脏油中的油泥会使各阀体的移动不畅，油压控制受影响，从而使自动变速箱出现异常。

（2）正确地更换变速箱油

目前较好的换油方法是动态换油，采用专用的变速箱清洗设备，在变速箱运转的过程中，将旧油充分循环，排放干净后再加入新的变速箱油，从而使换油率高达 90% 以上，保证良好的换油效果。

（3）检查自动变速箱油液位是否正常

正常情况需要将自动变速箱油预热到 50℃左右，再将挡位杆在各挡位停留 2s 后置于停车挡，此时正常油面应位于油尺最高与最低线之间，如不够，应及时添加相同品质的油品。

101. 如何判断汽车常见耗材使用状况

（1）机油：试纸试验

决定机油当前使用质量的因素有三个方面。一是机油中是否混入了水和燃油，冲稀后的机油原有的物理、化学性质被破坏，机油黏度降低，使油膜载荷能力减弱，液体摩擦转为边界摩擦甚至油膜破裂，机件形成干摩擦。二是机油中是否含过多的颗粒状杂质，如发动机内的齿轮等金属部件的接触、摩擦等所产生的金属颗粒、灰尘等。杂质颗粒将会随机件相互运动，剧烈磨损产生高热，引起机件表面局部烧烛而产生伤痕。三是机油是否氧化严重。机油的氧化是指机油在使用过程中发生的化学变化。氧化后的机油，一部分是不能溶解的黏渣，它会积聚成漆膜、积炭等沉积物，使机油变黑，黏度增大；另一部分是溶于机油的各种酸类，能腐蚀金属机件。

如何了解机油当前的工作状态，有一个简单易行的试纸测试法。

将擦净后的机油尺插入发动机里再取出，将少许机油点滴到试纸上，观察扩散圆和颜色的变化，以测定机油里所含杂质的状况，判断机油是否已经严重氧化或老化。这个试验的要求是测试油温与室温基本一致，不能在车辆刚熄火时提取试验油品。现场测试应在发动机熄火后，油温下降到与环境温度相近时滴试。北方的冬季应取样后在室内滴试。

在规定条件下将使用中的机油滴一滴到试纸中心，于是油内各种杂质便随着油的浸润向四周扩散。油品中杂质的粒度不同，扩散的远近也不同，因而在试纸上形成颜色深浅不同的环形斑点，从内到外依次为沉积环、扩散环和油环。在斑点的中心是油内粗颗粒杂质沉积物集中的地方，这被称为沉积环，由沉积环颜色的深浅可粗略判断油被污染的程度。在沉积环外围的环带叫扩散环，它是悬浮在油内的细颗粒杂质向外扩散留下的痕迹。颗粒越细，扩散得越远。扩散环的宽窄和颜色的均匀程度是重要因素，它表示油内添加剂对污染杂质的分散能力。在扩散环的外围油环，颜色由浅黄色到棕红色，表示油的氧化程度。操作完毕，将试纸静置几个小时，扩散趋于停止之后便可以开始观察了。此时如果油斑的沉积环和扩散环之间无明显界限，整个油斑颜色均匀，油环淡而明亮，说明油的质量良好。如果沉积环的颜色较深，扩散环较宽，有明显分界线，油环为不同深度的黄色，则意味着油质已污染，但机油尚可使用。如果沉积环呈深黑色，沉积物密集，扩散环窄，油环颜色变深，表明油质已经劣化，到了更换的时候。如果只有沉积环和油环，没有扩散环，沉积环乌黑，沉积物密而厚稠，不易干燥，油环呈深黄色和浅褐色，说明油质已经氧化变质，必须立刻更换。

（2）空气滤清器：清洁可“延寿”

空气滤清器的作用是过滤掉空气中的风沙以及悬浮颗粒物，从而使进入发动机的空气比较纯净，这样才能使发动机工作正常。在风沙和雾霾比较严重的时期，空气滤清器很容易发生堵塞，这时发动机就会出现不易启动、加速无力以及怠速不稳等症状。此时，也不用着急更换，只要对空气滤清器进行一次清理，效果就会很明显。

清洁时将空气滤清器的滤芯取出，在这个过程中要注意防止杂质进入进气道。用抹布蘸汽油擦拭空气过滤器壳内、外部。检查滤芯污染的程度并进行清洁。当滤芯积存为干燥的灰尘时，可用压力不高于500kPa的压缩空气，从滤芯内侧开始，上下均匀地沿斜角方向吹净滤芯内外表面的灰尘。如果没有压缩空气，可用起子柄轻轻敲打滤芯，再用毛刷刷净外部污垢。操作时，不得用大力敲打或碰撞滤芯。最后在安装回空气滤清器之前要确认空气滤芯以及进气盒中没有水分的残留。

理论上，每单位体积的燃油燃烧时，约需要有1万单位体积的清洁空气。通常，汽车制造商推荐空气滤清器正常维护的更换周期为4.8万千米，且每2.4万千米进行一次常规检查；其保守维护的推荐更换周期为2.4万千米。一般汽车的空气滤清器在每20000km时更换一次，一般每10000km进行一次检查，春季最好每2000km检查一次。大气中含有3种密度不同的基本颗粒污染物，即灰尘、残渣和碳粒。在开放式高速公路上，其灰尘含量较农村和建筑区低。在灰尘浓度较大的区域如工地、风沙区域，空气滤清器的检验和更换频率要高一些。而在高速公路和交通拥挤的区域，因为汽车排放物集中，所以其空气中碳粒的含量明显偏高。对于滤清器的检查，应该仔细查看其皱褶内部深处。如果孔隙内已经被污物塞满，则必须立即进行更换。

（3）空调滤清器：以使用量决定

空调滤清器的作用是过滤从外界进入车厢内部的空气，使空气的洁净度提高。一般的过滤物质是指空气中所包含的杂质，如微小颗粒物、花粉、细菌、工业废气和灰尘等。空调滤清器可保护空调系统，也可保护车上人员的健康。

虽然厂家给出了空调滤清器的更换周期，但其实空调滤清器的老化与否更多的是由空调的使用量和使用环境决定的。如果是在环境非常污浊的环境下常年使用空调外循环换气模式的话，那么空调滤清器非常容易受到污染。如果是在清洁的环境下，同时又使用内循环模式的话，那么空调滤清器的污染速度就会大大减慢。而如果车主根本就不喜欢使用空调，也很少使用风扇换气的话，那么空调滤清器即使使用很久，也不需要更换。

如何判断空调滤清器是否需要更换，可以考虑以下两方面因素：如果空调的挡位已经开到足够大，但是制冷或制热的出风量很小，若空调系统正常，原因可能为使用的空调滤清器通风效果差，或是空调滤清器使用时间过长，应及时更换；如果空调工作时吹出的风有异味，原因可能是空调系统已过久未使用，内部系统和空调滤清器因受潮引起发霉，建议清洗空调系统并更换空调滤清器。

说到底空调滤清器的性能并不会影响到车辆的正常行驶，但却和车上乘员的健康息息相关。所以，请多多关心爱车空调滤清器的健康吧，如果升级成带有花粉过滤功能的高性能空调滤芯，则能在雾霾日渐频繁的日子里，为自己也为家人多带来一份呵护。普通的空调滤清器只能抑制灰尘和颗粒物的进入，带有花粉过滤能力的活性炭系列空调滤清器，能在空气经过阻流的很短时间内利用颗粒活性炭本身的物理性能，吸附空气中其他的微小物和更多的有害物质。

（4）制动液：以含水量为准

一般来说，制动液是由乙二醇和其他各种防腐蚀的添加液组成的，由于乙二醇在长期使用中会吸收空气中的水分，这样就会降低它原本较高的沸点。当其沸点降到只比水的沸点稍高一些的时候，制动液就已严重失效，在特定的行驶状况下制动系统很容易失灵。鉴定制动液能否继续使用，如果采用传统的根据颜色、味道和手感来判别的方法，远远不能满足实际需要。正确的方法是，通过检测制动液的含水量和沸点，对制动液进行定性或定量分析。

汽车生产厂家对制动液的更换周期一般都规定为2年，但在实际用车过程中用户却并未遵循这个原则，而是根据制动液的质量状况来决定是否需要更换。在连续使用两三年甚至更长时间未见异常的情况下，很多车主对于制动液的更换周期便采用“视情而定”的原则了。

新的制动液具有较高的沸点，一般在260℃左右。造成制动液吸水的原因很多，比如炎热的天气、制动系统使用的频繁程度、制动系统的设计型式、制动系统部件的质量状况、车辆行驶路况以及制动液的类型等。只要被吸入的水分达到2.5%，就需要更换新的制动液了。因此检测含水量或者制动液的沸点，是确定制动液是否需要更换的比较有效的方法。

现在不少汽修厂都装备了用于定量分析含水量的制动液检测仪。只要知道了制动液的含水量，并且知道该制动液的类型和制造商，那么就可以根据技术资料来找出制动液的沸点，从而确定制动液能否继续使用。在实际应用中，一般参照如下标准判断制动液性能：含水量低于0.5%说明制动液正常，含水量为0.5%～2.5%，制动液可换也可不换；含水量大于2.5%，制动液则必须更换。有了这个检测手段，用户只要参考厂家保养手册给出的建议，结合实际检测的结果，即可综合考虑是否需要更换制动液了。

（5）防冻液：适当可延长

汽车防冻液，就是在发动机冷却系统的冷却水中加入适量的化学剂，防止气温在0℃以下时冷却水结冰。除防冻外，防冻液还具有以下几种作用。第一是防腐蚀功能。发动机及其冷却系统是由金属制造的，有铜、有铁、有铝、有钢还有焊锡。这些金属在高温下与冷却水接触，时间长了都会遭到腐蚀，会生锈。而防冻液不仅不会对发动机冷却系统造成腐蚀，还具有防腐和除锈功能。第二是防冻液的沸点高。水的沸点是100℃，优质防冻液的沸点通常在110℃，这样在夏季使用时，防冻液比水更难于“开锅”。第三是防冻液可以防垢，也就是防水垢。用水作冷却液最让人头疼的就是水垢问题。水垢附着在水箱、水套的金属表面，使散热效果越来越差，而且清除起来也很困难。优质的防冻液采用蒸馏水制造，并加有防垢添加剂，不但不生水垢，还具有除垢功能。当然，如果你的爱车的水箱中水垢很厚，最好还是先用水箱清洗剂彻底清洗后再添加防冻液。

不同品牌、类型的防冻液所适用的温度也有所不同。例如，防冻液分为-46℃、-30℃和-15℃三种，通俗地说，这三个温度表示了冰点的最低承受温度，也就是防冻液在这一温度之下才会结冰。所以，这三种防冻液完全能满足我国大部分地区的天气状况和路况，车主们可以根据所处的位置和环境来选择合适的防冻液。同时，这一系列产品都不需要稀释，方便车主直接使用，可满足发动机的防冻保护需求。

经过长时间的化学作用，防冻液的性能会下降，所以要定时更换，厂家一般建议用户每2年更换一次防冻液。但实际上只要车况良好，使用的是优质的防冻液，并以肉眼观察防冻液无浑浊、无沉淀现象，这一使用时限完全可以延长。

102. 三招保养自动挡车

怎样对自动挡车进行保养呢？售后专家表示，三大步骤可解决自动挡车的保养。

（1）要经常检查自动变速箱油液位是否正常

自动变速箱油的检查方法与发动机机油不一样，发动机机油在冷车状态下检查，而自动变速箱油是需要将油预热到 50℃左右，再将换挡杆在各挡位停留 2s 后置于停车挡，此时正常液面应位于油尺最高与最低线之间，如不够，应及时添加相同品质的油品。

（2）掌握好更换自动变速箱油的周期

自动变速箱内部控制机构非常精密，配合间隙小，所以大部分厂家建议自动变速箱换油周期一般为 2 年或 4 万～ 6 万千米。在正常使用的过程中，自动变速箱油的工作温度一般在 120℃左右，因此对油品的质量要求很高，还必须保持清洁。另外，自动变速箱油使用时间长了以后会产生油垢，有可能形成油泥，会加大各摩擦片和各部件的磨损，而且还影响系统油压，使动力传递受到影响。脏油中的油泥会使各阀体的移动不畅，油压控制受影响，从而使自动变速箱出现异常。

（3）正确更换自动变速箱油

目前较好的换油方法是动态换油，采用专用的自动变速箱清洗设备，在自动变速箱运转的过程中，将旧油充分循环，排放干净后再加入新的自动变速箱油，从而使换油率高达 90% 以上，保证良好的换油效果。

103. 让爱车保持良好状态的保养技巧

（1）保护车漆用汽车镀膜替代

汽车镀膜是一款逐渐替代打蜡和封釉的汽车美容项目，镀膜可以把车漆完全封存起来，在车身上形成一层硬度超过车漆 3 ～ 8 倍的膜层，保证车漆不被氧化、腐蚀，避免轻微划痕等。汽车镀膜的质保时间能达到 2 ～ 5 年，平时车主只要进行洗车就可以保护好车漆。另外，内饰清洁消毒 3 个月做一次就可以，到专业汽车美容店进行内饰清洁，并且涂上一层保护上光剂就能让汽车保持新车的感觉。

（2）简单部件自己更换即可

雨刮器等一些部件进行二次更换与检查都比较简单，在网上购买自己想要的品牌，然后进行简单的检查和安装就可以了。

（3）适当做维修保养才是科学的

频繁保养虽然不是坏事，但必须有周期性，避免因过度保养而造成内部不适。用车初期主要是正常保养，费用相对较低；当车辆使用一定年限或行驶一定里程后会进入维修期，费用就相对高一些。一般状况良好的新车，可适当延长保养周期；

而状况较差或使用条件恶劣的车辆，则应适当缩短保养周期。

（4）滤清器到维修店更换

要时常注意对汽车滤清器的清洁。不要小看它，它直接影响车辆的油耗等情况。在汽车内燃机的使用过程中，灰尘等杂质将不断混入机油中，同时空气及燃烧的废气对机油的氧化作用，会使机油逐渐产生胶质或者油泥，这不仅会加速零件的磨损，而且易造成油路堵塞。所以要定期对汽车的滤清器进行清洁。

（5）进口轮胎不一定是最佳选择

汽车在行驶中，动力实际上是传递给了四个车轮。许多消费者出于心理因素，更愿意选择原装进口的轮胎。其实，国外推出的新款轮胎对国内的用户来讲，价格过高不说，而且还不一定适用。

（6）适当给轮胎充气

校正胎压是安全检查中最重要的一环。胎压过低会导致不正常磨损或轮胎内部损伤；胎压过高则会使得轮胎及轮毂较易受到不平路面的冲击而变形，甚至会导致爆胎。胎压必须定期检查，除了备胎以外，其他的轮胎最少要两个星期检查一次，而胎压的检查必须在轮胎冷却的情形下进行，否则高温会使胎压升高，测量起来不准。同时也不要忘了经常检查一下备胎的压力是否正常。

104. 汽车“四格”更换马虎不得

机油格、汽油格、空气格以及空调格俗称汽车“四格”，别看它们的体积不是很大，但在汽车使用过程中却缺一不可。机油格、汽油格犹如人类的肺，它过滤掉了机油、汽油中的杂质，使得发动机能够正常运转；空气格及空调格也是一个过滤网。缺少了它们的过滤，再好的汽车也行驶不了多远，再好的空调也有异味。

（1）机油格

机油格的功能是过滤发动机中的机油，提高其清洁度和润滑度，从而减少发动机的磨损，使之发挥最好的性能。

它犹如心脏的血液循环系统，机油泵中的机油也是在不断循环的，在这个过程中，往往会产生很多我们意想不到的杂质，而这类不洁之物就需要机油格过滤了。

国产经济型车所使用的机油格价格一般在 8 ～ 15 元之间；中档车使用的机油格价格在 15 ～ 35 元之间；高档车，其配套机油格价格一般在 35 ～ 65 元之间；个别市面上稀缺的车型，其机油格价格为 90 元左右。另外，副厂件机油格价格一般为 5 ～ 10 元，大致为正厂件价格的 1/3。但副厂件机油格的质量较差，其胶圈易坏，容易导致漏油，直接影响发动机的运作，导致磨损，不建议使用。

汽车每行驶 5000km 左右更换一次机油，专家建议每一次更换机油时，都应该更换机油格。原因是旧机油格中的污物会降低新机油的黏度和清洁度，影响机油的循环速度，也会损害发动机。

（2）汽油格

一般汽油中都存在各种杂质，油箱长时间使用也会沉淀一定的污垢。汽油格的作用是过滤上述杂质，油箱内的汽油经过汽油格的过滤到达发动机的燃烧室，其纯度可以得到有效保障。

汽油格的材质因车而异，大部分经济车型的汽油格价格在 50 ～ 100 元之间，少数特殊车型的汽油格价格在 100 ～ 200 元之间，中高档车的汽油格价格在 100 元以上，总体相差幅度不大。一些副厂件或者杂牌汽油格，容易导致漏油，可能引起自燃甚至爆炸，对于车身和人身都有相当的危险，不建议使用。

汽车每行驶 20000km 左右建议更换汽油格。

（3）空气格

空气格能够有效地过滤空气中的灰尘和杂质，使进入燃烧室的空气纯净度大大增高，从而保证燃油燃烧充分。

空气格由纸质滤网组成。空气格发生故障时，会导致汽油燃烧不充分，发动机动力不足，并且污染节气门体，导致怠速不稳，发动机异常抖动等症状。

一般车型的空气格价格都在 50 ～ 100 元之间，少数特殊车型的空气格价格在 100 元以上。

副厂件价格一般为正厂件价格的 1/4 ～ 1/3，至多二三十元。

汽车每行驶 20000km 左右建议更换空气格。

（4）空调格

空调格的作用是过滤空气中的尘埃、颗粒等杂质，为汽车空调提供清洁的空气。

除了少数老款车型外，目前市面上，新款车型的空调格大多带有活性炭，空气清洁功能得到大大提高。长时间不更换空调格，会导致进风口堵塞严重，导致冷气出风量少，制冷慢，还会产生异味。

建议车主选用带活性炭的空调格，其价格较不带活性炭的空调格仅高一些。

汽车每行驶 20000km 左右建议更换空调格。

105. 春夏季汽车保养八大注意事项

（1）车身要护理

春季风沙较多，空气中的杂质也不少，如柳絮、沙粒等。细小的沙粒很容易进入到发动机舱内，所以要及时清理发动机周围的尘土，还要注意保护好汽车漆面。封釉后的汽车车漆的亮度与硬度都会有很大的改善。对于一些质量很好的釉，其对车辆美容的效果十分明显，可以保持车漆光滑、亮丽达一年之久，而且还能防止夏季酸雨侵蚀车漆。

（2）“心脏”要保养

发动机长时间使用会形成厚厚一层积炭，腐蚀发动机中的橡胶部件，影响汽车的正常行驶，所以及时清洗发动机很有必要。清洗发动机后再涂上一层保养蜡，可防止发动机内的金属部件生锈以及橡胶部件被腐蚀，更有益于汽车“心脏”的健康。

（3）车内要除菌

注意汽车室内的除菌，让驾驶室内保持干爽和卫生，特别是对汽车坐垫、脚垫、方向盘套、出风口这些卫生死角更要做好清洁工作，保持车内环境的干爽和整洁。

（4）雨刮器要爱护

如果雨刮器不能很好地刮掉雨水，那将会给行车安全带来很大危险，因此对它的检查和保养要更加细心到位。车主可以将雨刮器开关置于各种速度位置处，注意一下雨刮在工作中是否有振动和异响，检查不同速度下雨刮是否保持一定速度，观察刮水的状态，以及刮水支杆是否存在摆动不均匀或漏刮的现象。

（5）轮胎要防跑偏

汽车轮胎是最“任劳任怨”的部位之一，因此长途驾车回来后一定要给汽车轮胎做一次系统的检修工作，看是否跑偏。如果跑偏，一定要做一次四轮定位。

（6）更换机油要按时

如果爱车所使用的机油不适合，应该将发动机、变速器的冬季用机油改为夏季用机油。

（7）制动液要检查

传递制动力的制动液有极强的吸水性。如果有水进入制动液，在制动的过程中，摩擦产生的高温会使水汽化，而气体具有可压缩性，在制动液中被压缩，就会造成制动失灵甚至失效。入春以后，雨水越来越多，空气的湿度会越来越大。如果制动液在雨季到来之前就有少量水分，那将是很危险的。有些制动液吸水较严重的车辆，在制动液油杯盖上就能看见水珠。所以在保养时必须要检查制动液，以保证驾乘者的生命安全。

（8）底盘要防锈

经过了冬天的雪后泥泞道路，汽车底盘上都会沾满厚厚的泥土，泥土里含有化雪时的碱性药剂，对汽车底盘腐蚀极大，而且也会堵塞汽车底盘上的通风孔。应到洗车的地方将底盘上的泥土冲洗干净。有条件的话，可以做一次底盘防锈处理，抵御酸碱带来的腐蚀，确保底盘不会生锈。

106. 春夏季交替车辆保养的 4 大项目

（1）免拆清洗气门积炭，清洗喷油嘴和更换火花塞

气门背部形成积炭带来的直接后果是发动机加速不良，怠速不稳，有时会伴有进气歧管放炮、冷车启动困难等一系列问题。

清洗积炭通常采用免拆卸清洗的方法，如果积炭严重，则可以采用揭缸盖清洁气门的方法。维修站通过分析发现：从积炭形成到集聚至影响发动机正常工作是个渐进过程，当发动机出现冷车启动困难、怠速不稳时，说明积炭已经相当严重，再进一步就会造成失火断缸，直到无法启动。

揭缸盖清洁气门的方法维修费用较高，为避免揭缸盖带来损失，建议车主发现冷车启动困难时，立即到维修站进行检查，排除其他因素后应及时清洗气门积炭。

一定要定时做免拆清洗气门积炭和油、“三滤”的检查。多数人都会记得平时清洗喷油嘴和检查火花塞，但对于积炭的清理有时就会忘记。在目前油价这么高的情况下，清洗气门积炭可大大降低油耗，很有必要。

（2）检查空调，清洗空气滤清器

空调保养好了，不仅消除了空调污染隐患，洁净空气，还可以让空调性能如新，省电节能，延长使用寿命。

因为不经常清洗，空调过滤网上沉积了大量灰尘，滋生的细菌存在于进出风口、过滤网、空调管道、蒸发器、冷凝器等地方。如不及时清除，空调开启后，这些病菌就会随着空调送出的冷气飘入驾驶室，导致车内人员生病。

用了一冬天的空调，会有大量的灰尘和细菌沉积在滤清器或蒸发盒上，如不进行清洗，不但在夏季使用时会影响冷风的凉度，使风量减少。

（3）检查制动液和刹车片

刹车片检查

任何刹车系统最终都是由刹车片（盘式）或刹车蹄片（鼓式）完成制动作用的，因此要定期检查刹车片或刹车蹄片的厚度。当发现其厚度接近或小于制造商规定的最小厚度时，应立即更换。检查刹车片的同时，还要检查刹车盘或刹车鼓的磨损，如接触表面出现凹痕，要及时进行光盘或光鼓处理，以保证与刹车片的接触面积，提高制动力。

制动液检查

检查制动液之前，应小心地擦净主油缸上的泥垢，以免任何脏东西掉入储油罐。对于没有刻度的油缸，应保持液面距油缸顶 6mm；如果有刻度，只要保持液面比刻度高即可。

刹车系统对于行车安全性极其重要，要经常检查制动液壶的油面，油面在低于下限时，要及时补加到上限。另外，由于制动液本身吸湿性较强，在使用一段时间后，制动液会因吸收周围空气中过多的水分而造成制动液的沸点降低，制动液在沸腾时会造成刹车抱死或失灵等故障，因此，制动液必须定期更换。不同品牌的制动液混合后，有可能会起反应或腐蚀刹车系统，更换时必须更换同一品牌的刹车油。刹车片是刹车系统中较容易磨损的部件，需要经常检查磨损程度，如果磨损程度超过厂家要求的极限，必须更换。

(4)车轮动平衡和胎压

正常每到10000km就要对车进行动平衡检测，所以20000km时这项检测更是必不可少了，特别是山路、弯路、冰雪等路面情况比较复杂，一定不能忽略检查这一项。提醒各位车主，夏季时高温多雨的天气会多起来，给车做保养时一定要看看轮胎的花纹和胎压，最好充一点儿氮气，这样就不会在气温变化大时使胎压也产生较大的变化。

107. 夏季保养常识

针对车辆的夏季养护，为了车主的行车安全，请注意做到以下几点。

(1)保养

空调最好进行一次大清洗

夏季车内空调将长时间使用，进行一次彻底清洗还是很必要的。除了清除异味之外，空调进风口吸入的大量灰尘、脏物以及滋生的细菌等，都容易影响人的健康。需要注意，重点清洗空调的部位：冷凝器，它将影响空调的制冷效果，冷凝器通常在车头位置，和水箱安装在一起，清洗时要注意防止散热叶片被树叶等堵塞而影响散热效果；空调滤芯，它起着过滤车内空气的作用，用了一段时间后就容易变黑，一般汽车美容店的工作人员都会建议车主更换，但其实空调滤芯可以清洗后继续使用。清洗过程中吸掉空调滤芯上的杂物和表面灰尘，然后再漂洗即可。

内饰彻底杀菌消毒

由于夏季炎热，很多车主不常开车窗，并且为了空调的风力大，常常只选择内循环。长久以来，车厢内的空气就会变得浑浊，特别再遇上雷雨前高温湿热天气，细菌同样容易滋生。车主可以自购一些内饰清洁剂或到汽车美容店对爱车内饰进行一次彻底清理。

汽车防冻液不可少

夏季冷却液蒸发快，要经常检查冷却液是否缺少，如果缺少，要及时补充同一品牌的冷却液，不可补充其他品牌的冷却液或水。因为冷却液是汽车发动机冷却系统内的主要工作介质，其主要作用是使发动机冷却系统通过强制循环，使发动机保持合适的工作温度。

人们将冷却液称为“防冻液”，是因为该液中含有某些结冰点较低的化学成分，从而能保护低温下汽车的发动机和水箱不结冰。除了防冻作用外，用乙二醇等化学成分配制的防冻液不但耐低温，而且耐高温的特性也特别好。此种防冻液在接近200℃时才能被“烧开”。夏季在水箱里灌装上此种防冻液，就不会被汽车水箱“开锅”所困扰了。此外，防冻液还有防锈、除垢的作用。

保护车漆，停车停在阴凉处

虽然汽车似乎没有生命，但确实也怕晒，长期暴晒车漆会发旧、起皱。因此，停车时应当把车停放在阴凉处。

(2)行车

涉水：发动机损毁大

夏季是暴雨的多发季节，在淹及发动机进气口的水中启动或行驶都可能导致发动机损毁。雨天行车最稳妥的方案是在不确定积水深度时，尽量不要驱车涉水，如果必须通过，也尽可能待水位下退至安全点后再进行。关于安全水位的判断是：水位在未达到前保险杠或车轮高度的2/3处之前，一般涉水是没有问题的；水位再高的话，除非对车辆进行适当保护，否则就不建议通过了。很重要的一点是在涉水过程中要保证周围近距离没有其他车辆，以免其他车辆卷起的水波超出安全水位，对本车辆造成损害。当然，在雨量充沛尤其是南方的部分地区，由于经常受到水浸的威胁，最稳妥的做法当然是为爱车单独投保“涉水险”。

爆胎：胎压不准是祸根

夏季是爆胎最容易发生的季节。因为夏季天气炎热，路面温度也较高，如果车的轮胎充气太足，气体遇到高温膨胀导致轮胎气压加大，快速行驶可能造成爆胎情况；另外可能导致爆胎的情况则正好相反，有些车主自认为聪明地将胎压调低以避免胎压过大，但胎压偏低的结果是导致胎壁的过度受压，依旧容易导致爆胎。因此，最安全的做法就是保持轮胎的正确胎压，而在涉水过后也应该仔细检查轮胎是否被异物扎破。

切忌：长时间使用内循环

长时间使用内循环会造成车内的含氧量不断下降，而且如果气缸中的汽油燃烧不完全，发动机产生的一氧化碳也可能漏进车厢内，因此车内的空气质量会越来越差，甚至对人体产生危害，所以不能长期开内循环。不能开着内循环在车内睡觉，也是这个道理。

开车：尽量避免长时间行车

高温酷暑条件下，应尽量避免长时间行车。行驶途中要注意适时休息。停车时应尽量选择在阴凉通风处。若温度表的指针已经指近高温度区，这时就必须把车停下来，将发动机熄火“退热”。如果用水给散热器降温，千万注意不要弄湿线路。

(3)安全

车内放置一次性打火机易爆炸

夏日高温时，千万不要在露天停放的车辆内放置一次性打火机甚至空气清新剂等易燃易爆品。一次性打火机中的气体会受热膨胀，塑料壳体会因受热而发生爆炸，一旦与车内一些油料、易燃物质等接近，非常容易引发火灾事故。同样，饮料里溶解的气体在高温下会挥发出来，造成饮料瓶的爆裂。

常备灭火器防汽车自燃

除了一些外部因素如打火机等可能引发自燃外，还要注意检查发动机、电路和油路，看有无老化和漏油情况。特别是经过改装或加装的车辆，电路负担可能因此加重，一旦发现问题应及时解决。如果是改装过的车，尤其是车灯、音响等，更应进行全方位检查。最后，记得给爱车配备一个灭火器，这是必需的，而很多车主往往会忘了这一点。

切莫树荫下侧倾停车

夏季有较多的车主为了防晒，专找有树荫的位置停车。这本是一种正确的处置方法，但由于较多树荫都是在人行道上，所以一些车主就将车头或者半边车身开上人行道。这样停车最大的危害在于，由于人行道与路面有高度差，因此四个轮胎的承重不一样，容易造成轮胎的损坏并导致行驶时爆胎。因此正确的停车方式仍然是选择地下车库或者水平停放。

108. 夏季如何防止爱车“中暑”

（1）保护漆面

阳光的暴晒对汽车漆面的损害很大。一定要经常洗车和定期打蜡。如果想把保护工作做得更彻底，建议做个漆面封釉或镀膜，给车漆穿上一层“水晶保护衣”。

（2）注意清洁

夏季开车窗，灰尘很容易吹进车内，一段时间后，车内就会变得又黏又脏，甚至有异味出现。仪表台、车门饰板等塑胶部位要用毛刷配合清洁剂清洁。为了防止紫外线照射后造成的龟裂、老化，清洗后可以涂上一层仪表板蜡。

（3）防止爆胎

夏季路面温度较高，汽车轮胎的使用环境更加恶劣，因此一定要注意做好汽车轮胎的检查和保养工作，定期检查胎压，防止爆胎。

（4）检查刹车

雨季路面潮湿，会造成轮胎和路面之间的摩擦系数降低，特别是轮胎花纹处有积水的情况下，摩擦系数更低，因此灵敏的刹车系统就显得格外重要，所以要时常检查一下刹车系统，尽量做到有备无患。

（5）防患未“燃”

夏季是车辆自燃的高发期，操作不当或汽车存在隐患是造成汽车自燃的主要原因。因此要重点检查汽车的油、电等线路，若发现线路老化，应及时送修，防止发生自燃。

（6）巧用空调

进入车厢前先将窗户打开通风，同时打开外循环，待车内热气排出后再开空调，这样制冷效果更快、更好。当车速低于 25km/h 左右时，应将空调置于较低挡位，防止发电量和冷气不足。下雨天行车，车窗玻璃容易起雾，影响视线，此时只要将出风口风向调至挡风玻璃方向，打开压缩机送冷气，就可在数秒钟内达到有效除雾的目的。

（7）防止蒸发

夏季温度较高，油和水的蒸发都将增加，因此一定要把油箱盖盖严，油管要防止渗油；经常检查水箱的水位，曲轴箱的机油油面、高度，制动总泵内的制动液液面高度，以及蓄电池内电解液的密度和液面高度等。不符合规定时，要及时添加和调整。

（8）注意“防冻”

到了夏季，一些人认为防冻液用不上了，可以用普通的自来水代替，其实这种做法不妥。专业配制的防冻液不但耐低温，耐高温的特性也特别好。优质防冻液接近200℃时才能被“烧开”。夏季不使用防冻液，车主就不会被水箱“开锅”所困扰。除此之外，防冻液还有防锈、除垢作用。因此夏季仍需选用原厂防冻液，它能发挥“防暑降温”的作用。

（9）空调及制冷系统

空调是夏季使用非常频繁的部件，也最容易发生故障。汽车空调系统最常见的故障，是冷媒泄漏和制冷不良。冷媒泄漏通常由管路中的密封胶圈老化、制冷剂压力异常、系统部件损坏等造成。泄漏故障修复后，必须补充冷冻机油，将系统内抽真空并充加制冷剂，冷冻机油和制冷剂必须使用品质好且与车辆要求型号相同的。在众多制冷不良的故障中，最普遍的是空调系统散热不良，需要保养的项目主要是冷凝器的清洁以及散热风扇的工作状况。

109. 雨季汽车保养注意事项

（1）及时清洗

遇到大雨天气时，车辆返回后应进行及时清洗，否则可能导致车辆下侧的空隙处积存污泥，这就是湿气得以“藏匿”的地方，也是最容易导致生锈的地方。

（2）漆面保护

雨水中的酸性成分对汽车的漆面具有极强的腐蚀作用，久而久之就会对汽车的漆面造成损害，因此在雨水较多的季节，最好能给爱车进行一次漆面美容。最简单的方法是打蜡，更长久、更有效的方法是进行封釉。无论何种方法，都可给爱车“穿上”一件看不见的保护外衣，防止漆面褪色老化，让亮丽的车容常伴左右。

（3）底盘护理

底盘受路况影响比较严重，一般这个部位最容易锈蚀斑斑，轮壳处甚至还可能松动穿孔。因此，一定要注意底盘的清洁和防锈处理。做一次底盘防锈处理，防锈效果可保持 3 个月时间。做完防锈处理后还要注意不要用碱性清洗液冲洗车身及底盘，否则会影响防锈效果并缩短防锈时间。

（4）点火启动

雨天，车主经常会遇到发动机不易启动的毛病，有时即使勉强启动起来，也是无力的。这种毛病最大的可能是出自点火系统因潮湿而产生的漏电。此外，也可能是一到下雨天，天气变凉了，封在分电盘内的热空气就有可能凝结成水滴而造成分电盘内部潮湿，因而丧失了正常的点火功能。

一旦发现是因为点火系统的潮湿而造成点火不良、发动机性能下降的话，最好先用干燥的纸巾或干布把分电盘内外及电线等擦干，然后用专用干燥剂喷罐将干燥剂喷在分电盘盖、蓄电池接头、火花塞、高压线及点火线圈等处，等一会儿后即可启动发动机。

110. 冬季爱车保养常识

（1）冬季爱车必备装备

冬季机油（必备指数：★★★★）

对于常年在北方地区开车的朋友，机油的选择并不困难。根据 SAE“美国汽车工程师协会”给出的标准，以 SAE5W-40 为例，“W”代表 winter（冬季），特指机油的低温流动注释，“W”前的数字越低其低温流动性越好。在北方寒冷地区建议使用 0W 或 5W 的机油，如果机油选择不合适，很有可能造成发动机无法启动或者加剧发动机内部磨损。

防冻玻璃水（必备指数：★★★★★）

有部分车主在夏季往往会使用普通玻璃水，但到了冬季会出现水壶内结冰，甚至水壶冻裂。如果此时再进行喷水，那么喷水压力电动机很有可能被烧坏，造成二次损伤。所以在冬季出行时，最好使用专用的玻璃水，或者根据前往地区的气温选择冰点较低的防冻玻璃水，避免造成上述问题。

除雪工具（必备指数：★★★★★）

冬季车辆在户外过夜后也往往会有一层霜。这时，一条简单的干布就成为最物美价廉的除霜（雪）用具，如果你生活在北方或打算去东北等积雪较厚的地区，配备除雪铲也很有必要。

蓄电池搭线（必备指数：★★★★）

大清早出门发现车打不着火了，这十有八九是车载蓄电池出现问题。因为在严寒环境下蓄电池的工况会受到很大影响，此时，如果车上有一条蓄电池搭线的话会让你倍感轻松。

拖车绳（必备指数：★★★）

在雪地中陷坑，对于两驱车来说真是太正常不过了，即使变速箱能提供雪地模式，但真正碰到积雪过厚时也是毫无办法，怎么办？拖车绳可作为方便快捷、出门首选的脱困利器，它比绞盘方便得多。

（2）出行前的车辆准备

小心胎压误报警

胎压报警是因为轮胎压力传感器所感受到的轮胎压力产生变化而进行报警。当气温突然下降时，在热胀冷缩原理的作用下，轮胎内部的压力会产生变化，当变化达到一定数值后，压力报警器会自动报警，就会造成误报。因此，建议广大车主在严寒天气即将到来之际，提前检测并及时为胎压不足的轮胎充气。

勿用热水来除冰

由于冬季挡风玻璃温度往往在冰点以下，突然遇到热水很有可能导致玻璃爆裂。正确的做法是打开车内热风慢慢吹玻璃，随着温度不断上升，挡风玻璃上的冰雪很快就会融化，冻住的雨刮很快就能正常工作了。

车窗除雾用热风

对于去除前挡风玻璃上的雾气，其实冷风与热风都能达到同样效果，但是较冷风除雾，热风除雾其实更加彻底。当然，在极寒天气下即便是用热风除雾，挡风玻璃内部也会有一层雾气很难消除，这时一条干燥的专业擦车布就派上了用场，不但可以擦掉雾气，还能避免留下明显的擦痕而影响视线。

动态热车效果好

有些人冬季用车前要让车辆在原地热车几分钟，以减少发动机内部的磨损。事实上，原地怠速热车不仅会增加油耗，还有可能加剧发动机内部的积炭。因此，动态热车的效果其实要强于原地怠速热车。

需要注意的是，动态热车时，尽量将发动机转速控制在2000r/min以内，当水温达到60℃以上就能够正常行驶了。此时机油循环已经渐入佳境，燃烧室内部的零件表面也已形成油膜，发动机可以安全运转了。

车内温度别过高

最后再提醒一点，车内空调温度不要设置过高，因为温度过高会加重驾驶员的疲劳程度。冬季长途驾驶可适当开窗通风，以减小车内外温差，使驾驶员更易保持清醒。

111. 汽车保养很实用的九招

（1）多跑高速减少积炭

冬季，车主经常会面对提速慢、急加油回火、启动困难等现象，这说明你的爱车气门有可能已经积炭了。因此，在秋季时就应对气门多做检查，看看是否存在积炭现象，并及时到维修站检测、维修。此外，还可以多跑高速公路，尽量提高手动挡车的换挡转速，预防积炭产生。

（2）汽车美容不可少

秋季的早上，露水较多，汽车表面往往很潮湿，如果你的爱车表面有明显的剐痕，应及时做喷漆处理，以免剐痕部位受潮而锈蚀。换季之时，最好为你的爱车的表面做一次从清洗、抛光到打蜡、封釉或镀膜等一系列美容养护。

（3）正常胎压防爆胎

在夏季，由于气温高，要经常检查轮胎的气压，切不可使轮胎气压过高，否则会有爆胎危险。而到了秋季，由于气温相对较低，轮胎就要补充气压，以使其保持在规定的气压范围内。同时，还应检查轮胎是否有剐痕。橡胶在秋冬季节容易变硬而显得较脆，导致轮胎易漏气，甚至扎胎。

（4）防冻液不能用水代替

一些车主喜欢在夏季用自来水代替防冻液，这种做法非常不可取。在天气渐凉的秋季，如果不能及时更换汽车专用的防冻液，一旦遇到温度骤降的天气，极有可能影响到汽车冷却系统的正常工作。通常情况下，汽车防冻液的使用周期为两年，如果车主在夏季使用的就是防冻液，只要不超过使用期限，就不用急于更换。如果使用的是自来水，则需要立即更换。

（5）刹车系统勤检查

注意制动液是否够量，品质是否变差，需要时应及时添注或更换。制动液两年必须更换一次。要经常检查制动系统有无变弱、跑偏，制动踏板的蹬踏力度是否有变化，必要时清理整个制动系统的管路部分。

（6）挡风玻璃除霜不可小视

秋季天气转凉，气温较低时会出现白霜。在这个季节，要特别注意挡风玻璃下的除霜出风口出风是否正常，热量是否够，如果出现问题，要及时解决，挡风玻璃除霜出风口一旦出现问题，就会给秋季驾车会带来许多麻烦和不安全因素。

（7）秋季空调更要保养

夏季天气炎热、气温高，汽车空调往往超负荷运转。另外，由于夏季雨水较多，汽车经常会在涉水路面行驶，致使空调冷凝器下部沾染许多泥沙，时间久了就会使冷凝器发生锈蚀，从而缩短空调的使用寿命。因此进入秋季，为你的爱车的空调做一次保养就显得尤为重要。

（8）蓄电池关键看液面

在秋季，汽车蓄电池的电极接线处是最容易出问题的地方。检查时如果发现电极接线处有绿色氧化物，一定要用开水冲掉，这些绿色氧化物会引起发电机电量不足，使蓄电池处于亏电状态，严重时还会引起蓄电池报废，或者启动不了车。蓄电池内电解液也不能亏缺，保持将铅板淹没10mm为好，并检查电解液密度，保持充电量，如果蓄电池充电不足，极易在严寒中裂损。车辆行驶三年左右应考虑更换蓄电池。

（9）车内除尘经常做

座椅、地毯、仪表盘、脚踏垫、座椅缝隙、车门内侧、后备厢也都是灰尘、细菌易聚积的地方，加之汽车内部的空间有限，车厢密闭性较强，车内空气不易对流，有害物质更容易滋生其中，夏季的高温天气在很大程度上催化了这些有害“势力”的发展。所以在秋季，最好对汽车的内饰及配件做一次彻底的清洁消毒。另外，门轴、导轨由于受到风沙的侵袭及洗车的影响容易生锈，开、关时会发出异响，这种问题只要定期在其上面涂上防锈油即可解决。

112. 如何选购优质制动液

（1）低温流动性好

使用优质制动液，在严寒时制动灵敏、可靠。而劣质制动液则性能差，凝固点高，低于 -20℃时就会有凝固现象发生，大大影响行车安全。

（2）长期使用无沉淀物

制动液长期在高温状态下使用，如果质量不稳定就会产生热分解，产生沉淀物，同样影响刹车性能。

（3）对刹车系统各种金属防锈性好

一般制动液腐蚀性较强，但优质制动液对各类金属防腐性和防锈性大大增加，从而延长制动液泵的寿命；若加入劣质制动液则容易腐蚀金属，对行车造成危害。

（4）对各种橡胶不腐蚀

优质制动液使用后极少发生皮碗严重膨胀变形的现象。若使用劣质制动液，皮碗容易膨胀变形，导致车辆漏油、刹车时翻转，造成事故。标准制动液的膨胀率一般在 0.1% ～ 5% 之间。

（5）沸点越高越好，较低蒸发性

制动液的沸点不能低于 205℃。当汽车长时间行驶、在高速或下坡行驶时，刹车蹄片的温度会高达数百摄氏度。制动液温度随着刹车蹄片温度的升高而升高，若制动液沸点不够高，制动液会被气化，产生气泡，踩刹车踏板会发软，不能立即达到刹车的目的，因此不能保证行车安全性。

113. 油液养护不容忽视

（1）谨防机油过热

外界高温及空调的频繁使用，会使发动机负荷增大，机油易变质。高温天气对机油也有一些特殊要求，发动机长期在高温环境下工作，热量会传递给机油，造成机油氧化变质，影响润滑效果。机油对发动机正常工作起决定作用，长期使用劣质机油或已变质的机油，有可能造成油路结胶，引起机油报警，存在安全隐患，最好能坚持定期更换机油和机滤。

专家表示，正常情况下，机油液面高度留在标尺上的位置应该在最高点与最低点之间。油位太低表示机油不足，会造成发动机润滑不畅，磨损加重。检查机油时，须将车停在平地上，并将发动机熄火 5min 以上，或等发动机完全冷却后再检查。

（2）制动液不宜过满

制动液的保养里程较长，通常行驶 1.5 万～ 2 万千米后进行检查，但制动液的液位会随刹车片的磨损而降低，外界高温也会影响制动液液位。

制动液的多少会随着刹车片的磨损程度进行相应变化。正常情况下，制动液的高度要高于最低点，但也不必达到最高点。如制动液的高度降到最低点以下，意味着该更换刹车片了。专家表示，新换的刹车片较厚，会使加得过满的制动液溢出，有可能会腐蚀到车体。假如制动液的减少并非由刹车片磨损所致，应立即补充制动液，并到专业的维修机构进行养护。

114. 易忽略部位要着重检查

每辆车总会有一些我们触及不到或者想不到的保养部位。这些部位虽然难触及，但对行车安全却有着至关重要的作用，或者能影响汽车的制动性、油耗，有的甚至影响车主的生命安全。

（1）点火线：老化会影响车辆动力性和油耗

相信大家都知道火花塞，也有的车主能够自己动手更换火花塞，但与之相比，点火线就很少被大家关注了。有的车主很纳闷，为什么自己的车没什么毛病，但就是不易启动，油耗变高，动力差，如果不是其他原因引起的话，建议还是对点火线进行一下检查吧。点火线两端连接分电器和火花塞，是汽车行驶中传递给发动机电火花的唯一路径，由于使用频率高以及工作环境比较恶劣，容易出现老化、破损等现象，造成点火能量不足，严重影响车辆动力性和油耗。建议车辆每行驶 2 万千米更换点火线。

（2）制动盘：如有清晰的划痕，建议更换新的刹车盘

制动盘相信大家都熟悉，目前越来越多的车辆都逐渐从前盘后鼓的制动配置向前盘后盘的配置过渡。采用盘式刹车的好处在于其拥有更好的散热性，而且清理和更换更加方便。多数车主都认为刹车片要比刹车盘更容易磨损，没有对刹车盘引起足够的重视，事实上刹车盘与刹车片的作用力都是相互的，接触摩擦都会有磨损，而且刹车盘表面要比刹车片光滑，容易受刹车片粗糙表面的影响。刹车片本身就是易损件，但是在我们检查更换刹车片的同时，也要注意刹车盘表面的状况，如果出现比较清晰的划痕，建议更换新的刹车盘，以免出现意想不到的后果。

（3）雨刮保养：定期清理延长寿命

雨天行车的机会不多，用到雨刮的机会相对比较少，因此，一些车主对于雨刮异常状态的重视程度并不高。直到出现影响刮水效果时，问题通常已很严重了。若前挡风玻璃上积水较少，用雨刮进行空刮，容易加剧雨刮的磨损，影响它的水平度。前挡风玻璃上面出现坚固的物体，如鸽子等鸟类的干涸粪便时，也要避免直接使用雨刮硬刮。由于雨刮片的材料主要是橡胶，时间长了会老化变硬，车主可以到汽车用品店购买一种橡胶养护剂，每个月往雨刮片的橡胶部位喷洒，可起到养护橡胶条的作用，至少可以延长橡胶条 30% ～ 50% 的使用寿命。另外，当发现雨刮刮水不彻底时，也可以购买一种雨刮片修复器，夹着雨刮片的橡胶部位摩擦，使其不规则磨损的部分得到修复。

如果在使用过程中，从挡风玻璃上看到雨刮已经留有细长的条痕，难以看清外界，这可能就是因为雨刮上有异物或者边缘部被磨损，此时可以不急于更换，先清扫边缘部，如果症状仍未消除再更换。

115. 汽车跑偏的原因及解决方法

造成汽车跑偏的原因很多：轮胎的气压不足会跑偏，胎面花纹磨损的程度不一样会跑偏，悬挂系统设计有问题或悬挂系统受伤、变形、移位等都会发生跑偏的现象。跑偏现象也绝不是仅靠做四轮定位或者做动平衡就能解决的。一般来说问题主要集中在轮胎和悬挂上。

（1）轮胎

可先检查厂方给出的额定胎压，家用轿车大多设定在 2.0 ～ 2.5bar（$1bar=10^5Pa$）之间，前后轮的压力值也各有不同，如果胎压不等必定会导致跑偏。为了更好地使用轮胎，每行驶 2 万千米应调换一下轮胎的位置，因为驱动轮的磨损程度总是会比其他的轮子大，不同的摩擦力也会直接引发跑偏。

正确更换的方法是，前后轮成对儿同时对调，不能交叉对角线前后对调；如果需要换新胎，应更换同一品牌、同一花纹的轮胎，而且四个轮胎最好同时更换。另外比较常见的原因可能是四轮定位不准，前轮的外倾角、主销角度不正确，或前束角度太小等，这些也都会造成跑偏。避免的方法就是平时少上马路牙子，过大坑时要减速，只要是正常驾驶，一般一两年也不用做四轮定位。但如果有了意外情况就必须到专业维修站进行检测，一些小的检测点虽收费便宜，但调整不准，用不了多久，问题就又再次出现。

（2）悬挂

正常情况下新车由于悬挂系统故障，造成跑偏的概率很低，因为出厂前的车辆都已经过厂家的严格检测和调整。但也不排除原厂设计就有问题的，比如悬架的导向杆和转向系统拉杆的运动干涉就会影响车辆跑偏。前者是由于制造、调整时产生误差造成的；后者是由于原厂设计造成的，且后者多造成向右跑偏。

旧车跑偏的原因就更多了，除了上述情况外，车架变形、前轴移位、有负前束及垂臂、两个前钢板弹簧弹片不一样，以及横、直拉杆球头销松旷等都会造成跑偏，所以对于旧车还要具体情况具体分析。如果是在制动时跑偏现象加剧，那就要着重检查一下制动系统，因为左右两侧车轮的制动力不等也会导致跑偏。首先要目测前轮的刹车盘片上有无油污、水湿或硬化等情况；在刹车盘和刹车片都正常的情况下检查各制动分泵有无漏油、制动钳固定支板是否松动、摩擦片有无回位不顺等现象。

另外，转向系统的好坏也将影响汽车的直线行驶。各连接件因磨损间隙过大或轴承、主销、衬套磨损造成松动，将引起汽车在行驶中摆头，不能保持正常的运动轨迹。如果是转向节臂、转向节弯曲变形，一般会引起汽车单向跑偏。最严重的是横直拉杆球头严重磨损后松脱，将造成转向失灵，导致车辆完全失去控制。

提醒：跑偏轻则造成啃胎、轮胎报废，重则引发爆胎、车辆失控等危险状况的发生。据调查，对于普通的家庭轿车而言，在150km/h下发生爆胎后生还的概率还不到20%。跑偏虽不是那种立刻就能让车抛锚的毛病，但长期驾驶跑偏的车辆还是存在诸多隐患的，所以再次奉劝车主还是应当“有病早医”。

二、养护及认识误区

116. 汽车保养安全方面的九个注意事项

（1）不要在不通风的车库内长时间运转发动机

发动机排出的废气中含有一氧化碳，这是一种看不见又闻不着的毒气。长时间处于低浓度的一氧化碳气体中，会引起头痛、呼吸急促、恶心呕吐、体虚目眩、心理混乱，甚至大脑损伤等症状。如在车库内启动发动机，应将车库的门打开或打开排风装置，以便随时将废气排出车库。即便露天作业，也不要在工作着的发动机排气管附近长时间停留。

（2）不要用嘴吸油管

汽油不仅易燃、易爆，而且有毒，特别是含铅汽油，会损害人的神经系统、消化道和肾脏。另外，汽油中还含有高浓度的硫化物，由于硫化氢也有一定的毒性，若将汽油吸入体内，会导致中毒或死亡。万一吸入，应逼迫自己呕吐并及时到医院治疗。

（3）避免沾上化油器清洗剂

大部分化油器清洗剂中都含有甲基氯化物、芳香族类和乙醇，这些物质都有一定的毒性，因此这些物质被吸入鼻内或溅在皮肤和眼睛上，都是很危险的。

（4）正确操作防止机械伤害

汽车在进行保养操作时，应设置明显的作业标志，以防其他人的误操作而受到伤害。在启动汽车时，应注意变速器的挡位情况，以防汽车误动伤人。在发动机罩下工作时，应让其他人离开驾驶室，以防发动机突然转动或他人操纵机构动作，造成误伤。如果需要在车下作业时，应设置明显的标志，并将车轮用掩车木掩好。用千斤顶支车时，千斤顶要放置平稳。在安装总成时，千万不要用手试探螺孔、锁孔等，以免轧断手指。测试发动机运转情况时，不得在车下作业。

（5）小心失火

在保养汽车时，经常需要使用油料、清洗剂等易燃、易爆物品，此时千万别忘了消防措施，备好灭火器，以防万一。在油箱和蓄电池附近不要吸烟，因为油箱逸出的可燃气体和蓄电池逸出的氢气是很容易被引燃的。

（6）注意防烫伤

刚刚熄火的发动机，各部件（水箱、排气管道、动力转向液箱和火花塞等）温度都比较高，必须小心接触，以防烫伤。如果发动机温度高，千万不要取下水箱盖或松开放水开关，以防烫伤。

（7）留心制动液溅出

制动液对汽车的漆膜（包括皮鞋的漆膜）有损害作用，它能很快地溶解漆膜。制动液对眼睛是有害的，如果溅入眼睛，必须立即用清水冲洗干净。

（8）注意旋转的机件及汽车路试的防护

在发动机运转时，注意手、衣物和工具必须离开旋转的风扇和风扇传动带（最好取下佩戴的戒指、手表和领带等物品）。试车时，汽车各部位状况应能保证安全停车和转向有效。路试的汽车必须有明显的试车标志。试车时，人员必须乘坐安全，并在专门的试车道上进行。

（9）注意工作场所的清理

在关闭发动机盖或其他总成盖时，应检查工具、抹布和拆下的零件等物品是否遗忘，待确认无误后，才可以关闭。

117. 使用机油容易产生的四大误区

（1）机油能多加就多加

机油量控制在机油尺的上、下刻度线之间为好。因为机油过多，就会从气缸与活塞的间隙中窜入燃烧室燃烧，形成积炭。这些积炭会提高发动机的压缩比，增加产生爆震的倾向；积炭在气缸内呈红热状态还容易引起早燃，如落入气缸中会加剧气缸和活塞的磨损，还会加速污染机油。另外，机油过多还会增加曲轴连杆的搅拌阻力，使燃油消耗增大。

（2）什么时候润滑油变黑了，就该换油了

这种理解并不全面。对于没有加清净剂的润滑油来说，颜色变黑的确是油品已严重变质的表现，如今的汽车使用的润滑油一般都加有清净剂。这种清净剂可将黏附在活塞上的胶膜和黑色积的炭洗涤下来，并分散在油中，减少发动机高温沉淀物的生成，故润滑油使用一段时间后颜色容易变黑，但这时的油品并未完全变质。

（3）润滑油经常添，不用换

经常检查润滑油是正确的，但只补充不更换只能弥补数量上的不足，却无法完全补偿润滑油性能的损失。润滑油在使用过程中，由于污染、氧化等原因质量会逐渐下降，同时还会有一些消耗，使数量减少。

（4）多加添加剂

真正优质的润滑油是具备多种发动机保护功能的成品，配方中已含有多种添加剂，其中包括抗磨剂，而且润滑油最讲究配方的均衡以保障各种性能的充分发挥。自行添加其他添加剂不仅不能给车辆带来额外保护，反而易与润滑油中的化学物质发生反应，造成润滑油综合性能的下降。

118. 车主不经意间的几种毁车行为

（1）烈日冲车

到了夏季，部分车主把喜欢冲凉的习惯也强加到车身上。开了一天的车了，也给它冲个“冷水澡”降降温。大部分车主会发现，“冲凉”之后，爱车会立刻出现问题。

根据热胀冷缩原理，经过暴晒和行驶，车漆表面和发动机的温度都很高，这时要进行里外冲洗，不仅对车漆有伤害，发动机也可能出现故障，增加维修费用。

（2）加装“冬菇头”

有的车主对进气系统进行改装，直接在进风口加装“冬菇头”，听说这样可以增加车的进气量，发动机“吃”得多了，动力自然也就增强了，而且价格还便宜，只要 300 ～ 500 元，乐此不疲。

“冬菇头”的学名叫高流量风格，是一种高性能空气滤清器，从理论上来说确实能增加发动机内的空气流量，让发动机内的燃料燃烧更充分，动力性能有所提升。但对北方含有大量细小沙尘的空气来说，加大进气量的同时也将更多的细小沙尘带入气缸，造成发动机的早期磨损，反而影响发动机的动力表现。

（3）车内乱放芳香剂

一些车主们喜欢在车内放上一些汽车香水之类的物品。车里香，难闻的味道也没有了。

这些物质在空气中化学分解之后产生的气体本身就是空气污染物，反而加剧了车内空气的污染程度。长期使用此类物质对人体会产生不良刺激，劣质芳香剂还会对人的神经系统产生危害。

（4）多加机油

一些车主认为，机油加得越多对发动机的润滑作用就越好，而且还可以减少补机油的频率，省事省钱。

如果加的机油太多，会增加发动机内部的工作负担，发动机在工作时曲轴柄和连杆会产生剧烈搅动，不仅增加发动机内部功率损失，还会增加燃油消耗。而因此溅到缸壁上的机油，容易产生烧机油，导致发动机润滑不良。机油量应控制在合适范围内，即在机油标尺的上、下刻线之间。

119. 雨季保养车，别进了这些“误区”

（1）误区一：雨季洗车洗也白洗

不少车主认为经过雨水的洗刷，车身也一样干净，更何况今天洗车，明天下雨，洗也白洗，何必浪费时间和金钱。

事实上汽车经过长时间的雨水浸泡，雨水中的酸性物质会对汽车漆面造成伤害，不及时处理，久而久之，汽车漆面会失去光泽，所以雨季里不用洗车是错误的观点，雨季里洗车是非常有必要的。专家建议，雨季里车主可以适当减少洗车的次数，如果车辆经常用于长途行驶，3～4天洗一次车便可；如果只是正常短途或上下班代步，7～10天对汽车进行一次全面清洗比较适宜。

（2）误区二：底盘污渍不在乎

雨天道路容易积水，车辆在行驶过程中底盘也较易附着沙石、泥污等污渍，但很少会有车主会及时将底盘上的污渍清除。

其实底盘受路况影响特别严重。尤其是在雨季，长时间的雨水侵蚀容易让底盘腐蚀生锈，甚至还可能让轮毂处松动穿孔，同时雨水中的污渍有可能堵塞底盘上的排水孔，从而影响车辆的正常行驶。雨季，车主更应加强对汽车底盘的清洁或对其进行防锈处理。

（3）误区三：街头名片随意留

现在街头总有很多发广告名片的人，他们为图方便，把广告名片插在车窗的门缝处。很多车主因为不留心，在降下车窗玻璃时顺带也会把名片带入车门内，或是因为车窗胶条老化，车窗玻璃处与车门衔接不紧密，致使名片直接落入车门内。发生这样的情况后，多数车主都不以为然，认为一张名片并不会对用车造成影响。

但是，一般车门内都有一个细小的排水孔，雨季里雨水的侵蚀会使掉落在车门内的名片很快腐烂并形成污垢，从而堵塞排水孔，造成车门在行驶过程中产生异响。有专家建议车主，在雨季里，应经常清洁车门并检查车门排水孔是否有堵塞现象，如果发现车门有异响，应及时到4S店进行检修。

（4）误区四：车内水渍不清理

雨天行车时，在开窗或是上下车打伞的过程中，或多或少都会给车内带来一些水渍，但很少有车主会去清理这些水渍，这是极其错误的做法。

车内的水渍，尤其是坐垫或是脚垫下的水渍，长时间不清理很容易腐蚀车内零部件或是发生霉变产生病菌，从而影响车内环境，危害车主的身体健康。为了自己和家人的健康，应及时将车内沾有水渍的坐垫或是脚垫晾干，保持车内良好的用车环境。

120. 过度保养车辆易早衰

（1）过度清洗漆面易早衰

人如果洗澡次数过频，可能导致皮肤干燥、老化，甚至可能降低应对外界细菌的抵抗力，车也是一样的，给爱车“洗澡”的次数过多，同样会导致车漆的早衰，一段时间后甚至引发车厢底板、车门底部等部位锈蚀腐烂。

重复使用的洗车抹布夹带的泥沙会给车漆造成划伤，这些细小的划痕在阳光的照耀下最为明显，被称为太阳斑。太阳斑一严重，车漆的亮度也就下降了。过于频繁地打蜡，是导致车漆老化的另一个根源。

无论是抛光蜡或是上光蜡，多少对漆面都有一定程度的研磨，打蜡过于频繁，漆面也就越来越薄，对漆面颜色或光泽都有影响。

建议：准备一个鸡毛掸子，轻微灰尘就用它来解决，可大大减少洗车的次数。当然用鸡毛掸子掸灰也要小心，避免划伤车漆。正常落灰的情况下，10天洗一次车足矣。至于打蜡，如果选用比较长效的防水蜡，一个季度或是半年打一次也没问题。

（2）过多使用添加剂会导致部件易损

轿车是一种非常精细的产品，对燃油、润滑油、制动液和冷却液等都有相应的技术指标要求。如果需要添加或更换，用户应该参照使用手册中的相关规定，保质保量地添加或更换，千万不可随便使用油品，否则将给车辆造成危害。

很多号称能增强动力、降低油耗的燃油、机油添加剂，不但不能实现广告中所宣传的功能，反而会使发动机的磨损加剧，造成汽车尾气不合格。因此，爱车只要正常使用、保养，其实并不需要这些产品，如果真有这个需要，也必须选用汽车生产厂家指定或认可的正规产品。

建议：已经使用了机油添加剂的车主应马上更换机油，燃油添加剂也要使用厂家认证的产品。实际上，国内大部分加油站售卖的燃油中已经添加了清净剂，没必要另外添加。

121. 日常养护的四不要

（1）不要给轮胎螺栓和螺母涂油

在车轮维修中，部分私家车主为了防止车轮的螺栓和螺母生锈，安装时别出心裁地将螺栓和螺母都涂上润滑油，殊不知这种做法不仅错误，而且给行车安全带来一定的隐患。螺栓和螺母拧紧后，相互间具有自锁的特性。而涂上润滑油后，两者之间的自锁系数变小、自锁性能下降。在汽车高速行驶时，螺栓和螺母很容易松动乃至脱落，从而引发行车事故。

（2）不要用水冲洗车身内部

夏季，一些车主们一边用水冲洗车身，一边用抹布擦拭，在此要提醒私家车主的是，车身内部不要用水直接冲洗。因为驾驶室内地板胶垫的下面可不是“一马平川”，结构上的需要使驾驶室地板胶垫下面的凹槽、通孔非常多。用水冲洗后，要么沉积在凹槽内不易干燥，要么从通孔处流到变速箱等部件上产生锈蚀。尤其是密封性能较好的轿车更不能用水直接冲洗车身内部。正确的方法是用湿抹布擦拭，但要避免积水。

（3）不同品牌的冷却液不要混合使用

发动机冷却液不足时应及时添加，但你是否把不同品牌的冷却液加在一起使用了呢？如果是，劝你还是趁早把冷却液放掉，重新添加同一品牌的冷却液。因为不同品牌的冷却液其化学性能可能相差悬殊，比如对黑色金属有效的防腐剂，却常常对铝合金有腐蚀作用；而适用于铝合金的防腐剂则对黑色金属有害。由于不同品牌的冷却液所用的防腐剂不同，所以不能混合使用。

（4）电喷车启动时不要踩油门踏板

启动发动机前踩几下油门踏板是许多驾驶员的习惯，尤其是在冬季冷车启动时，但这种启动方法却不适用于电喷车。装有电控喷油装置的发动机与普通化油器式发动机不同，它的喷油控制装置能根据发动机的温度、工况自动调整供油量，使发动机顺利启动，即在冷车启动时，喷油控制装置也能自动增加供油量。所以，电喷车发动机启动时，没有必要踩油门踏板，更不要在启动前连续急踩，否则反而使发动机启动不良。

122. 汽车保养的五大误区

（1）盲目拆除发动机节温器

如果因发动机温度高而盲目拆除节温器，冷却液只能进行大循环，不能调节冷却强度，难以保证发动机在较适宜的温度下工作，反而使发动机经常处于低温状态下工作，造成发动机功率下降，磨损加快，油耗增加。如果发动机节温器发生故障检修或更换之后，发动机温度还高，就应检修冷却系统的其他部位，不能拆除节温器。

（2）发动机温度怕高不怕低

有些人认为行车时发动机温度怕高不怕低。其实，发动机温度低时危害性也很大。应根据汽车使用说明书规定的正常温度行车，才能保证发动机的使用寿命。

（3）水泵风扇皮带越紧越好

皮带并非越紧越好。皮带过紧不仅会使其拉长或断裂，缩短使用寿命，而且还会因拉力过大，导致发电机轴、水泵轴变形弯曲和轴承的早期损坏。水泵风扇皮带的松紧度应符合技术要求，一般正常皮带装配时挠曲度以 10 ～ 15mm 为宜。

（4）发动机用怠速升温

用怠速升温时，由于转速较低，机油泵不能较快地将润滑油压入各润滑表面，油压也低，使发动机各运动机件在干摩擦或半干摩擦状态下工作；燃油因低温雾化不良，使未燃烧的燃油窜入曲轴箱，冲刷掉缸壁上的油膜，也会加速机件的磨损。所以，发动机启动数秒后，应用快怠速的方式升温，改善发动机的润滑条件。

（5）用喷灯烘烤油底

冬季用喷灯烘烤油底，不但会使机油中的添加剂发生化学变化，失去原有的性能，而且还会使机油胶结、油底变形，容易引起火灾。最好的做法是根据当地冬季的最低气温选用适当的机油。在有条件的地方，最好把车辆停放在有保温设施的车库内。

123. 汽车维修中存在的七大误区

（1）滑动轴承的轴瓦必须刮削

现代的汽车发动机，尤其是小型发动机，其曲轴轴承和连杆轴承上轴瓦的耐磨合金涂层很薄，绝不允许刮削，只能按相应的尺寸选配。如没有合适尺寸的曲轴轴承，可以用特殊的方法磨削曲轴，以求得合适的配合间隙。

（2）气门间隙大点儿比小点儿有劲

其实气门间隙大，气门升程度不够，会使进气量不足或排气不畅，恰恰降低了发动机功率。

（3）空毂润滑不可靠

认为轮毂内塞满润滑脂，可保证轮毂轴承的润滑，只在轴承上涂覆润脂的空毂润滑不保险，必须把轮毂中间的空隙装满润滑脂。其实这样做不但浪费润滑脂，而且影响轴承散热，对轴承的润滑有害而无利。

（4）制动好坏看拖印

制动拖印说明车轮已经抱死，而现代汽车恰恰要求车轮不能抱死，为此专门安装了防抱死装置。车轮一旦抱死，汽车的转向失灵，车轮滑移，极易发生故障，所以并不是拖印越长越好。

(5)断电器触点间隙过大

若触点间隙过大，触点闭合时间短，会使点火线圈一次侧电流减小，引起高压火花弱，从而造成发动机不易启动。

(6)点火提前角或喷油提前角宁大勿小

点火提前角过大，易引起爆燃。发动机产生爆燃，对活塞损害极大，严重影响其使用寿命，且发动机的启动阻力增大。

(7)维护时拆开检查才能放心

随着制造水平的提高，现代汽车的零部件寿命已大大延长，随意拆检势必破坏已经磨合好的配合状态。在汽车故障不解体检测技术日臻完善的今天，如果没有发现部件或总成具有明显的故障，一般不要拆检。

124. 汽车的这些"谎言"，你"上当"了吗

(1)油量表总喊"饿"

车主如果日常没有及时给爱车加油，油量表就会给出提示——油没了。当油表灯亮，即油量表指向 E 的时候，我们的油箱里就没油了吗?

不是这样的，这只是汽车设计师的"善意的谎言"，在设计油量表显示时，为油量表留了一些余量，当你的车消耗完这部分余量后，油箱内的油浮才会发挥作用，当油量表显示 E 时，后面还有些余量让你找到加油站。所以大家看到油量表为零时，不要慌张，你还有 30km 左右的续航里程，找到最近的加油站加油即可。

(2)后视镜提醒"太近了"

后视镜为何总给大家一种压迫感?当我们等红灯时，总觉得后车离自己很近，但真的离很近吗?

这也是设计师的"骗局"，无论车内后视镜还是车外后视镜，都不是平面镜，所以反映的都不是实际距离，车内后视镜曲率更大，所以显得很近，车外后视镜曲率小，更加接近实际距离。

(3)减速玻璃"请减速"

不论是高端车还是低端车，其实没有"减速玻璃"之说，"减速玻璃"本身就是个伪名词。

同样的时速，在高端车和低端车上之所以感受不一样，是因为高端车采用了高质量的挡风玻璃，具有良好的光学性能，没有光畸变，能够真实反映外界事物的状态，加上过滤光的材质，会让人觉得惬意舒服，"减速玻璃"之说实则是汽车厂商宣传

的噱头。

即使高端车采用高质量的挡风玻璃，要想获得好的体验效果，还必须有明媚的阳光才行，而行车中光线不足或是无光的情况是经常存在的，如雾天、大雨天、隧道、无路灯的夜晚等，再高端的车也发挥不了作用。

三、省油小技巧

125. 汽车加油有学问，掌握方法很重要

（1）常识问题

92 号汽油和 95 号汽油有什么区别

在加油站通常会有 92 号、95 号乃至 98 号汽油可供选择，这些数字是汽油的标号，表示汽油中辛烷的含量，辛烷值越高，抗爆性越好。汽油的标号与其清洁度无关，所谓的“高标号汽油更清洁”纯属是误导。通常情况下，车主只要按照发动机的压缩比或汽车使用说明书的要求加油即可，这样会更科学、更经济，并能充分发挥发动机的效率。

油表灯亮前最好去加油

一般而言，电喷车最好不要等汽油快要耗尽时加油，主要是因为电喷车的燃油泵安装在油箱中，靠汽油来冷却，如果燃油即将耗尽，容易引起燃油泵散热不及时而烧坏。特别是夏天气温高，如果车辆经常低油位行驶，容易导致汽油蒸发快，在油路中形成“气阻”，令发动机运转不稳，甚至发生熄火、再启动困难等现象。因此，最好在油剩 1/4 时加油，如果条件不允许，也最好在油表灯亮前加油。

（2）两个注意事项

尽量选择在大型加油站加油

鉴于国内目前的汽油油品，某些加油站为了牟利，有时会在汽油里加甲醇等化工产品，加入这样的汽油后，不仅动力表现差，而且还会降低发动机的使用寿命。但由于车用汽油从外观上很难辨别质量的优劣，因此在选择加油站时，应尽量到一些正规的大型加油站如中石化、中石油等去加油，而且加油后要索要发票，以备出现问题后进行索赔。

长期使用低标号汽油会引发汽车爆缸

长期使用低标号汽油会引起不正常燃烧，造成爆震、油耗增加、敲缸及动力不足等现象。特别是夏天，由于气温高，热量不易散发，油品蒸发快，非常容易产生积炭或堵死油管，导致发动机停止运转。

（3）加油技巧

最好选择早上或晚上加油

汽油是以体积计费而不是重量，针对它热胀冷缩的特性，最好避免中午光线强烈或气温高时加油，特别是夏天，选择在早上或者晚上加油会比较好，同体积的汽油可以有较好的质量，也不太容易起泡与挥发，更可节省不少钱。不过现在加油站储油池均在地下且有一定的防护层，所以汽油温度基本不会随外界温度剧烈变化。

什么时候不该加油

如果去加油站时，看见有“车龙”在排队加油的话，建议还是找别的加油站或者换个时间再来。怠速运转，走走停停会增加油耗；排队浪费时间，加油站的气味并不好闻；有油罐车在往地下油库加油时，建议还是不加为好，因为在给油库加油时，可能会将油库底部大量的杂质泛起，此时加油的话会通过加油机将杂质加入车中，对车辆同样造成损害。

当然，现今很多加油站在补充油料时会停止零售，而且按照国家规定，要等到卸油超过 30min 以后才可以加油。

以多少升的方式加油更划算

人们往往是以 100 元、200 元等加多少钱的方式加油，其实这是不划算的，因为四舍五入以后，常常会无形中损失你的金钱。所以加油时，尽量以加多少升的方式加油。

不要一次性将油箱加满

一些车主每次加油一定加满箱。其实如果在市区内行驶的话，加半箱或者七八成就足够了，因为在市区内行驶常常走走停停，若油箱加满则会加重发动机的负荷，起步没力而且又使车耗油增加。科学检测表明，车内每增加 10kg 质量，行驶 1000km 后，将增加油耗 400mL。况且，市区加油站很多，不用担心没地方加油。如果平时车辆开得少，汽油放久了也会变质。还有一点需要注意的是，加油过满时，容易造成汽油从油箱溢出口回流到后排座位下的油泵安装盘上，汽油挥发后的味道很容易散发到驾驶室内。

自驾出行不必加满油上路

自驾出行时有的司机担心路上加不到油，一到加油站就要求加满油，其实大可不必。一般而言，一次加 200 元或 30L 足矣。特别是新车，更不宜第一次加油就加满。因为这种做法有可能会使油浮及传感器失灵，导致油表失真；特别需要警惕的是加油不可以加到溢出，如果车辆油箱加油过多，连油箱口都能看到油，可能会造成油箱出气口埋在汽油里，这样进到炭罐处的就是汽油液体而不是汽油蒸气，会对炭罐造成一定的危害。

（4）解惑

多数加油站推销燃油宝，加还是不加?

相信很多人去加油时都会遇到工作人员不断推销燃油宝，并且声称可以清除杂质、节省燃油、提升动力等，那么，燃油宝真的有用吗？到底有没有必要添加呢？燃油宝其实是一种燃油清洁剂，主要功能是清洗喷油嘴和进气阀的积炭，催化油料充分燃烧，减少尾气中的有害气体排放，但充分燃烧并不意味着省油。

而且，燃油宝并不是所有车都适用，新车尚未形成积炭，并不需要添加该产品。只有那些对油品质量要求较高，或者车辆出现问题，确实需要借助燃油宝来缓解问题的情况，才建议大家使用。尽管使用燃油宝可以起到一定的清除积炭的作用，但它犹如人喝的功能性饮料，只有不间断使用，才可以维持效果。同时不可忽视的是，由于国家尚未出台有关燃油宝的质量标准，其功效如何还无法鉴定，使用的话最好使用原厂推荐的燃油宝。

126. 汽车省油小窍门

（1）不要长时间怠速行驶

怠速运转时，汽车没有行驶，所消耗的燃油对行驶里程没有贡献。

（2）减少急刹、急加速，平稳驾驶，轻踏缓抬

汽车匀速前进时，能量消耗是最少的。行驶中没有特殊情况不要猛踩油门或刹车踏板，因为急加速或急减速是额外消耗能量的。

在行车过程中，尽量保持车速平稳，减少急刹车或突然加速。很多司机着急，经常在本来就拥堵的道路上钻来钻去，一见临道有空当，就立刻过去，过去后马上踩一脚刹车，如此这样折腾，油耗绝对就上去了。所以想要降低油耗，就要平稳驾驶，尽量避免急刹车、猛加速。

（3）尽可能用高速挡

发动机不同的转速，对于变速器不同的挡位，驱动车轮转动的转速是不一样的。越是高速挡，驱动车轮转速也越快，当然会比较节省燃油消耗量。所谓尽可能用高速挡，是以发动机不会抖动为前提的。

（4）保持经济车速

每辆车都有一个最省油的车速，称为经济车速。一般小车的经济车速是，当发动机转速为 2000r/min 左右，变速箱用最高速挡的车速。

车辆出厂时，说明书上都表明了该车的经济时速（在此车速下，油耗最低）。一般的家用车，经济时速均在 65 ～ 90km/h。不过，遇到严重拥堵的时候，一般无法达到要求，但只要有条件，应尽量保持此速度。

（5）勤检查轮胎气压

轮胎气压对燃油消耗有很大的影响，应该按轮胎的标准气压充气。

（6）少开大功率电器

如果将全车用电器全部打开，汽车油耗将增加 25% 左右。

(7) 预见性停车

前方有紧急情况，应提前减速，带挡滑行。

(8) 定期维护

汽车是机械大件，需要定期检查，有些配件过度磨损，就会费油，这些问题我们无法用肉眼发现，这就需要专业师傅的定期检查保养，从而减少不必要的磨损，良好的车况是低油耗的第一保障。汽车发动机与底盘技术状况对油耗有很大的影响，定期维护的目的就是维持汽车各部件技术状况良好。

(9) 定期清洗空气滤清器

空气滤清器的作用是将空气中的灰尘、颗粒过滤掉，使发动机工作时能够吸入新鲜空气，当带有灰尘杂质的空气进入发动机时，会加速磨损，加速整个机械设备的损坏率。同时，杂质还会堵塞进气通道，增加油耗。

(10) 不要放置无用品

汽车总质量每减轻 100kg，百公里油耗就可减少 1L 左右，因此我们的车上不要总是带无用的东西。

总之，省油没有特殊的诀窍，但只要司机心静平稳，尽量提早或错峰出门，避开早晚高峰，就能大大降低油耗，而且行车安全系数会提升很多。

127. 四招让你根治“油老虎”

造成车辆油耗增高的原因有多种多样，但通常油耗增高的内部原因以及解决办法主要有四种。

(1) 发动机内积炭过多

短期内致使发动机积炭过多的原因，主要是使用了不合适的油品，这种情况较易发生在长途驾车归来或将车辆转借他人使用之后。驾车跑长途，肯定会添加各地的燃油，即使是同一标号的燃油，各地的油品质量也不尽相同，因此很可能误用了不合适的油品。而将车转借他人使用，更难控制添加的油品质量。

解决办法：在加油时添加一定量的清洁剂，如果效果不明显，则说明发动机内积炭较多，这种情况必须把车开到 4S 店，由专业技术人员对发动机内的积炭进行清洗。而且清洗完之后，最好开车上高速公路行驶一段时间，这样有利于增加排气量，让较强的气流带出体积较大的积炭颗粒。

(2) 车辆氧传感器损坏

作为汽车内部控制单元，氧传感器主要是监控发动机油气配比情况，一旦损坏，就会造成发动机油气配比失调，耗油量肯定会突然增高。氧传感器损坏后，车辆在行驶过程中，排气筒会排出颜色较深的尾气。

解决办法：到正规 4S 店更换氧传感器。有些车主可能会图便宜在“路边摊”修理，但是更换之后，一定要在热车后（氧传感器是在高温中工作的）再用检测仪检测一遍，看到有波动的信号输出才是真货。因为在车辆不工作的情况下，氧传感器也不起作用，即使装了假货，从仪表上也直接读不出来。

（3）“三滤”长时间未换

车辆在使用过程中，三滤（机滤、空滤和油滤）是必须定期更换的，如果长时间未换，它们就会变得脏腻，影响使用，并给发动机控制单元传递错误信息，造成油料燃烧不充分，发动机积炭增多。

解决办法：根据行驶里程，定期给车辆做保养并更换“三滤”。

（4）发动机电子控制单元有问题

发动机电子控制单元虽然可靠性很高，但是在那些使用年限较长的车上，难免会出现这样或那样的故障，如某个集成块损坏、螺栓松动、某电子元件焊脚接头开焊以及电阻、电容元件失效等。发动机电子控制单元出现问题将直接导致车辆出现启动困难、油耗增大、动力性差、尾气浓黑等情况。

解决办法：把车开到4S店进行全面体检，该换的换，该修的修。

128. 五个窍门应对SUV“油老虎”

有资料显示，60%的消费者在购车过程中最终放弃SUV都是因为其高油耗。不过，随着SUV小排量化的发展，选择SUV的消费者越来越多，当然对于燃油经济性的要求也越来越高。除了首先要有一辆SUV之外，以下省油窍门也应学会。

（1）合理驾驶是根本

除了购买一款平均油耗适度的SUV以外，合理的驾车也可以降低油耗。据测试，由于驾驶技术水平高低或驾驶习惯不同，油耗量可相差10%～15%。如果是刚学会开车的新手，差距可以达到30%左右。保持良好的驾驶习惯要避免长时间怠速，避免急加速、急刹车，选择合适的挡位行驶，合理使用制冷系统，定期清理后备厢等。此外，如果你对前往的路线不熟悉，这便要留意，如果走错一个桥或错过一个路口，随便一绕就得几千米才能回到正路。因此事先弄清行走路线，也是避免浪费燃油的好方法之一。

（2）四驱系统合理使用

众所周知，四驱车会比两驱车需要消耗更多的油，许多厂商就重新设计了四驱系统，在保持性能的前提下，也顺利解决了油耗高的难题，使得SUV不仅完整覆盖城市中可能遇到的各种路况，也能将油耗维持在一个较低的水平。在颠簸、多坡多弯等附着力低的路面，车辆自动设定为四轮驱动模式，而在城市路面等较平坦的路况上，车辆会自行切换为两轮驱动模式，这无疑是省油的门道之一。

（3）胎压正常可省油

夏季，很多人因为担心气温高导致胎压过高，有爆胎危险，因此将轮胎气压调得比较低。其实，标准的胎压不仅不会爆胎，更是维持低油耗的一个绝佳技巧。有数据显示，胎压正常的话，可以省油 3%。现在很多车辆都配有胎压监测功能，在车内就可以随时得知胎压情况，保持合理的胎压就十分容易了。

（4）使用制冷系统有技巧

经测试，在同等行驶速度下，SUV 在开空调时油耗会高出 1.5 ～ 2L/100km，部分燃油经济性出众的 SUV 油耗也会高出 1.2 ～ 1.5L/100km。因此，能够巧用空调，就可达到省油的目的。一般来说，夏季车内温度在 25 ～ 26℃最为适宜，而车厢内外温度差则应维持在 10℃以内为最佳。制冷时空调最好向上吹，因为冷空气会向下沉，风向挡位最好选择吹面挡，不要选择吹挡风玻璃的那一挡，因为挡风玻璃的温度很高，会抵消一部分制冷效果，同时也增加油耗。

（5）正确控制水温

当发动机温度过低时，燃油不易蒸发，油滴相对增多，各缸之间进气不均，并使混合气变稀，不易燃烧或使火焰传播速度减慢，造成费油。汽车发动机的最佳工作温度为 80 ～ 90℃，水温一旦超过 95℃，油耗会比正常温度时增加 30% ～ 40%，因此行车时控制水温很重要。

129. 节油，从认识燃油添加剂开始

（1）为什么要使用燃油添加剂

发动机运转时，喷油嘴温度在 100℃左右，进气阀温度在 200 ～ 300℃之间。在这样的温度下，燃油中的不稳定成分，极易产生氧化缩合反应，生成胶质和积炭，沉淀在进气阀和喷油嘴上，先进的高增压发动机和使用燃油直喷技术的发动机更容易产生积炭。堆积在进气阀上的沉积物，会造成进气通道截面积减少，使进气效率降低，功率下降，严重时会使阀门动作迟缓，关闭不严。喷油嘴积炭，会使喷油不畅，燃油雾化质量下降，导致燃油进入燃烧室后，难以完全燃烧，造成发动机启动困难，怠速不稳，以及油耗加大，尾气排放恶化，特别在冬天，这些状况更加明显。

积炭问题不容小视，就和计算机里的积灰一样，对性能的影响较大。燃油添加剂的作用就是清除积炭，减少发动机点火故障和怠速问题，以及增强发动机动力，降低油耗和尾气。有了燃油添加剂，只要把它加入燃油中，就可以在免拆洗的条件下清理内部积炭，省时、省钱又省力，降低维修保养费用。在油品不好的地区，应多备几瓶燃油添加剂。

（2）燃油添加剂的作用大，该如何选择购买

燃油添加剂的购买要多加留意，特别是在国内市场还不太规范的情况下，几百

个品牌，鱼龙混杂，很容易买到假货。一些假冒的燃油添加剂含有金属粒子成分，而一旦有金属粒子成分进入汽车内部便会产生不良反应，对爱车的损害极大，反而得不偿失。所以要选择正规渠道的知名品牌产品。

（3）购买之后，如何正确使用燃油添加剂才能更好地发挥效果

使用燃油添加剂前，要先仔细阅读产品的说明书，按照说明书上的指导方法进行操作。千万不要以为燃油添加剂加得越多越好，因为如果加少了最多是起不到添加剂应有的作用，但是加多了很可能影响燃油的性能，甚至对发动机造成伤害。

在初次使用前最好更换汽油滤芯，清理油箱和油路，使得燃油添加剂更好地发挥其功效。燃油添加剂的添加，通常都是当油箱的燃油用完或所剩无几时（注意油箱内不能剩太多油），在加油前把燃油添加剂加入油箱，然后再加油，让燃油把燃油添加剂冲均匀。需要注意的是，一定要在加油前添加燃油添加剂，因为如果加完油再添加会造成混合不均匀现象，有可能导致起不到燃油添加剂应有的效果。当然对于积炭现象十分严重的车辆，建议还是到修理厂等处进行彻底清洗。

130. 汽车油耗突然升高的六大原因

（1）轴承及刹车系统有故障

如果在行驶中或启动时发现车轮有异响，可能是轴承及刹车系统有故障，应及时检查轴承及刹车系统。如果车轮转动不正常，就会影响车速，使油耗加大。

（2）轮胎磨损严重

检查轮胎的磨损程度，如果轮胎磨损严重，就会经常出现打滑现象，从而增加耗油量。这个时候车主则有必要更换新的轮胎，不能因小失大。

（3）离合器打滑

离合器打滑会使发动机的转数丢失。在急加速时发现发动机转速表增加很快，但车速增加却很慢，就可以判定是离合器打滑了，此时需要更换离合器片、离合器压盘和驱轮。

（4）火花塞使用时间过长

如果火花塞使用时间太长，也会出现油耗加大的现象。火花塞损坏会使点火的能量下降，车提速减慢，导致汽油消耗明显增加，这时应该更换火花塞。

（5）轮胎气压不足

在行驶中车发现爱车的滑行距离明显减少，可能是轮胎充气不足造成的，这时应该检查一下轮胎的气压是否符合气压标准，要及时给轮胎充气。因为若轮胎充气不足，油耗量是会增加的。

（6）气缸压力不足

车辆行驶二三十万千米时，通常会出现气缸压力不足的现象，这时油耗会明显增加。如果真的出现这种故障，发动机就需要大修了！

131. 汽车加错了油怎么办

（1）汽油车错加了柴油怎么办

不慎在汽油车加上了柴油，怎么办呢？其实如果你发现及时，柴油不过加了一点儿，只要没有超过油箱的5%或者10%，一般也不会有问题，再加满汽油即可。

但如果车辆行驶了一段时间发动机出现了爆震或是熄火才意识到自己加错了油，这时候最好的办法就是立刻熄火，然后打电话叫救援，将车辆拖到专业的维修厂进行彻底清理，记住清洗一定要彻底，要拆下油箱，将油倒掉，包括油泵中的油，最后清洗油箱、油路和燃烧室，更换汽油滤芯，即可正常使用。

加错油对发动机的危害并不是致命的，发动机内的燃料会因为无法正常燃烧而产生大量积炭，这些积炭附着在活塞顶部，将气门、喷油嘴、火塞清洗干净后对车没有任何影响，所以加错油也不用太担心。

（2）柴油车错加成了汽油怎么办

柴油车错加了汽油，最初发动机会发动，开一段之后，发动机异响变大，怠速也会变得不稳定，排气管还会冒出白烟，发动机动力不足，如果发动机受损小的阶段发现加错油，立刻更换燃油，发动机其实不用特别调整还可以继续使用。

如果发现较晚，那么则要去修理厂，最好的办法就是清理油箱、油路系统，更换燃油滤清器；当然，如果汽油和柴油弄混了最好不要启动汽车，而是直接联系汽修厂。

（3）92号的车加了95号汽油怎么办

92号汽油抗爆性低，如果错加成了95号汽油其实没什么问题，最多就是多花点儿钱而已，不过加油还是要根据汽车需求添加，一般油箱盖上都有最低标准汽油，加高标准的汽油就是浪费。因为加油是根据发动机压缩比来选择的，发动机压缩比低，加入95号及以上汽油会导致燃烧不充分，动力还会下降，所以选择合适的汽油就是对爱车最好的爱护。

（4）95号的车错加成了92号汽油怎么办

如果条件不允许，或者周边根本就没有95号汽油可加，那么就要提前加入高抗爆性的燃油添加剂，对车不会有什么影响。当然如果没有添加剂，那就继续使用，一箱油对发动机不会有什么大影响，只要不是经常使用也没什么问题。

四、机油更换

132. 熟知机油知识，保护爱车“心脏”

机油，被誉为汽车的“血液”，即发动机润滑油。发动机是汽车的心脏，发动机内有许多相互摩擦运动的金属表面，这些部件运动速度快、环境差，工作温度可达 400 ～ 600℃。在这样恶劣的工况下面，只有合格的机油才可降低发动机零件的磨损，延长使用寿命。

（1）机油类型

目前市场上主要是柴油和汽油两种发动机，所以机油也分为两大类。汽油发动机机油分为矿物机油与合成机油两种，合成机油又分为半合成机油和全合成机油。

半合成油是使用半合成基础油，即国际三类基础油调制而成的机油，是在矿物油的基础上经过加氢裂变技术提纯后的产物，它是由矿物机油、全合成机油以 4 ：6 的关系混合而成的。半合成机油的纯度非常接近全合成机油，但其成本较矿物油略高，是矿物机油向合成机油的理想过渡产品。

全合成机油品质较好，使用起来会在以下方面有明显感觉：冷启动更加顺畅、更加节省燃油；换油周期更长，相当于普通机油的 1.5 倍或更长；延长发动机使用寿命、减少维修率；由于全合成机油的清净性优越，发动机缸体更加清洁。

矿物机油是从原油中提炼而得的，也就是原油提出了油气、汽油、柴油、煤油、重油之后，接着提炼出矿物油基，最后留底的是沥青。矿物机油颜色透明，微带浅琥珀色，就像色拉油的颜色一般。通常矿物机油成本很低，但因矿物机油较容易氧化，虽然现今矿物机油都添加各种进口添加剂，但使用寿命仍为 6 个月。

（2）机油等级标志

机油的黏度和级别是合理使用机油的决定因素。国际上对机油黏度和质量级别的认定，采用 SAE 的机油黏度分类法和 API 的质量等级标准。

SAE 的含义

SAE 是美国汽车工程师学会的英文缩写，SAE 等级代表油品的黏度等级。SAE 规定了 11 个机油黏度级别，表示在什么大气温度下使用什么级别的机油。这 11 个级别中有 6 个表示冬季机油，用英文字母 W 表示，共有 0W、5W、10W、15W、20W、25W。W 前边的数字表示该级别机油适用的最低温度，数字越小，适用的温度越低。如 SAE0W 适应的最低温度是 −35℃，SAE5W 适应的最低温度是 −30℃，以此类推。夏季机油不用字母表示，直接标注数字，共有 20、30、40、50、60 五个级别，这些数字表示机油适用的最高温度。以下列出各种机油的边界泵送温度。

黏度级别	适用的气温范围 /℃	季节	我国地域
30	0 ～ 30	夏季	东北、西北
40	0 ～ 40	夏季	全国各地
50	5 ～ 50	夏季	南方
5W/30	−25 ～ 30	冬夏通用	东北、西北
5W/40	−25 ～ 40	冬夏通用	东北、西北
10W/30	−20 ～ 30	冬夏通用	华北、中西部
10W/40	−20 ～ 40	冬夏通用	华北、中西部
15W/40	−15 ～ 40	冬夏通用	华北、中西部
20W/50	−10 ～ 50	冬夏通用	黄河以南、长江以北

API 的含义

API 是美国石油学会的英文缩写，API 等级代表发动机机油质量的分类。它采用简单的代码来描述发动机机油的工作能力。API 机油分为两类："S"系列代表汽油发动机用油；"C"系列代表柴油发动机用油。当"S"和"C"两个字母同时存在，则表示此机油为汽油和柴油通用型。如"S"在前，则表示主要用于汽油发动机；反之，则表示主要用于柴油发动机。

"S"开头系列的规格有 SA、SB、SC、SD、SE、SF、SG、SH、SJ、SL、SM、SN。

"C"开头系列的规格有 CA、CB、CC、CD、CE、CF、CF-2、CF-4、CG-4、CH-4、CI-4。

从"SA"一直到"SN"，每递增一个字母，机油的性能都会优于前一种，机油中会有更多用来保护发动机的添加剂。字母越靠后，质量等级越高，国际品牌中机油级别多是 SF 级别以上的。

至于选择什么黏度的机油，要根据车辆的情况以及所处环境来决定。

总之，对于机油的选择至关重要，一定要根据车辆的情况进行合理选择。如果实在拿不准，就选择 4S 店的原厂机油。

"W"的意义

"W"前面的数字越小说明机油的低温流动性越好，代表可供使用的环境温度越低，在冷启动时对发动机的保护能力越好。

耐高温性

"W"后面（半字线后面）的数字则是机油耐高温性的指标，数值越大，说明机油在高温下的保护性能越好。

倾点温度

W 前面的数字表示倾点温度，简单来说就是结冰点温度。10W 的机油对应的结冰点温度是 −25℃。

运动黏度

W 后面的数字代表机油在 100℃时的运动黏度，数值越高，说明黏度越高。

坊间误区

40 代表 100℃时运动黏度标准在 12.5 ～ 16.3mm^2/s 之间，绝对不是某些坊间说法所称可以在 40℃之下使用。要知道，发动机运转时的温度不一定是取决于环境气温的，长时间高速行车，发动机温度轻易就可以到达 100℃，但目前还没有 100 标号的机油。

（3）机油更换

根据说明书选择

原厂机油一般是厂家根据车辆发动机活塞与缸体间隙来确定的，如果换用高标号的机油，会使发动机有一定磨损。

根据里程数逐渐增加标号

前 10 万千米完全可以用 20 号机油，10 万～ 20 万千米可以选择 30 号机油，20 万千米以后可以选择 40 号机油。但如果之前一直使用高标号的机油，最好还是不要降低标号。

根据使用地点选择标号

需要根据机油冷启动性能的指标来选择，比如你在南方，用 5 号甚至 10 号机油绝对没有问题，如果在北方，最好用 5 号甚至 0 号机油。

根据驾驶习惯和地点选择机油种类

半合成用得比较多，因为性价比高；性能最好的是全合成机油，因为全合成的概念就是化学反应到最后一步，全合成机油性能稳定，不容易被氧化变质，所以最好选用全合成机油。

133. 如何选购汽车机油

（1）认识机油

合成机油和矿物机油的最大差别在于：合成机油使用的温度更广，使用期限更长，不过成本更高；同样的油膜要求，合成机油用较低的黏度就可达成，而矿物机油就需用相对于合成机油较浓的黏度才可达到同样要求。在相同的工作环境中，合成机油因为使用期限比矿物油长很多，因此成本较高，但是比较换油次数之后，并不比矿物机油高多少。

目前市场在售的汽车机油，国内著名的品牌有昆仑、长城和统一等，国外著名的品牌有壳牌、美孚和嘉实多等。建议大家通过正规渠道购买机油。

（2）机油的品质辨别

仔细观察机油色质

国产正牌机油多为浅蓝色，色泽明亮，流动均匀，凡是颜色不均、流动时带有异色线条者均为伪劣或变质机油。进口机油的颜色为金黄略带蓝色，晶莹透明，油桶制造精致，图案字码边缘清晰、整齐，无漏色和重叠现象。

仔细察看包装

劣质机油包装印刷质量差，字迹不清楚。但也有假冒机油使用回收的真品包装，此种较难鉴别。因此，建议消费者到正规修理厂或专卖店购买机油。

一般来说，正宗产品的外包装质量都比较好，包装盒上字迹清晰，套印色彩鲜明，标有产品名称、规格型号、数量、注册商标、厂名、厂址以及电话号码等，有合格证和检验员章。

闻气味

合格机油应无特别气味，若气味刺鼻且有异味，则为变质或劣质机油。

在购买机油时，不要太过看重价格，一定要根据自己的车型车况购买最适合的机油。

134. 机油的七大作用

（1）清洗和清洁

好的机油能够将发动机零件上的碳化物、油泥、磨损金属颗粒通过循环带回机油箱，通过机油的流动，冲洗零件工作面上产生的脏物。

（2）润滑

发动机活塞和气缸之间，主轴和轴瓦之间均存在着快速的摩擦，要防止零件过快磨损，则需要在两个滑动表面间建立油膜。用足够厚度的油膜将相对滑动的零件表面隔开，从而达到减少磨损的目的。

（3）密封防漏

机油可以在活塞环与活塞之间形成一个密封圈，减少气体的泄漏和防止外界的污染物进入。

（4）防锈防蚀

机油能吸附在零件表面上，防止水、空气、酸性物质及有害气体与零件的接触。

（5）减振缓冲

发动机气缸口压力急剧上升，使得活塞、活塞屑、连杆和曲轴轴承上的负荷加大，这个负荷经过轴承的传递润滑，使相关部件承受的冲击负荷变小，从而起到缓冲的作用。

（6）冷却降温

机油能够将热量带回机油箱再散发至空气中，帮助水箱冷却发动机。

（7）抗磨

摩擦面加入润滑剂，能使摩擦系数降低，从而减少摩擦阻力，节约能源消耗，减少磨损。润滑剂在摩擦面间可以减少磨粒磨损、表面疲劳、黏着磨损等。

五、轮胎养护

135. 如何选购合适的轮胎

轮胎是汽车非常重要的部件之一，它直接与路面接触，和汽车悬架共同来缓和汽车行驶所受到的冲击，保证汽车有良好的乘坐舒适性和行驶平顺性，选择好的轮胎才能保证行车安全。

（1）品牌

首先优先考虑原厂轮胎，原厂轮胎是最能配合汽车速度及汽车的最大载重的，因此从理论上说，在更换轮胎时应优先考虑。汽车制造厂一般会选择多家轮胎企业为自己配套，因此在优先考虑换原厂轮胎的同时，车主也可以根据自身需求，换装其他品牌轮胎。

每个人的心中都会有一个或多个认定的品牌，品牌没有好坏之分，性价比也只是一个相对的衡量因素，良好的驾驶习惯才能使轮胎寿命更长久。常见的轮胎品牌有法国米其林、日本普利司通、美国固特异、德国大陆（马牌）、意大利倍耐力、日本住友、日本横滨、美国库珀、韩国韩泰、韩国锦湖等。

（2）规格

原则上新轮胎规格应该和原车的规格保持一致，要求所替换的轮胎的速度能力和最大载重能力必须等于或高于原车上的轮胎的。如需要更改轮胎规格，必须去专业的改装店进行轮胎升级或咨询车辆制造商。另外除了制造编号 / 制造标记外，在胎壁上往往还有轮胎适合使用季节的标记，不同地区的用户可根据当地的气候选择适合自己的轮胎。

例如，轮胎侧壁可以看到这样的标识：180/70R1486H。

180：胎面宽（mm）。

70：扁平比（胎高 ÷ 胎宽，70 是指扁平比为 70%）。

R：子午线结构。

14：钢圈直径（单位：in，1in=2.54cm）。

86：载重指数（表示对应的最大载荷为 530kg）。

H：速度代号（表示最高安全极速是 210km/h）。

（3）花纹

汽车轮胎上的花纹，除了起到美观的效果之外，对轮胎的性能也有极大的影响。轮胎的花纹、宽度、扁平率等都是决定轮胎性能的重要指标。经常在城市行驶的汽车，应该选择那些有规则的、小块状的花纹轮胎；而需要越野和跑长途的汽车，则可以选择大块状的花纹。轮胎在各个方面的性能有时候是矛盾的，如果想要提高车辆的抓地力，那么换装的轮胎在耐磨度及噪声方面就会表现差一些；而换耐磨轮胎，它为车辆提供的牵引力就会弱一些；高扁平率的轮胎感觉舒适，但路感会差，车辆转弯侧向抵抗力差；与此相反，低扁平率的轮胎使车辆具有更好的操控性，但是要以牺牲一些乘坐舒适性为代价，所以花纹的设计其实是对应轮胎需求的一个设计。

注意事项

选择轮胎时一定要注意检查轮胎侧面标志是否清晰和完整，如果有涂抹或刀刻的痕迹，车主都要打个问号。因为轮胎企业对有问题或是库存的轮胎都会进行销标，这种轮胎的厂名、商标等标志在出厂前都会用化学药品等进行处理，被称为是销标。更有甚者，有一些轮胎标志被割去的很可能就是轮胎质量被企业认定为有问题的废品胎。还有一种情况是轮胎的标志是重新贴上去的，很容易用指甲刮下来。这种有后贴标志的轮胎很可能就是翻新轮胎。

136. 轮胎品牌及优缺点详解

（1）轮胎品牌介绍

倍耐力

倍耐力起源于19世纪后期，是最早的轮胎厂家之一，它属于运动型轮胎，也是最早赞助F1的厂商，现在还在赞助WRC。倍耐力轮胎很适合WRC那种路况，抓地超强。喜欢飙车的朋友，倍耐力是首选，是飙车“玩家”必备，不过前提是，需要忍受倍耐力同样强大的胎噪。倍耐力的价格在高档轮胎里属于中等偏上的，目前已经国产化，配套比较多，都是高档车。如果你不在乎倍耐力轮胎的噪声，不在乎它过高的价格定位，喜欢开快车，选倍耐力轮胎没错！

马牌

德国马牌轮胎也叫大陆轮胎，也是起源于19世纪。欧洲杯足球赛场经常能看见马牌轮胎的广告。

马牌轮胎和倍耐力轮胎是两个极端，马牌轮胎以静音舒适著称。马牌轮胎不算耐磨，抓地力一般，不太适合我国的一些路况，进口轮胎价格比较实在。配套方面，马牌轮胎主要配套一些中级车型; 一些高档的SUV配套的马牌轮胎都是捷克生产的，噪声不小。如果你追求舒适静音，对耐磨、运动、价格方面没有要求，马牌轮胎是不错的选择。

邓禄普

邓禄普于19世纪后期起源于英国，后被日本控股。邓禄普是第二个参与F1的轮胎品牌，在多项越野比赛中也是主要赞助商，因为越野胎中邓禄普是非常好的。国产邓禄普轮胎最大的特点是，静音舒适性不如米其林和马牌轮胎，抓地力不如倍耐力轮胎，属于比较中性的轮胎。其实邓禄普在国际上是个纯高端品牌，从配套就能看出来，价格当然也不低。国产邓禄普轮胎针对我国的情况，适当降低了部分小型号轮胎的定位，使其能够满足几乎全部车型的需求，价格比较合适。它是性价比很高的轮胎。如果你偶尔会"小玩"一下你的车，又对舒适静音性有所要求，价格也不希望太贵，邓禄普轮胎是不错的选择。

固特异

来自美国的品牌固特异，目前保持F1分站赛冠军数量的纪录。固特异属于典型的美国品牌，只求抗噪，抓地力仅次于倍耐力，噪声接近倍耐力，不耐磨，还容易偏磨损，价格比较高。国产车配套比较多，价格和米其林差不多，属于价格靠前的了。

米其林

米其林在19世纪起源于法国，是子午线轮胎的发明者。在固特异后赞助F1，现在赞助的汽车赛事也不少，如WRC等。米其林属于舒适性轮胎，舒适性接近马牌，抓地力和耐磨性一般。主要配套一些顶级品牌汽车的中端产品。同样属于舒适性轮胎的米其林比马牌更适合我国的路况。总体来说，如果你对它的品牌认可，也是一个不错的选择。

普利司通

普利司通，地地道道的日本品牌，也是世界6大轮胎品牌中最晚、唯一一个20世纪开始做轮胎的厂家。目前独家赞助F1。普利司通轮胎和国产邓禄普轮胎类似，特点不突出，属于比较中性的，各方面性能都说过得去，舒适静音仅次于邓禄普轮胎，是高端品牌中最耐磨的。其价格比米其林轮胎便宜点儿。由于赞助F1，普利司通最近几年也能在高端车型中有配套。

（2）各种性能参考排名

运动能力

第一，倍耐力；第二，固特异；第三，邓禄普；第四，普利司通；第五，米其林；第六，德国马牌。

舒适静音性

第一，马牌；第二，米其林；第三，邓禄普；第四，普利司通；第五，固特异；第六，倍耐力。

耐磨

第一，普利司通；第二，倍耐力；第三，邓禄普；第四，米其林；第五，德国马牌；第六，固特异。

价格（由高至低）

第一，米其林；第二，固特异；第三，倍耐力；第四，德国马牌；第五，普利司通；第六，邓禄普。

安全系数

第一，倍耐力；第二，固特异；第三，邓禄普；第四，普利司通；第五，米其林；第六，德国马牌。

综合各种性能，从不同渠道统计，市面上使用轮胎的社会认知度参考排名大致如下：法国米其林、日本普利司通、美国固特异、德国大陆（马牌）、日本住友、意大利倍耐力、日本横滨、美国库珀、韩国韩泰、日本东洋、韩国锦湖、韩国佳通、莫斯科 Sibur-RusskieShiny、中国三角，当然这些顺序也处于动态变化之中。

总而言之，这只是一个简单的参考排名而已，其真实性也还需要大家实践尝试，米其林、固特异、普利司通也有自己的低档轮胎产品，低档轮胎产品品质量再好也比不上国产高档轮胎，如果追求性价比，还是建议选择国产轮胎。

137. 汽车轮胎延寿小诀窍

（1）气压要达标

驾驶员要按照车厂的规定给轮胎充气。当轮胎气压低于标准值时，轮胎胎肩的磨损急剧增大；轮胎气压高于标准值时，因轮胎接地面积减少，单位压力增高，使轮胎胎面中部磨损增加，同时增大了轮胎刚性，使车轮受到的动载负荷增加，容易产生胎体爆裂。

（2）胎面无裂纹

定时检查轮胎表面有无裂纹、变形等缺陷。轮胎的花纹沟由于行驶磨损而逐渐变浅，如果磨平就会失去排水、防滑等作用，汽车各项性能将大大降低，而看似细小的裂纹更是高速行驶时爆胎的隐患。此外还要注意及时清除凹槽中的小石子。

（3）停车选平地

避免将车辆停放在有粗大、尖锐或锋利石子的路面上。车辆不要停放在靠近或接触石油产品、酸类物质及其他影响橡胶变质的物料的地方。驾驶员不要在停车后转动方向盘，这样的操作会加速轮胎的磨损。

（4）散热别泼水

轮胎在夏季长时间行驶或高速行驶时容易过热，同时气压增高。此时应停车散热，严禁放气降压或泼水降温，以防胎面橡胶的非正常老化。

（5）避免急刹车

起步不可过猛，要避免频繁使用刹车和紧急刹车，以免因轮胎与地面拖曳而加速胎面磨损；在拐弯会车、超车以及通过交叉路口、狭窄路面、铁路道口等地段时，应掌握适当的车速且要注意路面、行人、车辆动态，做好制动准备，减少频繁制动，避免紧急制动，从而降低轮胎磨损；面临无法避开的碎玻璃或其他异物时，要减速通过，千万不要急刹车，因为急刹车造成压强增大，玻璃碎片和异物更容易扎入轮胎。

（6）选择好路面

在公路维修或施工地段行车时，应用低速缓行、选择路面的办法通过，避免轮胎受到过度碰击，甚至被刺伤或划伤。在凹凸不平的道路上行车，一要选择路面，减轻轮胎与路面的碰击，避免机件及轮胎的损坏；二要减速缓行，避免轮胎颠簸和强烈振动。通过泥泞地段，应选择较坚实、不滑的地方通过，以免轮胎下陷、原地空转、剧烈生热造成轮胎严重割伤、划伤。

（7）控制好速度

车辆转弯时应根据弯道路况、转弯半径进行操作，一般要适当减速，以免由于惯性力和离心力的作用，加速单边轮胎磨损；车辆下坡时，应根据坡度的大小、长度及路面情况，控制适当的车速，这样可以避免或少用紧急制动，减少轮胎磨损；车辆在行驶途中停车和到站停车，应养成安全滑行的习惯。

（8）勤检查备胎

在轮胎的保养和使用中，不要忘了最重要的一个轮胎——备胎。备胎是厂家配的，但往往被车主遗忘而缺少保养。建议每3个月定期检查一下备胎，必要时还要给它充气，以免在你需要它的时候才发现它是瘪的。

138. 轮胎胎压及其影响

（1）胎压多少最合适

厂商对轮胎的胎压值都会有明确的建议，除了说明书中有明确说明外，车主们还可以在车身的标签上找到。胎压标签一般会出现在打开车门后的B柱底部，或者是油箱盖内。

有些车辆还会根据载重量不同，给出两组参考数值，并分别标注前后轮胎压。通常来讲，该数值在2.2～2.5bar（$1bar=10^5Pa$，下同）之间。有些车辆甚至会标有备胎的胎压建议，一般备胎胎压略高，为2.8～3.5bar。

事实上，几乎全部汽车厂商都未对季节性的变化做出调整胎压的建议。因为车辆在正常行驶时，轮胎内气温都会大幅升高，这个温差远高于一年四季的气温变化。所以说，季节性的变化对胎工作温度的影响是微乎其微的。根据季节调整胎压的意义并不大。

（2）胎压不稳是怎么回事

很多车辆都内置有车载电脑，可以实时监控胎压。一些细心的车主发现，刚刚还是2.3bar的胎压，行驶一段时间后变成了2.6bar，静止后胎压又回落到了2.2bar。这是怎么回事呢?

其实胎压并非是恒定不变的，在行驶过程中，轮胎温度的升高，会导致内部胎压的升高。总体来说就是，低温状态下胎压较低，行驶过程中胎压会升高。夏季行驶时胎压接近甚至超过3.0bar也是很正常的，无需多虑。

车主唯一需要考虑的就是冷胎胎压是否符合标准，以及四个轮胎的胎压是否基本一致，如果有较大差异，则需要进行调整。

(3) 胎压不合适会爆胎吗

一些车主认为，胎压不合适是导致爆胎的罪魁祸首，这样的说法不完全对。

需要指出的是，若轮胎胎压严重不足，如低于1.5bar，行驶过程中轮胎反复压折，导致胎壁温度过高，则有发生爆胎的危险。

一些有经验的车主所认为的“在一定范围内，胎压宁高毋低”的观点不无道理。

(4) 胎压与油耗

胎压在较高的状态下，油耗是比较低的；反之油耗则会升高。

需要注意的是，较高的胎压会导致更多的胎噪和颠簸感，同时还会加速轮胎的磨损。较低的胎压使得行驶更舒适和平稳，当然油耗会提升一些。这个道理和骑自行车一样，自行车的胎压高了，骑行者骑起来会轻松一些，但同时也会更颠。

(5) 胎压与车辆性能

只有在正常的胎压范围内，车辆才能发挥出好的性能。超出正常的胎压范围，无论高低，车辆性能都会下降。

在任何路面上，只有在正常的胎压范围内，轮胎的纹理才能保持在好的工作状态，提供好的抓地力。此外，在湿滑路面或者是冰雪路面上，只有正常胎压才能获得好的加速和刹车性能。

随时保持轮胎处于正常胎压值才是最切实的选择。如果车辆没配备胎压监测系统，大家不妨买个胎压表来测量一下。

139. 有必要安装胎压监测系统吗

监测胎压是非常有必要的，轮胎是汽车唯一接触地面的部件，行驶作用力和制动力都来源于轮胎，所有轮胎的安全性都是非常重要的，而胎压监测能够起到保障轮胎最佳状态的作用。

所以给汽车增加胎压监测的配置是很有必要的，以防没能察觉到轮胎漏气而导致严重后果。不过对于少数胎壁很厚的轮胎，由于轮胎一旦漏气，驾驶员就可以很容易察觉出来，胎压监测显然对于这类车型的作用就没那么明显。

(1) 按照传感器的安装位置，可分外内置式胎压监测系统和外置式胎压监测系统

相比之下，内置式胎压监测系统在安装和维护方面更麻烦，需要拆下轮胎，但其使用寿命更长。而外置式胎压监测系统安装和维护更简单，不需要拆下轮胎直接就可以安装，不过使用寿命较短，而且每次充气都需要拆下传感器。

而在测量准确度方面，由于外置式和内置式两种方式采用的胎压监测方案是一样的，因此胎压测量的准确度不会有差别，不过一般内置式胎压监测系统对胎温测量更为准确一些。

（2）按照测量方式可分为间接式胎压监测系统（WSB）和直接式胎压监测系统（PSB）

PSB是在轮胎上安装传感器，直接监测，精确显示四个轮胎的气压数值，一旦发生异常，会立即显示故障轮胎提示。PSB不受振动、温度、车速等环境的影响，可随时测定每条轮胎的实际瞬压。

WSB是通过ABS系统监测轮胎压力变化，无法确定是哪一个轮胎出现了故障，并且同轴或者2个以上轮胎出现异常时，无法报警。WSB在遇到路况较差、车辆颠簸时易误报，且速度超过100km/h后失效。所以，相比之下，PSB好一点儿。

总结

要避免日常用车过程中胎压出现异常，勤检查胎压是一种方法。不过对于那些在路上扎到钉子，可能轮胎漏气是在无声无息中进行的，稍不注意就会导致爆胎，这时有一个胎压监测系统就显得十分重要。目前原车配备胎压监测系统的车型并不多，但车主还是可以选择自行加装。专家建议，如果条件允许，还是安装胎压监测系统，选购胎压监测系统时最好选择知名品牌，这样售后服务会有保障。

140. 轮胎充气的注意事项

（1）充气要注意安全

要密切观察充气过程，防止充气过多，使轮胎爆破。

（2）行驶停驶后

等轮胎散热后再充气，因车辆行驶时胎温会上升，对气压有影响。

（3）检查气门嘴

气门嘴和气门芯如果配合不平整，有凸出凹进的现象及其他缺陷，都不便充气和测量气压。

（4）充气要注意清洁

充入的空气不能含有水分和油液，以防内胎橡胶变质损坏。

（5）充气要适量

充气时不应超过标准过多后再放气，也不可因长期在外不能充气而过多地充气。如超过标准过多，会促使帘线过分伸张，引起其强度降低，影响轮胎的寿命。

（6）充气前应将气门嘴上的灰尘擦净

不要松动气门芯，充气完毕后应用肥皂泡水涂在气门嘴上，检查是否漏气（如果漏气就会产生小气泡），并将气门嘴帽配齐装紧，防止泥沙进入气门嘴内部。

（7）轮胎不同，气压有差异

子午线胎充气时，由于结构的原因，其下沉量、接地面积均较大，往往误认为充气不足而过多地充气；相反，因其下沉量和接地面积本来就较大，在气压不足时也误认为已充足。子午线轮胎的使用气压应高于一般轮胎 0.5 ～ 1.5kg/cm^2（1kg/cm^2=0.098MPa）。

141. 汽车轮胎为什么充氮气较好

氮气属于不活泼性气体，干燥的氮气在温度变化时，体积膨胀远比含有水分的空气低，因此当高速行驶轮胎升温时，胎压上升较少，降低了爆胎概率。此外，由于氮气不含水分，因此能保护轮圈内部不受氧化，从而有效延长轮胎的使用寿命。

（1）节省燃油

轮胎胎压的不足与受热后滚动阻力的增加，会造成汽车行驶时的油耗增加。而氮气可以维持稳定的胎压，延缓胎压降低；其干燥且不含油、不含水，热传导性低，升温慢的特性，降低了轮胎行驶时的温升；充氮气的轮胎变形小、抓地力提高等，降低了其滚动阻力，从而达到减少油耗的目的。

在美国有关方面做过轮胎充氮和充空气的对比试验，实验后统计结果表明，充氮气的轮胎比充空气的轮胎可多行驶 26% 的里程。轮胎按设计的胎压充氮气，可达到汽车设计时的油耗指标。试验证明，充氮的轮胎气比充空气的轮胎节油 2% ～ 10%。

（2）提高轮胎行驶的稳定性和舒适性

氮气化学性质极不活泼，气体分子比氧分子大，不易热胀冷缩，变形幅度小，其渗透轮胎胎壁的速度比空气慢 30% ～ 40%，能保持稳定的胎压，提高轮胎行驶的稳定性，保证驾驶的舒适性；氮气的音频传导性低，相当于普通空气的 1/5，使用氮气能有效减少轮胎的噪声。

（3）防止爆胎和缺气碾行

汽车行驶时，轮胎温度会因与地面摩擦而升高，尤其在高速行驶及紧急刹车时，胎内气体温度会急速上升，胎压骤增，所以会有爆胎的可能。而高温导致轮胎橡胶老化，疲劳强度下降，胎面磨损剧烈，也是可能导致爆胎的重要因素。与一般高压空气相比，高纯度氮气无氧且几乎不含水和油，热胀系数低，热传导性低，升温慢，使轮胎聚热的速率降低，具有不可燃也不助燃的特性，可大大地减少爆胎的概率。

（4）延长轮胎使用寿命

使用氮气后，胎压稳定体积变化小，大大降低了轮胎不规则摩擦的可能性，如冠磨、胎肩磨、偏磨，提高了轮胎的使用寿命；橡胶的老化是受空气中的氧分子氧化所致，老化后其强度及弹性下降，且会有龟裂现象，这是造成轮胎使用寿命缩短的原因之一。氮气分离装置能极大限度地排除空气中的氧气、硫、油、水和其他杂质，有效降低轮胎内衬层的氧化程度和橡胶被腐蚀的现象，不会腐蚀金属轮辋，延长轮胎的使用寿命，也极大程度减少了轮辋生锈的状况。

142. 夏季轮胎保养小常识

轮胎对汽车的重要性是不言而喻的，由于轮胎老化、过度磨损、胎压异常、轮胎外伤以及路况、天气等原因造成的“爆胎”事故屡屡发生，轻则车辆报废，重则危害驾乘人员的生命安全。这里介绍几项轮胎保养小常识。

① 经常检查轮胎在冷却情况下的气压，包括备胎，发现气压不足，马上查找漏气的原因。

② 经常检查轮胎是否有损伤，比如是否有轧钉、割伤，发现损伤的轮胎应及时进行修补或更换。

③ 避免轮胎接触到油类和化学物品，比如硫酸、沥青、油漆等腐蚀品。

④ 定期对车辆进行四轮定位检查。如发现定位不良，要及时校正，否则会造成轮胎不规则磨损。

⑤ 在任何情况下，都不要超过驾驶条件要求和交通规则限制的合理速度，遇到前方有石块、坑洞等障碍物时应避让或缓慢通行。

143. 轮胎自检六步骤

（1）扎洞

对于已经补了很长时间的轮胎来说，即使暂时用起来没问题，但在极限负载下的承受力也会大不如从前；另外，同一条轮胎上如果已经扎了 3 个以上的洞，还是建议尽快将其更换。

（2）鼓包

汽车如果以高速驶过凹坑、障碍物及马路牙子时，轮胎局部在巨大的撞击力下将发生严重变形，从而内部压力瞬间增大，这样的直接后果就是造成胎侧帘子线断裂而引起鼓包。另外在相同冲击力度下，低扁平比的轮胎比高扁平比的轮胎更容易引起胎侧鼓包。已经发生了鼓包的轮胎必须立即更换，否则就有爆胎的隐患。

（3）花纹

一般来说，正常使用的家用轿车可以每 6 万千米或 3 ～ 4 年更换一次轮胎，但对于花纹磨损严重的轮胎则应提早更换。现在的快修店都有花纹磨损标尺，车主可以买一把，随时检测自己轮胎的花纹磨损状况。此外，胎面裂纹增多也是老化严重的象征，平时可以适当喷一些轮胎保护蜡，还有就是开车时尽量不要轧到腐蚀性的液体。

（4）气压

现在的大多数家用轿车都使用了无内胎的子午线轮胎。对于前驱车来说，由于发动机、变速箱等重要驱动部件都压在前部，所以前轮有时看起来会有点瘪，但目测是不准确的，一定要用专用的胎压表测量。一般来说前轮的气压在 2.2 ～ 2.3bar 之间（由于每种车型的用途和设计各有不同，所以最好参考使用说明书上标定的厂方数值），夏季可以适当低一些。

（5）石子

有些车主经常会听见自己的爱车在行驶时会发出“啪啪”的声音，但车用起来却也没有故障，这时就要检查一下是不是有小石子卡在轮胎花纹里。只要用钥匙将轮胎花纹里的这些小石子挖出来，不仅会使轮胎的制动抓地更稳定，而且还避免了胎噪。

（6）备胎

要想备胎起到真正应急的作用，平时就要重视对其的保养。第一，要经常检查备胎气压。第二，备胎要注意防油蚀，备胎是橡胶制品，最怕各种油品的侵蚀。轮胎沾油后，很快就会发生胀蚀，这会大大降低备胎的使用寿命。第三，备胎的寿命在 4 年左右，很多车主错误地认为备胎不用就一直是新的，其实过了 4 年即使备胎一次也没有使用过也要更换，否则备胎就成了废胎。

144. 轮胎五类磨损勤关注

汽车的轮胎包括备胎，一定要每月定期检查。检查时，要同时观察轮胎表面是否有裂痕或划伤。最好戴上手套伸到轮胎内侧，检查是否有可疑的痕迹。只要发现丝毫可疑之处，要立即对车行做详细检查。有毛病的轮胎不要舍不得扔。假如发现轮胎表面磨损情况不正常，应想到可能是车轮的前束调校有问题，要去修理厂修理。

（1）外侧边缘磨损

如果顺行驶方向观察，在轮胎的外侧边缘有较大的磨损，说明轮胎经常处于充气不足的状态，即压力不够。可能的话，按“高速公路”标准充气，即比正常标准再多加 0.2 ～ 0.3bar。充气不足的轮胎非常不利于雨天行驶，抓地性会明显减弱。

（2）凸状及波纹状磨损

假如发现轮胎着地部分的两侧呈凸状磨损，而且轮胎周边也呈波纹状磨损，说明车辆的减振器、轴承及球形联轴节等部件磨损较为严重。建议在更换轮胎前，先检查悬挂系统的磨损情况，更换磨损部件。否则，即使更换轮胎也无济于事。

（3）表面均匀磨损

轮胎一旦花纹已经磨净，说明轮胎的寿命已尽，必须更换。另外，花纹还有排遣路面积水的功效，因此是保持汽车抓地性的重要环节。如果磨损已达轮胎花纹的标准深度（通常为 1.6mm，宽度大于 175mm 的轮胎则为 2mm），则要进行更换。

（4）中心部分磨损

如果发现轮胎着地部分的中心面积出现严重磨损的情况，这表明轮胎经常处于充气过满的状态。一定要检查一下压力表是否精确，调整好压力。只有高速行驶或载重行驶的时候，才需给轮胎过分充气。

（5）轮胎内侧磨损

轮胎内侧磨损，外层边缘呈毛刺状。常见到一些旧车的悬挂系统不良，使整个车身深陷下去。这表明轮胎变形，两个轮胎的对称性已受影响。如果有条件，最好把减振器、球形联轴节等配件全更换一下。但如果费用太高，则可考虑先请专业修理工调校前桥与轮胎的角度。

145. 更换轮胎的五个底线

（1）看轮胎胎面花纹深度

轮胎胎面花纹的深度一定要大于 1.6mm，如何不通过专业的器具来辨别呢？教你一个技巧，那就是拿出一枚一块钱的硬币顺着国徽顶端方向插入胎面沟壑中，因为硬币边缘到国徽顶端的距离在 1 ～ 2mm 之间，所以如果这时还可以看到整个国徽标志，说明胎面花纹厚度已经不足，就该更换轮胎了。

（2）看胎面花纹磨损指示线

当轮胎非常新或磨损程度很低的情况下轮胎磨损指示线几乎不会被发觉，但当磨损到达一定程度时这些隐藏在胎面沟壑中的指示线就呈现出来。胎面花纹磨损指示线为扁平的橡胶条，与胎面纵向垂直镶嵌在胎面沟壑中。当检查轮胎时偶尔发现一到两条指示线，说明胎面花纹厚度已经减少了很多；如果轮胎上的指示线大多都清晰可见，则意味着需要尽快更换轮胎了。

（3）看轮胎侧壁裂纹

轮胎侧壁的裂纹比较容易发现，这些细小的沟槽预示着轮胎上可能会出现漏气裂缝，更糟的话甚至引发轮胎的爆裂，这些轮胎故障都是我们极力希望避免的。所以在轮胎侧壁裂纹看起来比较严重的时候，还是应以最快的速度把车辆开到维修厂更换轮胎。

（4）看轮胎上的凸起和起泡

某些情况下轮胎的外表面会因为强度不够导致高出正常轮胎表面的凸起和起泡，也就是我们俗称的鼓包。如果没能及时把车辆送往维修厂检测轮胎故障，胎面上强度不足的区域极有可能引发突然的爆裂，高速行车下的轮胎爆裂甚至会导致驾乘人员出现严重的伤亡情况。再次提醒，应时刻注意轮胎上的凸起和起泡。

（5）看有没有过多的振动和抖动

车辆抖动的诱因很多，可能是轮胎存在轴向偏移或受力不平衡，也可能是减振器出现了问题。但是抖动也可能预示着轮胎内部有着某些问题，因此如果车辆存在较为严重的抖动，特别是在路况良好的道路上出现抖动，应马上把车辆开到维修厂进行检查。时刻谨记，较大程度的抖动往往是车辆故障的先兆。

六、发动机养护

146. 用车四大误区最易导致积炭

（1）冬季热车时间越长越好

北方冬季停放在室外的车辆为数不少，为了使发动机达到合理的机油润滑和水温，热车也就成为每天一大早车主起来后必做的功课，有的用户甚至将车热到正常水温才开始行车。一般来说怠速时间长，发动机达到正常温度的时间也会变长，汽油被喷到气门背面后蒸发的速度就慢了，积炭也由此而生。同时在怠速状况下，进入发动机的空气流量也较小，这样对积炭的冲刷作用变得很弱，也会促进积炭的沉积。

正确的方法是，对于现在的乘用车，约半分钟的原地热车，就可以低速行驶了，只要不大脚踩油门踏板，不马上跑高速，完全能胜任市区行车的需要。过长的热车除了增加耗油和形成积炭外，没有任何好处。

（2）只要省油，发动机转速越低越好

油价现在越来越高，也涌现出很多民间的“节油高手”，其中有一派是“低速高挡派”，也就是降低换挡和行车的发动机转速，挂 5 挡以 60km 的时速行车也大有人在，这样表面看貌似省油了，但实际上并不省车，最大的问题也就是带来了积炭的沉积。在这种高挡低速的工况下，发动机不但容易产生爆震，同时进气速度也较慢，燃油蒸发就可能导致进气歧管等部位产生积炭。

对于大中排量的自动挡车型，80km 时速下的发动机转速通常很低，但是换成一辆小排量手动挡车型也以这样的转速长期行车，积炭就很难避免了。

正确的方式是，根据车辆的不同，适当提高换挡和行车转速，尤其是小排量的手动挡车型和高转速发动机，完全可以在发动机转速为 2500 ～ 3000r/min 时换挡，不但不容易形成积炭和产生爆震，而且从实际的效果来看，车辆动力表现也得以提升，同时由于发动机的燃烧效率更高，油耗也会更为理想。

（3）有了积炭，多跑高速就行了

很多车主都认为，过一段时间去跑高速，平时的积炭就都清除掉了。固然，跑高速可以预防积炭，但对于附着力强、极其顽固的积炭并没有太好的清理作用，相反只能徒费汽油罢了。类似这样的积炭，即便是开到爆缸也很难清除。

正确的处理方法：一方面是通过间断的高速或者高转速行车，来延缓积炭的产生；另一方面，真有了积炭，还是要通过清洗来彻底解决，至于是采用不拆解的方式（“打点滴”）还是拆解清洗，就要根据积炭部位和积炭程度来确定了。

（4）有积炭无所谓，清洗解决一切

对付积炭的最后一种方式就是清洗了，几乎所有的车主都会认为，清洗积炭就能完全解决问题，其实答案并非如此。

燃油添加剂质量参差不齐，某些种类的燃油添加剂可以防止在金属表面形成积炭结层，并能逐渐活化原有的积炭颗粒并慢慢去除，此种方法简便易行，只需要将适量的燃油添加剂和汽油一起剂加入油箱即可。但是目前市场上的燃油添加剂品种繁多，且规格不一，质量差的燃油添加剂由于热值不同，在清洗过程中，容易对进排气门、活塞、缸壁产生损害。同时，燃油添加剂中的化学清洗成分对橡胶供油管路有一定的腐蚀作用，使用该方法时，一定要注意使用周期与间隔时间，否则会加快燃油橡胶供油管路的老化和腐蚀。

147. 去除积炭小攻略

（1）车有积炭，不妨“打吊瓶”清洗

当发现车辆出现相关症状时应及时开到汽修店或者4S店做检查。检修人员会根据情况为车辆制定清洁方案，一般分为三个位置处理，即喷油嘴、节气门和燃烧室的积炭清理。

当发现车辆有较轻的积炭现象，例如车辆启动不通畅、热车后怠速针上下摆动等，可以让汽修师傅为车辆“打吊瓶”，清洗喷油嘴。就是像医院里打点滴一样，把清洗剂加入缸内进行清洗，而不用拆开原件。恢复喷油嘴的正常喷油后，缸内燃烧会更完全。“打吊瓶”一般对新车而言效果比较好，对旧车效果可能较差。

（2）人工溶解式清理

当汽车因积炭出现冷启动困难、冷热车气门部位抖动严重和有异响的情况时，建议还是到专业的修理厂对气门处及进气道的积炭进行人工溶解式清理，同时把喷油嘴拆下清洗，汽车的节气门就等于“口罩”。清理一次节气门和进气管的费用为100～150元，如果店家要价几百上千元的话就是不合理“宰客”。喷油器和燃烧室的拆卸式清洁则需要数百元。

（3）使用燃油系统清洗保护剂

在油箱中按一定比例加入燃油系统清洗保护剂，也可以解决因积炭引起的许多问题。燃油系统清洗保护剂有汽油和柴油通用的产品，有专为电喷车设计的，有汽油机专用的。清洗保护剂能够在汽车的行驶中自动清除坚硬的积炭，使汽车不再受解体之“苦”，就可以将大量积炭清除，使发动机的性能恢复到正常。在使用这种产品清洗积炭后，应更换汽油滤清器。因为油箱和油管中的胶质物质和沉积物都聚在此，如不及时更换，可能会造成供油不畅。

148. 积炭预防有技巧

（1）加注高质量的汽油

汽油中的蜡和胶质等不纯物是形成积炭的主要成分，所以清洁度高的汽油形成积炭的趋势就弱一些。目前我国的汽油质量与发达国家相比还较低，高标号并不等于高质量，也就是说95号的汽油并不一定比92号的汽油杂质就少，标号只代表汽油的辛烷值，并不能代表品质和清洁程度。

一些车主为了保证汽油的清洁度，会采用在汽油里添加燃油系统清洁保护剂的做法。这样可有效地防止在金属表面形成积炭结层，并能逐渐活化原有的积炭颗粒并慢慢去除，从而保护发动机免受伤害。不过燃油系统清洁保护剂的添加一定要慎重，如果加入了伪劣的产品会得到相反的效果。

（2）不要长时间怠速行驶

怠速时间长，发动机达到正常温度的时间也就变长，汽油被喷到气门背面后蒸发的速度就慢，积炭也由此而生。同时经常怠速行驶，进入发动机的空气流量也就小，这样对积炭的冲刷作用也变得很弱，会促进积炭的沉积。

（3）多跑高速，尽量提高手挡车的换挡转速

多跑高速的目的就是要利用气流对进气道的冲刷作用来预防产生积炭。另外，提高换挡的转速也与多跑高速有着异曲同工之妙，把原来在转速2000r/min时换挡变成2500r/min时换挡，不但可以有效预防积炭生成，还可以提高汽车的动力性，也避免了换挡转速过低带来的爆振，保护发动机。

（4）注意灭车时机

对于装有涡轮增压器的汽车，在高速行驶或是爬坡后不要马上灭车，应在怠速运转3～5min后再灭车。因为装有涡轮增压器的汽车其形成积炭的速度比一般自然吸气式的汽车要快数倍。

（5）要按时正常保养

由于受城市的路况、人们的生活节奏以及我国燃油市场条件等因素的影响，以上避免积炭产生的方法有可能不太容易实现，那么建议“有车族”在常规保养都满足的条件下每2万～4万千米时做一下进气系统的免拆清洗，也就是在发动机不解体的前提下用专用设备和专用方法对车辆的进气道、气门、油路等容易形成积炭的

部位进行清积炭的操作。这样能有效减少积炭对发动机性能的影响，使汽车的“心脏”保持在最佳的状态。

149. 夏天汽车水箱“开锅”不要立即熄火

（1）汽车水箱“开锅”怎么办

如果水温过高，先将车停下不要熄火，让发动机怠速运转一段时间，看水温能否自行降低，同时小心打开发动机罩（小心蒸汽等高温烫伤），以提高散热速度，待水温降低后再熄火。如果水箱“开锅”后立即熄火，发动机风扇停止运转将不利于发动机降温。千万不要用冷水浇发动机降温，这样会给发动机带来很严重的伤害。

检查冷却液液面，发现不够时就要添加，如果车上没有，可在水温降低后（大约降到 50℃下时），将纯净水注入冷却液罐，作为临时补救措施。水箱“开锅”的原因多是冷却液失效或不够，平时应注意观察冷却液罐的液位是否低于最低限度。另外发动机风扇故障（比如皮带断裂）也是引起“开锅”的主要原因之一。

（2）可用普通的自来水代替冷却液吗

如非“开锅”急救，不推荐用普通自来水代替冷却液，因为自来水中含有杂质，容易造成堵塞，影响发动机降温，而且水的沸点太低，应采用冷却液。冷却液有两个特质：冰点低、沸点高，不只在冬季能保障汽车冷却系统正常工作，在夏季也能防止冷却液沸腾“开锅”，优质冷却液接近 200℃时才能被“烧开”。

150. 自动变速箱应早保养

（1）要经常检查自动变速箱油液位是否正常

自动变速箱油的检查方法与发动机机油不一样，发动机机油在冷车状态下检查，而自动变速箱油是需要将油预热到 50℃左右，再将挡位杆在各挡位停留 2s 后置于停车挡，此时油尺正常油面应位于最高与最低线之间，如不够，应及时添加相同品质的油品。

（2）掌握好更换自动变速箱油的周期

自动变速箱内部的控制机构非常精密，配合间隙小，所以大部分厂家建议自动变速箱换油周期一般为 2 年或 4 万～ 6 万千米。在正常使用的过程中，自动变速箱油的工作温度一般在 120℃左右，因此对油品的质量要求很高，还必须保持清洁。自动变速箱油使用时间长了以后会产生油垢，有可能形成油泥，加大各摩擦片和各部件的磨损，而且还影响系统油压，使动力传递受到影响。脏油中的油泥会使各阀体移动不畅，油压控制受影响，从而使自动变速箱出现异常。

（3）正确地更换变速箱油

目前较好的换油方法是动态换油，采用专用的变速箱清洗设备，在变速箱运转的过程中，将旧油充分循环，排放干净后再加入新的变速箱油，从而使换油率高达90% 以上，保证良好的换油效果。

车主应培养主动检查、维护、保养的意识，可以学习一些维护、保养车辆的基本知识，认真阅读随车使用说明，记住一些必要数据等。科学养车，才能保证车辆处于良好的技术状态，保证行车安全。

151. 夏季汽车容易自燃，如何防范和应对

要坚持进行出车检查，行车前务必检查汽车线路、电路和油路，确保无破损、漏油、胶皮老化等现象；在车厢里配备安全锤、灭火器等器材，确保能在第一时间控制火势；高温天气时长途行车应多休息，不要让车辆长时间暴晒。行驶中若有异响、异味，应立即靠边停车，熄火进行检查。

一旦发生汽车自燃，应马上停车熄火，切断油路，并立即离开车厢。如果无法打开车门，应立即用安全锤或随手能拿到的工具，如方向盘锁打碎玻璃撤离。尽快报警，并利用车载灭火器进行初期扑救。如发动机舱内已经起火，切记不要莽撞打开发动机舱盖灭火，可用其他工具将机盖撬开一个小缝，再用灭火器对准起火点全力喷射。

152. 保养后发动机噪声变大的原因

在换机油后，尤其是换了不同品牌的机油后，很多车主反映发动机的噪声会变大。下面就来简单地介绍一下，保养完后发动机噪声变大的原因。

（1）机油不符合标准或者加入的量过多

当发动机内的机油加多时，机油会对曲轴旋转产生不必要的阻力，进而影响动力输出，增加油耗。机油过多，就会从气缸与活塞的间隙中流入燃烧室燃烧，使燃烧室内积炭增多，增加了活塞的运动阻力，使发动机功率下降。同时，这些积炭会提高发动机压缩比，增加产生爆震的概率。积炭在气缸内呈红热状态时还容易引起早燃，而且积炭会加剧气缸和活塞的磨损，积炭增加对于机油也有质的影响。总之，机油过多，会增加曲轴连杆的搅拌阻力，噪声也会随之增大。

（2）机油黏度不适合

不同等级的机油有着不同的特性，其低温启动性和高温抗磨性、附着性也有着不同的表现。机油的黏度与温度呈反比的关系，当发动机为冷态时，机油黏度较高，若选用的机油较稠，便会给起动机、电动机、蓄电池（电瓶）等增加额外的损耗。但若机油过稀，在高温工作下则难以形成足够的保护膜而引起润滑不足，导致机件加大磨损。

（3）有积炭

因为旧机油越用越稀，所以积炭越来越多，损失了很多动力。当换上新机油时，发动机不能适应机油的黏度，可能会提高转速，进而造成发动机噪声大。

153. 发动机不能启动的七种原因

① 启动时只听到起动机电磁开关“咯咯”响，或首次启动时起动机带动曲轴缓转几下，继而出现启动电磁开关“咯咯”响，但曲轴却不转动。该现象一般属于蓄电池“断格”故障。

② 临时停车每次都能启动，但停车时间较长或第二天启动时却只能使曲轴转一下。该现象属于蓄电池自放电严重，其极板、隔板严重老化，说明该蓄电池已经接近报废。

③ 启动时起动机突然转动无力，并伴有烧橡胶气味或蓄电池处有烟冒出，多属于极桩、极桩夹子接触不良而发热烧损。

④ 若启动时起动机驱动齿轮与发动机飞轮齿圈发出撞击的空转声，其原因有两个：一是飞轮齿圈的啮合切入面变形；二是起动机驱动齿轮与飞轮齿圈的间隙太大。驱动齿轮与飞轮齿圈无法啮合，发动机也就不能启动。

⑤ 电源总开关一接通，起动机驱动齿轮就和飞轮齿圈啮合在一起转动。出现这种故障，一是起动机电磁开关的保持线圈错接在了电源接线柱上；二是钥匙开关上的 3 根线接错。判断方法是，钥匙在“0”位置时起动机驱动齿轮不转，在“2”位置时启动电动机驱动齿轮与飞轮齿圈啮合一起转动。

⑥ 启动开关转到启动位置时发动机不能启动，也无其他现象，这种故障的原因：一是钥匙、开关因磨损而未接通启动电路；二是起动机继电器未接通起动机电磁开关电路；三是电源开关未接通主电路。

⑦ 启动时只有轻微“嗒”的一声，再无任何反应，这是启动继电器发卡所致。这时只要按一下电磁铁尾部，迫使电磁铁前移，即可将启动电路接通，从而使发动机启动。

154. 火花塞影响动力性能的常见故障及症状解析

通常情况下，火花塞的使用寿命为 15000km，长效火花塞的使用寿命也不超过 30000km。然而不少车型的火花塞常常出现这样那样的问题，达不到其正常使用寿命。

其实，火花塞的工作温度是相当高的。发动机正常运转时，火花塞绝缘体裙部的温度一般保持在 500 ～ 600℃之间，温度过高或过低对火花塞影响都不好。在火花塞温度过低的情况下，火花塞上的绝缘体容易积炭，最终引起漏电，以至于产生缺火现象。如果火花塞工作温度过高，容易引起早燃和发动机爆震。

（1）火花塞烧蚀

当车主发现火花塞顶端有疤痕或是破坏，电极出现熔化、烧蚀现象时，都表明火花塞已经毁坏，此时就应该更换火花塞。在更换过程中车主可以检查火花塞烧蚀的现象以及颜色的变化。

电极熔化且绝缘体呈白色

这种现象表明燃烧室内温度过高。这可能是燃烧室内积炭过多，从而造成气门间隙过小，进一步引发的排气门过热或是冷却装置工作不良造成的。火花塞未按规定力矩拧紧时也会造成电极熔化，绝缘体呈现白色的现象。

电极变圆且绝缘体结有疤痕

这表明发动机早燃，可能是点火时间过早或者汽油辛烷值过低，火花塞热值过高等。

绝缘体顶端碎裂

一般来说，爆震燃烧是绝缘体破裂的主要原因。而点火时间过早、汽油辛烷值低、燃烧室内温度过高，都可能导致发动机爆燃。

绝缘体顶端有灰黑色条纹

这种条纹的出现表明火花塞已经漏气，车主需要更换新件。

（2）火花塞上有沉积物

火花塞绝缘体的顶端和电极间有时会粘上沉积物，车主不要小看这种沉积物。严重时这种情况可能造成发动机不能正常工作。在清洁火花塞后，车辆暂时可以正常运转，但不久后又会出现类似情况。事实上，火花塞出现沉积物只是一个表面现象，这有可能是车辆其他机械部件出现问题的信号。

火花塞上有油性沉积物

当火花塞上出现油性沉积物时，就表明润滑油已进入燃烧室内。如果只是个别火花塞上有油性沉积物，则可能是气门杆油封损坏造成的。但如果是各个缸体的火花塞都粘有这种沉积物，则可能是气缸出现蹿油现象。一般来说，在空气滤清器和通风装置堵塞的情况下，气缸极易出现蹿油的现象。

火花塞上有黑色沉积物

火花塞电极和内部有黑色沉积物，通常表明气缸内混合气体过浓。车主可以提高发动机运转速度，并持续几分钟，借以烧掉留在电极上面的一层黑色沉积物。

155. 涡轮增压发动机的错误认识

（1）在拥堵的路段涡轮增压发动机不能用

许多人认为在拥堵的路段涡轮增压发动机速度上不去，这是不对的，主要是看涡轮在发动机达到多少转速时才发挥作用。早期的发动机要求转速比较高时涡轮才起作用，所以存在这个缺陷，现在有很大的改进，发动机达到 2000r/min 时涡轮就可以发挥作用，而在拥堵的地方，2000r/min 也是相当容易达到的。

（2）要加 95 号汽油才行

很多人认为涡轮增压发动机要加高标号的汽油才行，其实这是不必要的，有的涡轮增压车型在说明书上明确写着可以加 92 号汽油，用什么标号的汽油是根据发动机的压缩比来决定的，与是不是采用涡轮增压技术无关。

（3）冬天起步要长时间预热

许多人认为涡轮增压器是通过机油进行冷却的，冬天机油温度低，无法润滑部件，要长时间热车来提高机油温度，这是完全错误的。长时间热车不仅对涡轮增压器没有好处，还会增加废气排放，热车只需要大概 2min 左右，发动机转速达到 1000r/min 时，可慢速行车，待水温、油温达到正常，就可正常行驶。

156. 涡轮增压发动机，开车停车有讲究

比起自然进气式发动机，涡轮增压发动机显得更娇贵一些，对工作环境和保养维护要求要更苛刻，如果没有正确使用和保养，不但不能很好地发挥涡轮增压的效果，反而会提高涡轮增压器的故障率。

（1）不能着车就走

发动机启动后，特别是在冬季，应让其怠速运转一段时间，以便在增压器转子高速运转之前让润滑油充分润滑轴承。所以，刚启动后千万不能猛踩油门踏板，以防损坏增压器油封。

（2）不能立即熄火

发动机长时间高速运转后，应怠速运转 3 ～ 5min 再熄火。发动机工作时，有一部分机油供给涡轮增压器转子轴承用于润滑和冷却。正在运行的发动机突然停机后，机油压力迅速下降为零，涡轮增压器部分的高温传到中间而停止，造成轴承支撑壳内的热量不能迅速被带走，而此时涡轮增压器转子仍在惯性作用下高速旋转，所以，此时发动机热机状态下突然停机，会引起涡轮增压器内滞留的机油过热而损坏轴承和轴。更要特别注意的是不要在猛踩几下油门踏板后突然熄火。

（3）要保持清洁

按时清洁空气滤清器，防止灰尘等杂质进入高速旋转的气叶轮，造成转速不稳或轴套和密封件加剧磨损。发动机机油和滤清器必须保持清洁，防止杂质进入，否则机油润滑能力下降，从而造成涡轮增压器过早报废。

拆卸涡轮增压器时，要保持清洁，各管接头一定要用清洁的布堵塞好，防止杂物掉进涡轮增压器内，损坏转子。由于涡轮增压器经常处于高温下运转，它的机油管线因受高温作用，内部机油容易有部分结焦，这样会造成涡轮增压器轴承的润滑

不足而损坏。因此，机油管线在运行一段时间后要进行清洗。

157. 教你如何清除发动机油污

（1）准备清洗工具

① 发动机外表清洗剂（也有称为发动机舱清洗剂的，有泡沫和雾状两种）和发动机线束护理剂（发动机上光剂等）。这两样物品价格不贵，能够在汽配店买到，价格约60元。

② 一把小刷子，刷头的宽度不要太大，发动机舱的缝隙多且狭窄，用窄头的刷子更方便。

③ 一个口罩和一副手套。发动机外表清洗剂对人体有一定危害，闻起来味道很刺鼻，所以最好准备这两样物品。

（2）寻找停车位置

虽然不用水枪冲洗，但清洗后仍会有污水流到地面上，对环境不利。在进行发动机清洗前，将车停在有排水口的地方，比如小区和道路边的井盖处、下水道旁。

（3）拆卸发动机装饰盖

为了发动机舱的美观，现在很多车型都设计了塑料装饰盖。很多车主把装饰盖擦得很干净，觉得这就是爱护发动机了，其实它只是一块塑料而已，下面覆盖着的油泥还是原封不动地在那里。所以说想要彻底清洗，首先需要将这个塑料盖拆卸下来。

塑料装饰盖都是用卡子固定的，直接用手抓住盖子的边缘向上拔就可以拆下来。不过部分车型的盖子会连接其他管路，也就是将空气滤芯设计在塑料装饰盖里面，拔下来之前需要先拆下所有的管路。

拆下塑料盖子后，就可以看到发动机的主体，会发现它比塑料盖子脏多了。开过几年的车，在气缸罩盖上或者是机油加注口附近都会有一些油泥，看起来就像是灰色的亚光漆，想用水将其冲掉则比较费事。

（4）清洗油泥

先用布或者是刷子对发动机舱进行简单的除尘，然后就可以用发动机外表清洗剂进行操作。如果是刚刚停车，先别急着喷清洗剂，等5min左右，发动机稍微冷却后再清洗，否则会“激着”发动机。

首先摇晃发动机外表清洗剂瓶子，待其均匀后喷在发动机舱内的零部件上。喷洒距离为15cm左右比较合适，尽量喷洒得均匀一些，油泥多的地方着重处理一下。需要注意的是，发动机舱内的部分零部件是避免沾水或清洗剂的，比如熔断器、点火线圈、发电机和ECU行车电脑等，最好做一下防水处理（用塑料布遮盖）。这些零部件可以单独清洁，建议将清洗剂喷在一块布上，然后对它们进行擦拭，同样有效。

除了以上提及的不能沾水（清洗剂）的部分，其他部件清洗方法都是一样的，清洗的原则就是能用手触及到的地方都尽量洗到。

在喷完清洗剂后，需等待5min左右，让清洗剂继续“吃”油泥，直至完全将它们化解。然后用小刷子进行刷洗，可以明显看到油泥化开的效果。

发动机舱内的缝隙比较多，需要耐心刷干净，因为之后还会喷上养护剂（相当于上了一层蜡油）。如果洗不干净，脏东西就会封在里面。

发动机的进气歧管有金属的，也有塑料的，很容易粘上油泥，颜色非常难看，而且不容易清洗掉，需要用刷子“清洗”。另外，发动机舱内还有走电、走油液的管路，这些也需要洗干净，防止油泥和其他污物对它们进行腐蚀，造成泄漏。清洗这些带有纹理的管路也是一个棘手的工作，需要慢慢进行操作。

最后千万别忘了把刚才拆卸下来的塑料装饰盖也喷上清洗剂清洗一下。

（5）用清水洗干净

清洗剂在化解油泥后，还是会附着在发动机舱内的各个零部件上，所以在它们即将风干之前，要用清水冲洗干净。这里说的用水清洗并不是使劲冲，与高压水枪冲是两个概念，只是为了将已经化开的油泥冲掉。因为光用麂皮或布是擦不干净的，化开的油泥会继续粘在各个零部件上。

如果经验不足或者是对发动机构造不太了解的话，使用小型设备，比如矿泉水瓶或者是浇花的小喷壶，这样可以保证动作更精确，不会水花四溅。用它们清洗比用高压水枪的“副作用”要小多了。

不过在用水清洗前，还要做一下防范措施，就是先启动发动机，保持怠速状态，原因有两点：一是防止点火线圈等关键部位溅到水后，造成短时间启动困难；二是发动机运转后，机体温度会上升，可以加速水蒸发变干。

（6）线束护理剂

用水清洗后，一定要将发动机舱内部件上的水吹干，气枪吹干是最好的方式。如果没有，只能用麂皮或吸水性能好的布擦干（最好别用毛巾，会掉毛），然后待其完全晾干。

如果讲究点儿的话，建议给发动机舱喷上一层线束护理剂，原理是一样的。这类用品可以在汽配城购买，价格在20～50元之间。使用方法很简单，待清洗干净的发动机完全晾干后，将线束护理剂均匀地喷在发动机舱内的各个部件上即可，其作用是可以防止油泥积累，可以减缓线束老化，减小老旧车型自燃的概率。专家提醒，不要用表板蜡代替，因为表板蜡是比较黏的，喷上后会粘上很多灰尘，看起来反而更脏。

158. 夏季防止发动机温度过高三忌

夏季用车，防止发动机温度过高需要注意以下三忌。

（1）“开锅”时忌立即开盖加水

散热器内的水沸腾后，内部有一定的压力，此时若立即打开散热器加水口，热水会向外喷出，造成人员烫伤。正确的做法是发现水箱“开锅”后，立即打开发动机舱盖以增加空气流量，待水温有所下降不再沸腾时，再用湿毛巾做垫手，先把散热器加水盖拧开一挡，放出水蒸气，稍待片刻再全部打开。同时要将脸部避开加水口上方，防止热水喷出烫伤脸部。

（2）“开锅”后忌立即熄火

有些司机发现“开锅”后，想到的是立即熄火。要知道发动机之所以“开锅”是因为水套内水温度过高，也就是罐套、缸壁、气缸盖的温度过高。若此时熄火，机件都处于膨胀状态，各配合间隙很小，停机后会造成有些软金属脱落，有的甚至会造成粘缸。所以发现“开锅”后，不要立即熄火，应保持怠速运转。

（3）发动机温度过高时忌泼冷水浇发动机

发动车时忘记加冷却水，待发现温度已经过高时，就向发动机缸体、缸盖上浇凉水来降温。殊不知这样的后果是严重的，可能会造成发动机缸体由于骤冷而炸裂，酿成不可弥补的后果。发动机温度过高会冲坏气缸垫、烧坏轴瓦，发生机械事故；温度过高，会造成进气量下降，功率降低；水箱“开锅”，冷却液沸腾，蒸发溢出；会使发动机各部件配合间隙减小，磨损加剧，发动机寿命降低。

夏季为了防止发动机温度过高，还应注意：加足冷却水；检查节温器是否正常；行车中随时注意水温表的指示读数，要求不能超过 95℃；在特殊情况下，为加强冷却空气的对流，可掀起发动机舱盖以利通风散热。

159. 保养不到位，汽车突发“心脏病”

（1）不定期保养

发动机的定期保养十分重要，据统计，车辆因发动机保养不良造成的故障占总故障的 50%。可见发动机保养对延长车辆使用寿命能起到至关重要的作用。不仅仅是在常规的保养期限内要进行发动机的养护，在驾驶经过一些特别潮湿或者粉尘特别大的地区时，也要对发动机的相关部件做一些检查保养。

（2）机油变质及机油滤芯不畅

不同等级的机油在使用过程中油质都会发生变化。机油从机油滤芯的细孔通过时，把机油中的固体颗粒和黏稠物积存在滤清器中。如滤清器堵塞，机油则不能顺畅通过滤芯，会胀破滤芯或打开安全阀，从旁通阀通过，仍把脏物带回润滑部位，促使发动机磨损加快，内部的污染加剧。因此机油滤芯的定期更换同样重要。

机油不要加少了，但也不要加多了，不是越贵的名牌合成机油就越好，适合你的爱车的机油才是最好的。

（3）空气滤芯堵塞

根据不同的使用情况，要定期清洁空气滤芯，空气滤芯一般在清洗 3 次后就应更换新的，清洗周期可以由日常驾驶区域的空气质量而定。购买质量好的、厂家提供的原装正厂件空气滤芯也很重要。

（4）进气管道过脏

如果车辆经常行驶于灰尘较多、空气质量较差的路况区域，就应该注意清洗进气管道，保证进气的畅通。进气管道对于发动机的正常工作非常重要，如果进气管道过脏，会导致效率下降，从而使发动机不能在正常的输出功率范围内运转，加剧发动机的磨损和老化。尽量少走灰尘多的区域，同时，空调格也要注意更换。

（5）曲轴箱油泥过多

发动机在运转过程中，燃烧室内的高压未燃烧气体、酸、水分、硫和氮的氧化物经过活塞环与缸壁之间的间隙进入曲轴箱中，使其与零件磨损产生的金属粉末混在一起，形成油泥。少量的油泥可在油中悬浮，当量大时从油中析出，堵塞滤清器和油孔，造成发动机润滑困难，从而加剧发动机的磨损。

要减少油泥产生，使用高质量的燃油是十分有必要的，所以建议车主加油时尽可能到正牌的加油站。另外，应经常检查自己爱车的机油油位，不足时应尽快补充。

（6）燃油系统保养不善

燃油系统的保养包括更换汽油滤芯，清洗化油器或燃油喷嘴以及供油管路。要定期清除油箱内的沉淀物，清除燃油滤网中的沉淀物，妥善地保养空气滤清器、油箱和管路，在清洗发动机燃油系统时，要用发动机免拆清洗剂，因为用免拆清洗剂时不需要拆解燃油系统，既可以起到彻底清洗燃油系统的作用，又有利于保护发动机的燃油系统。

（7）水箱生锈、结垢

许多车主不重视冷却液的使用及质量，通常加入水箱的只是普通的水。冷却系统中最常见的就是生锈、结垢、腐蚀等问题，而造成这些问题的主要原因就是没有使用好的防冻液。好的防冻液不仅有低凝点，而且有其他各种功能的添加剂成分，能抑制泡沫、防锈、防电解和防水垢等，所以还是提醒广大车主要慎重选择对水箱有益的冷却液。

（8）冷却系统状况不良

汽车发动机最常见的故障，如活塞拉缸、爆震、缸体冲床内漏、严重噪声出现、加速动力下降等，都是由于汽车发动机的工作温度异常，压力过大，冷却系统状况不良而造成的。冷却系统状况不良将直接导致发动机不能在正常的温度下工作，随之而来就会产生上述严重的故障现象。

冷却系统传统的保养方法是将水箱里的水放完，添加防冻液和水即可，但是这样会导致冷却系统里有大量的水垢排不净，而且水泵、水套、管路中的残垢更不能排出。因此需要定期使用水箱强力高效清洗剂清洗水箱以及冷却系统中的锈迹和腐蚀物，再添加合适的防冻液和净水。这样才能保证发动机正常工作，而且延长水箱和发动机的整体寿命。

七、空调养护

160. 汽车空调清洗保养的好处

（1）汽车空调清洗的好处

增强制冷：用专用清洗剂清洗后，空调内无尘无垢，气流交换顺畅，制冷效果明显增强。

有益健康：用专用清洗剂清洗后，不但大大减少了“空调综合征”的发病概率，还净化了车内空气，除去了空调产生的怪味。

延长空调使用寿命：用专用清洗剂清洗后，空调器的工作环境发生改变，空调器寿命延长，空调器本身清洁如新。

降低电耗：清洗后的空调工作环境发生改发，工作效率提高，也就降低了电耗。

减少开支：经过清洗保养后的空调，故障发生率降低，耗电量下降，无形中节省了开支。

（2）空调不清洗的危害

① 滤光板、散热器、蒸发器、翅片表面积累大量灰尘和污垢，造成气流堵塞。

② 致使制冷、制热效果下降，增加耗电、噪声。

③ 降低空调的使用寿命。

④ 产生异味，滋生细菌、螨虫，危害人们的身体健康。

161. 夏季如何正确使用汽车空调

夏季，驾驶员很容易出现疲劳的状态，很多驾驶员感觉开一会儿空调，吹着凉风睡觉很舒服，实际上这是相当危险的，因为在密闭车厢里长时间使用空调易导致一氧化碳中毒。一氧化碳中毒的症状有头晕、恶心、呕吐、乏力等，如果不及时救治会导致死亡。

因此，创造一个清新的车内空间，是非常重要。

（1）夏季如何正确使用空调系统

车辆使用中，在到达目的地（停车）之前提前几分钟关闭空调，开启自然风，在停车前使空调管道内的温度回升，消除与外界的温差，从而保持空调系统的相对干燥。对于梅雨、雨季、潮湿气候地区，可用暖风吹干空调，以预防阴雨天导致空调发霉。

（2）夏季如何减少车内异味的产生源

要及时清理车厢和后备厢，尽量不要把鞋、衣服、脏抹布等长期放在车内。杂物箱、烟灰缸等要经常清洁，如果需要在车厢内吸烟时，请关闭空调并打开车窗。

（3）夏季如何正确维护空调系统

一般空调使用一两年，就会有一股难闻的酸腐气味，特别是梅雨过后，会有大量的水蒸气附着在空调蒸发器上，生成多种有害人体健康的霉菌，从而引起头痛、发热，突发性喉咙痛，流感症状等不良反应。应定期更换空调滤芯，根据实际需要对空调及风道进行杀菌。

（4）清除异味

车内少用酸性香水，最好选用中性的、味道较淡的一类香水。新鲜的热带水果水分大、香味重，如菠萝、柠檬有助于消除车内异味，不仅效果好而且成本低，方法简便。

162. 五个小措施让汽车空调达到最佳效果

（1）如何应对制冷效果不佳

多数情况下，没有正确使用才是最大元凶。

内循环提升制冷效率

虽然并不提倡长期使用空调的内循环功能，但如果想达到最快、最有效的制冷，内循环绝对不能忽略。内循环的另一个作用是防止不洁空气进入，若汽车在尘土飞扬的道路上行驶时，内循环可防车外灰尘进入。

排出车厢热气

车窗关闭时，空调系统的效率最高。但汽车若在烈日下停放时间较长，车内很热时，打开空调后，应打开车窗，待车内热气排出后再关闭。这样空调的制冷速率将大大加快。

降风速挡位

汽车正常运行中，为防止蒸发器过度结霜，影响空调系统的运行，空调的送风速度及温度控制不应同时长时间置于最低。但是当车速低于 25km/h 时，应将风速开关置于低速挡位，避免发电量不足和冷气不足。

选对出风口风向

制冷时空调的风向最好向上吹，因为冷空气会向下沉，风向挡位最好选择吹面挡。调节出风口向上效果最好，不要选择吹挡风玻璃的那一挡，因为挡风玻璃的温度很高，会抵消一大部分制冷效果。

(2) 如何维护汽车空调

检查压缩机皮带

如果压缩机皮带表面与皮带轮槽接触侧面光亮，并且启动空调时有“吱吱”的噪声，说明皮带打滑严重，应更换皮带和皮带轮；如果皮带过松，应给予调整，否则易使空调系统制冷不良。

检查空调系统软管接头是否有油迹。如发现渗漏，应及时去维修处解决。

清洁冷凝器

在夏季使用空调时，用水管对着冷凝器进行冲洗，因为对冷凝器表面的清洁便于使热能散发到外界去。定期清洁冷凝器表面，可使空调系统的制冷效果大大提高。

检查制冷剂液面高度

利用干燥器的观察窗，可以检查制冷剂液面高度。玻璃窥视孔通常安装在干燥器的盖子上面，运转发动机和空调系统，透过玻璃窥视孔观察制冷剂的流动情况。如果空调机工作正常，可从窥视孔内看到清澈的冷冻液在不停地流动，并且在高温时还偶尔夹带些小气泡，在关闭空调系统的时候能够看见小的气泡。

制冷剂要足够

可通过感觉干燥器的入口管路和出口管路之间的温度差来估量，或者通过歧管压力表进行检测。当然，这些工作就需要依靠维修厂了。

(3) 如何应对刹车变软

有不少驾驶员反映车辆在空调使用时制动性能会变差，这种情况在装备化油器发动机和低档的电控燃油喷射发动机的车辆上表现尤为突出。其原因在于，车辆在开空调时发动机负荷变大，为减少车辆动力性能的下降，发动机控制系统一般都装有空调怠速提升装置。这种装置是通过一个电磁或真空吸力包将节气门稍微顶开一个角度来实现的。在制动时，即使驾驶员松开了油门踏板，节气门后面的进气支管也无法达到正常的真空度，因此就会影响车辆的制动效果，这种状况在小排量发动机的车上表现很明显。所以，炎炎夏日，在空调开启的情况下采取制动，就需要比平时更加用力踩踏板。

(4) 如何防止空调中毒

车内长时间地使用空调，会导致一氧化碳中毒。在发动机在怠速状态时，汽油燃烧不充分，会产生大量含一氧化碳的废气。为防止冷气外泄，人们往往在空调开启时把车窗全部关闭，致使一氧化碳不能及时排出，废气在车内逐渐聚集，人就会在不知不觉中一氧化碳中毒。轻则引起恶心呕吐、头痛、头晕，重则可引起精神错乱、排便失禁、四肢瘫痪，甚至使呼吸中枢麻痹，心脏停止跳动而导致死亡。

预防一氧化碳中毒，除了要经常检查车厢的密封是否严密之外，还应注意车内通风。如果车辆在停驶时，仍需使用空调，则不要把车窗全部关闭。即使在车辆行驶时，也应该经常开窗换气。

（5）如何去除空调异味

很多人反映，自己车辆空调的风力不够，还夹杂着尘土味、霉味等异味。不洁净的空调可能会导致驾驶者头晕、恶心，甚至患上呼吸道疾病。

为了解决这一问题，拆卸、清洗蒸发箱是最彻底的办法，这种方法能够从根本上消除了异味，但每拆卸一次，就需放氟、安装和加氟等一系列工序，麻烦而且技术难度高，车主需要支付的费用也不菲。有一种专门去除空调异味的新型喷雾产品应运而生。只需将空调打开，将风向置于外循环，关闭窗户，把这种喷雾产品从外进风口处，连续喷 10 ～ 20s，它就能从风道进入，附着在蒸发箱表面，靠产品自身功用，杀死霉菌，从而进一步达到清除异味、净化车内空气的目的。

163. 夏季汽车空调故障维修保养窍门

（1）空调系统机械故障

空调系统机械故障主要包括压缩机故障、冷凝器及风扇故障、鼓风机故障、储液干燥器故障、膨胀阀故障和蒸发器故障。判断空调系统故障是否为压缩机故障要看传动皮带是否老化、有裂痕、松弛或太紧，影响动力传递。内部零件损坏或磨损，会影响压缩性能，表现为压缩机内部有异常噪声。压缩机缸垫窜气、进排气阀损坏，会影响压缩性能。

冷凝器及风扇故障

主要看散热片是否被油污、尘土覆盖，影响散热；风扇是否运转良好。

鼓风机故障

主要看运转是否正常，若不正常则可能导致送风气流不足。

储液干燥器

主要看内含的滤网和干燥剂。滤网堵塞，可能影响冷媒流动；干燥剂失效，会影响吸水能力，可能引起冰堵。正常干燥剂是蓝色的，吸水饱和的干燥剂是红色的。

膨胀阀故障

主要看膨胀阀阀口的张开和闭合。膨胀阀控制进入蒸发器的液态制冷剂流量，起调节制冷量的作用。如果阀口始终张开过大，制冷剂流入量大，蒸发器表面因过冷结霜，导致制冷长时间停止；如果阀口始终张开过小，制冷剂流入量小，导致制冷不足。

蒸发器

主要看散热片是否被油污、尘土覆盖，影响热交换，是否变形等。

（2）空调系统电器电路故障

主要包括压力传感器、温度传感器、温控器、压缩机电磁离合器、高低压保护开关、膨胀阀感温包等故障。

（3）冷媒及冷冻油引起的故障

冷媒及冷冻油引起的故障，其原因有很多，包括制冷剂过多或过少造成制冷不足，制冷剂与冷冻机油内含杂质过多、微堵而引起制冷量不足，空调制冷系统中有水分渗入造成制冷不足，系统中有空气导致制冷不足，以及劣质冷冻油引起制冷不足等。

① 如果制冷剂过多，则热量散发慢。若在维修时过多地加入冷冻机油，也会使制冷系统的散热量下降。

检修方法：从干燥罐上方视液镜中观察。如果汽车空调在运转时从视液镜中看不到一点儿气泡，压缩机停转后也无气泡，则肯定是制冷剂过多。如果加入的冷冻机油量过多，空调系统正常运转时，能从视液镜中看到较为浑浊的气泡。若确为制冷剂过多，可以在空调系统低压侧的维修口处慢慢地放出一些即可。

② 造成制冷剂不足的原因大多是由于系统中的制冷剂微量泄漏。

检查方法：制冷剂不足也可以从干燥罐上方的视液镜中观察到，在空调正常运转时，若视液镜中有连续不断的、缓慢的气泡产生，则表明制冷剂不足。若出现明显的气泡翻转的情况，则表明制冷剂严重不足。制冷剂与冷冻机油内含杂质过多、微堵而引起制冷量不足通常称为脏堵。当含水制冷剂通过膨胀阀节流孔时，由于温度下降，水分子在小孔中产生结冻现象，并导致制冷剂流通不顺畅，阻力增大，或完全不能流动，这个现象称为冰堵。

检修方法：停机一会儿，待冰融化后，制冷系统又会出现正常的状态，这是确认系统中有无水分的重要方法。

164. 夏季正常使用空调的程序

（1）上车后，先打开车窗通风

汽车经过暴晒，上车后不要急忙着车，先打开四门，通风散发热空气。

（2）启动后，先打开风机

启动车辆后，将风扇打开，先不要启动空调（不要按 A/C 那个按钮）。让风机将空调系统中已经被污染的空气吹走，同时也将空调系统中的热空气吹走。

（3）吹自然风 5min 后开空调

启动风机吹自然风 5min 后，再将空调按钮按下，打开空调制冷开关。此时，车窗应该一直开着。

（4）空调制冷 1min 后，再关闭车窗

一些车友习惯上车前开好空调，等车内温度降下来，便直接开车上路了。此时

车内的甲醛等有毒物质得不到挥发，全部被吸入体内，长期下来，各种疾病便暴发出来。因此，车友们进入车内，应该先打开车窗通风，等有毒物质释放出去后，再开空调。同时，车友们还可以在车内放一些活性炭包，也对有毒物质有一定的吸附作用。

165. 空调使用的误区及正确做法

（1）上车点火以后立即开空调

刚坐进暴晒后的汽车，很多司机迫不及待地想把车里的温度降下来，于是一点火立即打开空调，自己反而下车慢悠悠地等车内温度降下来。

发动机启动后就立即启动空调，会增加发动机负荷，长此以往会损害发动机。而且，车内温度很高时马上开空调，反而很难迅速制冷。

正确的做法是，先把车门、车窗打开，启动外循环，释放车内积聚的热空气。等车内外温度接近时，再关闭门窗，打开空调并启动内循环，这样既润滑了发动机，又使空调制冷效果更好。

（2）堵车、等人时开空调乘凉

长时间堵车、等人时，如果不关空调，发动机长时间处于怠速运转状态，同样负担很大。而且怠速状态下汽油燃烧不完全，会产生高浓度的一氧化碳，如果周围空气流通不好（比如在车库内），发动机排出的一氧化碳进入车内，还会导致车内人中毒！

正确的做法是，当车内温度适宜时，最好将空调乃至发动机都关闭一会儿，还可以有效省油。

（3）把温度调得很低

在太阳直射下开车，有人喜欢把温度调得很低。可是，长时间吹太冷的空调，人容易得关节炎、肩周炎、感冒等疾病。如果对着脸吹时间长了，还有可能被吹得面瘫，嘴眼歪斜。特别要注意的是，小排量汽车（1.4L 以下），起步时要把空调控制在最小挡位，因为空调开得过大，汽车起步会困难。

正确的做法是，车内空调以 25℃左右为宜，如果车上有老人或小孩，最好不要低于 27℃。此外，还要注意兼顾车外的温度：一般车内外温差不要超过 5 ～ 6℃。

（4）内循环一开到底

平时，觉得车内空气不好时，会开一下外循环。不过，开了空调，很多车主顾虑用外循环会让车内冷空气跑光，觉得费油，哪怕跑长途也紧闭门窗将内循环一开到底。不过，长时间用内循环，车厢内空气会变得越来越污浊，甚至会有头晕等缺氧的感觉。

正确的做法是，空调刚开的时候，最好先用外循环，温度降低后，再切换至内循环，然后每隔一段时间切换一下内、外循环，不能开了空调以后就不管了。

（5）空调太冷，让风小点吹

车内开空调，一般人都不会开到最大挡。一方面，吹很大的冷风容易头疼，风扇的噪声也让人心烦；另一方面，还有人以为那样做会费油。空调使用时会吸进很多灰尘，形成污垢，时间长了还会滋生霉菌，再通过空调散发至车内。

正确的做法是，每隔一段时间，把空调风量开到最大挡吹上半小时，杜绝灰尘积聚。另外，还可以用小刷子经常清洗一下空调出风口。当然，如果发现出风口里面很脏，则应找专业人士进行处理。

（6）天气太热，对着出风口吹

有人怕热，上车就让空调出风口对着自己猛吹，这也不恰当。一方面，长时间直吹冷风，容易给人体带来各种不适；另一方面，从气体流动原理来说，冷空气下沉、热空气上浮，而人在车内相对位置较低，如果空调风对着人体吹，冷空气集中在车厢下部，空气不能对流，反而更容易觉得闷热。此外，也有怕风的人让空调对着车窗玻璃吹，也不太恰当，因为玻璃温度往往高一些，会抵消大部分制冷效果。

正确的做法是，开冷风时让空调出风口往上吹，让车内冷热空气上下对流，既可迅速降温，也让人体感觉更舒适。

（7）停车熄火前不关空调

很多人习惯停车后不关空调，直接就关了发动机。而很多车，关了发动机以后，空调是不能再单独关闭的，这就造成两个问题：第一，下次发动汽车时，会带着空调启动的压力点火，这样会加重发动机负担；第二，空调管路内、出风口内外容易凝聚湿气，长期这样做，空调一样会滋生细菌，还会产生异味。

正确的做法是，在汽车熄火前几分钟，就关闭空调制冷开关，让鼓风机再吹一会儿，将空调内的湿气吹干，再熄火。

（8）长期不用空调

冬天不是太冷，不开空调仅靠发动机的暖风也够了，很多车主的空调，除夏季以外都是长期处于“休眠期”的，其实，这样对空调系统也是有损害的。长期闲置，空调压缩机不能充分润滑，可能使管路发生泄漏。

正确的做法是，哪怕夏天以外不需要开空调，最好也每月让空调机运行一次，时间不用太长，只需几分钟，润滑一下空调即可。

（9）性能下降才清洗空调

不少车主发现空调制冷效果不好了，才想起要清洗。其实，空调滤清器须定期更换。因为灰尘的长时间累积，不仅会降低空调的制冷效果，而且还易滋生细菌，让空调产生霉味。

（10）加氟越多越制冷

氟是汽车空调常用的冷媒，许多车主认为加得越多制冷效果就越好。其实，加氟的量不能超过额定的压力，且不同车型的空调设定有不同的压力值，加注过多，不仅影响制冷效果，还可能成为隐患。

（11）不开空调想省油

一些车主为了省油，采用“开窗透气”的方式来降低车内温度。如果是在市区内行驶，因为车速低，不失为一种省油的方法。但如果车速较高，尤其是在快速路或者高速公路上行驶时，就适得其反了。当汽车时速超过 80km/h 时，开启车窗会增加汽车前行的阻力，此时的耗油量其实比开车内空调的耗油量还要大。

八、车漆养护

166. 车漆打蜡的种类与注意事项

（1）车蜡的种类与选择

一般情况下，应根据车蜡的作用特点、车辆的新旧程度、车漆颜色及行驶环境等因素综合考虑。对于高级轿车，可选用高档车蜡；新车最好用彩涂上光蜡以保护车体的光泽和颜色；夏季宜用防紫外线车蜡；行驶环境较差时则用保护作用突出的树脂蜡比较合适；而对普通车辆，用普通的珍珠色或金属漆系列车蜡即可。当然，选用车蜡时还必须考虑与车漆颜色相适应，一般深色车漆选用黑色、红色、绿色系列的车蜡，浅色车漆选用银色、白色、珍珠色系列的车蜡。

（2）汽车打蜡注意事项

新车不要随便打蜡

有人购回新车后便给车辆打蜡，这是不可取的。因为新车本身的漆层上已有层保护蜡，过早打蜡反而会把新车表面的原装蜡除掉，造成不必要的浪费，一般新车购回 5 个月内不必急于打蜡。

要掌握好打蜡频率

由于车辆行驶的环境、停放场所不同，打蜡的时间间隔也应有所不同。一般有车库停放、多在良好道路上行驶的车辆，每 3 ～ 4 个月打一次蜡；露天停放的车辆，由于风吹雨淋，最好每 2 ～ 3 个月打一次蜡。当然，这并非是硬性规定，一般用手触摸车身感觉不光滑时，即可再次打蜡。

打蜡前最好用洗车水清洗车身外表的泥土和灰尘

切记不能盲目使用洗洁精和肥皂水，因其中含有的氯化钠成分会侵蚀车身漆层、蜡膜和橡胶件，使车漆失去光泽、橡胶件老化。如无专用的洗车水，可用清水清洗车辆，将车体擦干后再打蜡。

应在阴凉处给汽车打蜡，保证车体不致发热

因为随着温度的升高，车蜡的附着性变差，会影响打蜡质量。

打蜡时，应用海绵块

涂上适量车蜡，在车体上直线往复涂抹，不可把蜡液倒在车上乱涂或做圆圈式涂抹；一次作业要连续完成，不可涂涂停停；一般蜡层涂匀后 5 ～ 10min 用新毛巾擦亮，但快干车蜡应边涂边抛光。

注意细节

车身打蜡后，在车灯、车牌、车门和后备厢等处的缝隙中会残留一些车蜡，使车身显得很不美观。这些地方的蜡垢若不及时擦干净，还可能产生锈蚀。因此，打完蜡后一定要将蜡垢彻底清除干净，这样才能达到完美的打蜡效果。

167. 车身老化与伤痕修复和保养的九个小窍门

（1）车身的老化、伤痕的检查保养

不论什么样的汽车都会有或大或小的伤痕。伤痕对表漆造成多大的损伤？怎样才能修补？这些都必须考虑正确的处置方法。如果是不太醒目的伤痕，聪明的方法是倒不如不去管它。

（2）磨损伤痕的修补保养

几乎所有的车都有擦伤，最好的修补方法是在伤痕部位填上与车身颜色相同的镀膜剂。镀膜剂可涂一次、二次、三次，次数越多，会涂得越干净，但整个车身的均匀处理也很重要。

（3）小伤痕的修补保养

如果发现车身有伤痕，应先检查伤痕的程度。如果只是很浅的划痕，可用混合剂处理，擦拭方法为直线擦拭。伤痕消失后，用更细的混合剂擦拭之后再打上蜡。

（4）剐伤、表漆剥落的修补保养

较深的伤痕，重点是观察金属面是否露出，如果看不到金属面就不会生锈，可以专心地涂上修饰漆。用笔尖一点一点地点上去，然后等漆完全干。

（5）较深伤痕的修补保养

很深但细长的伤痕，用彩色油灰可以修补得很好。伤痕处用砂纸处理，不要随便将伤痕面扩大，重要的是将脏污清除干净。油灰要仔细地涂抹，使之完全进入内部。最后涂上混合剂、上蜡，结束工作。

（6）凹陷的修补保养

凹陷处理是车身保养中最麻烦的工作之一，重要的是打好底子，若这个步骤做不好，涂装做得再好效果都不佳。喷漆时，不要忘记用报纸遮好四周，使涂料不要向周围扩散。

（7）防锈对策

发现生锈后，立即着手解决，如果放任不管，锈点就会慢慢扩大。防止生锈的方法是用砂纸擦净，或用使锈点变化的化学合成剂。根据情况不同，分别使用。

（8）漏水对策

车门、后备厢周围粘贴的防水条容易剥落、扭曲。但如果没有破裂、变形，可以再一次使用，只需将它重新粘贴，就可以防止漏水。用保护剂恢复橡胶本身的弹力也很重要。

（9）保险杠伤痕的修补保养

保险杠的伤痕处理方法是将毛刺削去，坑洼部分涂上油灰使之平滑。专用油灰，要选择最接近车身的颜色。特别是与车身同色的保险杠，喷漆这一步很关键。

168. 平时该怎么做车漆养护

汽车美容专家说：“雨天洗车才是真正懂得爱车、洗车的人。”原因在于，雨水中含有各种有害物质，被泥沙吸住，酸雨就很容易腐蚀车漆。另外，附着在车身上的泥点包含着很多看不见的颗粒，而随着车身的起伏，这些颗粒就像砂纸一样摩擦着车漆。因此雨天洗车可以更好地保护车漆。

（1）“顺势”擦水更护车

有些车主有时会使用洗衣粉、肥皂水或者去污粉充当爱车的“沐浴液”。钱是省了，但这些洗涤剂里含有过高的碱，容易中和汽车漆面的油脂，多次反复就会让爱车患上“皮肤病”，加速老化。洗完车后擦拭爱车时，应该顺着车身上的水流方向进行擦拭。在选择擦拭工具的时候，要注意使用没有污迹、柔软的棉布或者海绵，避免不小心留下划痕。

（2）雨后漆面要“美容”

由于雨水中的酸性成分对汽车的漆面具有极强的腐蚀作用，所以，雨后首先要对爱车进行一次漆面美容。以防止雨水对漆面造成伤害，简单有效的方法是打蜡，但要想达到持久的保护效果，还应该进行封釉。要在汽车发动机罩彻底冷却下来以后进行洗车。尤其在夏季，不要在强烈的阳光下洗车，这样会使汽车发动机提早老化。

（3）不同污渍不同对待

应注意不同的污渍要用不同的清洗方法和不同的抹布。比如清洗轿车的车身应用分散水流喷射，切勿用高压水流冲洗，水压过大会损伤车身漆面。如遇车身上有坚硬的尘泥，应先用水浸润，而后用水冲去，再用软而清洁的海绵从上而下地擦洗，擦洗时应经常将海绵在清水中洗涤，以免油漆表面留下擦伤痕迹，最后用麂皮擦掉水迹。如遇油渍，应用海绵蘸煤油或汽油轻轻擦拭，然后在擦过的地方打上抛光膏，使其光泽如初。擦拭车门上的玻璃时，不可使用含磨料的清洁剂。对于死虫等动植物汁液，应先用肥皂水浸透，然后用海绵浸清水清洗，再用软布擦拭。擦拭方向盘、灯具等塑料和橡胶件，只能用普通的肥皂水清洗，不能用有机溶剂如汽油、去渍剂和稀释剂等。

（4）漆面清洗要谨慎

要注意科学保养汽车车身漆面。汽车漆面由于长期暴露在空气中，受到脏空气、沥青和砂石的污染及破坏，油漆容易脱落，因此切不可用硬质的清洁工具如塑料刷、普通毛巾或粗布擦车，以免留下划痕。此外，为了保护汽车漆面的光泽，应定期对车辆进行抛光处理。

169. 汽车防晒三部曲

（1）打蜡封釉

汽车防晒跟我们一样，先涂上隔离霜，然后再抹上一层防晒霜，最后加个帽子和防晒衣。车蜡就是车辆的防晒霜。打蜡和封釉则是对车身表面进行有效隔离，对于车内乘客来讲，封釉和镀膜没有直接的防晒作用，但是可以防止紫外线，防止车漆褪色，经过打蜡和封釉的车辆，都能改善其表面的光亮程度，使车身恢复亮丽本色。这两种养护方式就好比日常女性用的隔离霜，对于日晒能起到间接的保护作用。

漆面的养护在夏季实用性较强，不仅能防止车漆褪色，还能防酸雨的腐蚀。相对来讲，漆面镀膜的费用高一些，实际使用的时间至少能达到半年或1年。封釉的价格会低一些，能保持的时间在半年左右。

封釉后的车辆一定要经过红外线照烤才能够坚牢，增强釉面强度，延长釉的持久力，要到专业的封釉施工店进行。判断专业还是不专业，只要看它有没有无尘操作间就知道了。另外，封釉产品质量的好坏也很关键，小心被以蜡充釉，一个简单的鉴别方法就是将一小部分产品倒在水中，正宗的釉类产品应该是漂浮在水面上且不溶于水。

（2）贴防爆膜

给汽车贴上防爆膜，就好比给皮肤涂上一层防晒霜，是目前解决汽车防晒问题最简单、最直接的办法。它可以隔热、防爆、隔离紫外线，而且还能有效反射一部分热量，减少热量进入到车内，进而减轻空调负荷，提高燃油效率，缓解发动机负荷，防止车内物品褪色老化，保护车主的皮肤免受有害紫外线的伤害。高档防爆膜还具有保护汽车内饰、降低空调负荷及在发生事故时保持汽车玻璃完整性的作用。

区别防爆膜优劣有两个简单的方法：质量好的防爆膜采用湿胶，沾水紧压才能粘贴，而质量差的防爆膜用的是干胶；看防伪标志，质量好的防爆膜的防伪标志要用含酒精的液体擦拭才能去除，而质量差的防爆膜的防伪标志用水即可去除。

（3）穿防晒衣

做完防晒护理工作后，最后一步物理防晒也不能省，就是给车辆穿防晒衣。

遮阳网：相对于前两种遮阳用品来说，遮阳网的种类比较单一，没有过多的选择。但价格较为便宜，使用方便，可以直接用吸盘吸附在车窗上，并且易于收纳。

抽拉式遮阳挡：这种遮阳挡形似卷轴，使用时将一端用吸盘固定在车窗上方，另一端可以拉到车窗下沿，不用时可快速卷起。但目前市场上这类产品缺点较多，做工相比之下显得粗糙，不够耐用。

汽车防晒宝：防晒宝的作用相当于一顶遮阳篷，是比防晒车衣要高一个档次的防晒用具，主要作用是隔热降温。另外，还设有防盗功能，减少车主担心防晒用具被盗走的疑虑。

侧窗静电胶太阳贴：这种静电贴不用胶，仅靠静电贴在车窗上，并且可以反复使用。只需要将静电贴从上至下贴在车窗上，再揭下另一面保护用的玻璃纸即可。不用时清洗并平铺晾干即可，但应注意不要折叠。

铝箔遮阳挡：可以反射紫外线，分为气泡与横纹两种，后者效果略好，总体价格在 8 ～ 35 元不等。这种遮阳挡可以展开，用吸盘吸在前窗或后窗内。一般情况下彩色图案向外放置，这样主要是为了美观，在非常炎热的季节，则最好将铝箔向外，可以更好地反射阳光。不用时可以折叠起来，不会占用过多空间。

结语

暴晒不仅会加速车漆漆面和仪表台老化，甚至使内饰件变形。而且暴晒后的车内高温不仅让司机和乘客都望而却步，也让空调负荷加大，增加油耗。因此，需要积极做好汽车防晒措施。

170. 洗车有大学问

洗车是最基本的汽车保养，许多人都认为只要洗干净就行。若从专业的角度来看则大有学问。

（1）选用正确的洗车液

洗车最忌用碱性强的洗涤剂或肥皂粉，因为它们虽然去污力强，但损伤性也大。经常用它们洗车，车体表面的亮光很快就会被侵蚀掉，而且会加速车身橡胶件、轮胎、车窗等老化程度。

（2）有洗车程序

车辆脏了，许多尘土、泥沙附在车身上。如果上来就用水枪冲，用海绵擦，洗车倒变成了给车“打沙皮”。洗车前有预洗程序的，大部分的沙土可以与车漆脱离，然后用泡沫喷淋、刷毛清洗，不伤车漆。

（3）车用具应有分工

洗车时，熊掌形状的布套用于擦车身，长毛用于刷洗轮圈，海绵用于洗轮胎，不能混淆，并且遵循从上至下的原则。

（4）发动机也需清洗

许多人不重视发动机的清洗保养，认为发动机舱洗不洗没有关系，其实这种观点是错误的。

汽车保养好不好，关键要看发动机。清洗发动机前，先将各种重要接头用薄膜包好，然后用专业的洗涤剂逐个部位进行清洗，再用清水洗净干；不能用高压水枪直接冲洗，最后用各种橡胶件保护剂将机舱内各种橡胶上光保护起来。

171. 盛夏酷暑更要注意正确洗车

车主自己动手洗车，受场地、设备、经验、技术等因素的限制和制约，不可能做到像正规洗车店那样专业规范。因此，车主在自己动手洗车的过程中更应该注意一些容易忽视的细节，走出洗车“禁忌”，才能在给爱车“冲凉”的同时，做到事半功倍。

（1）不用清水冲洗车辆，直接拿抹布擦拭车身（伤车指数：★★★★★）

汽车经过长时间行驶，车身上肯定会有大量尘土。即使肉眼看上去很干净，但还是会有肉眼不易察觉的细小灰尘附着在车漆表面上。

如果事先不用清水冲洗车辆，直接拿抹布擦拭车身，则车身上的尘土很容易在抹布的“带动”下，在车漆表面上进行“剧烈的摩擦运动”，导致车漆被划伤。长时间如此，车身漆面就会变得“伤痕累累”。因此，建议车主在洗车时先用清水将车漆表面上的灰尘冲洗干净，再进行下面的洗车步骤。

（2）在强烈的阳光下洗车（伤车指数：★★★★）

在强烈的阳光下洗车，车身上的水珠相当于一个个小的凸透镜。直射的阳光通过水珠聚焦后，热量集中，容易把车漆烤坏。许多车主在阳光下洗完车后，发现车漆表面上出现了许多小点，就是由于在阳光下洗车造成的。因此，洗车的时候最好找一片阴凉的空地或在凉爽的傍晚，停车地点附近要有能接水的地方，尽量不要在午后强烈的阳光下洗车。

（3）一桶水用到底（伤车指数：★★★★）

大家在日常生活中应该养成节约用水的好习惯，但在自己动手洗车时，最好还是不要对爱车太过于“吝啬”。“一桶水用到底”的做法是不可取的。

因为洗过几次抹布之后，水中会有大量的灰尘和杂质，如果不及时换水，水中的灰尘同样会附着在抹布上，在擦拭车身的过程中划伤车漆，导致车漆受损。因此，建议车主在洗过 2 ～ 3 次抹布之后就要及时换水，保证良好的洗车效果。

（4）雨后不需要洗车（伤车指数：★★★★）

很多车主认为下完雨后，车辆已经被雨水冲刷得很干净，没有必要再洗车，这种想法有些过于主观。

雨水中含有酸性成分，如果下完雨后不及时洗车，这些酸性成分就会附着在车漆表面上，对车漆造成伤害。而且，雨天驾车时，路上的污泥也会溅在车身漆面上，如果不及时清理，不仅影响车辆美观，对车漆也是不好的。因此，如果下完雨后天气转晴，建议车主及时清洗车辆。

172. 防锈七妙招

（1）警惕细微处小伤痕

车漆表面经常出现锈蚀，除了常见的碰撞、剐伤外，行车时车胎弹起的小石块打在漆面上，也会使漆面出现一个个剥落的小点，时间久了就会产生小锈斑。而这些小伤痕因为大多在不起眼处，容易被人忽视。因此，平时要定期检查车体，注意发动机舱盖和车身四周，一旦发现就要及时到专业美容店进行处理。

（2）勤查易积水处湿度

车辆行驶途中，遇到雨雪天气或者路过泥泞积水路面是难免的事，车身底部等一些空隙处和车内地板等处都容易积存污泥，如车主不及时进行清洗，这会让湿气得以藏匿。因此，对于轮毂内外缘、车门、后备厢的底部边角、车门钥匙孔及雨刷架的活动部位等处，要经常进行检查，同时要保持车门及车身各部排水孔的畅通，检查车内覆盖物的湿度，比如地毯等，防止地板部件生锈。

（3）软漆面做封釉

一些漆面较软的车辆，在高速行驶过程中风沙颗粒打在车身上也有可能造成细划痕。对于这类汽车，可以给车身做封釉，它可以形成网状的牢固保护膜，提高漆面的硬度，效果可以保持 1 年左右。另外，对车辆底部可以进行底盘装甲或者封塑，这样可以保护底盘耐酸雨、防腐蚀，使原有的保护层不易干裂、脱落，还可以防止行驶中小石子对底盘的撞击。

（4）最好不要罩车衣

车辆停在室外，如果遇上刮风或下雨的天气，车衣的内层就会反复抽打车漆，尤其是如果车衣内吹进了风沙，就会在车身上划出无数道细小的划痕，时间一长还会造成漆面发乌。另外，风沙过后不要直接用掸子或抹布清理车身上的沙粒，而应该用清水冲洗，同样也是为了防止掸子和抹布上的沙粒划伤漆面。

（5）涂牙膏可临时防锈

对于车身已经出现的一些轻微的划痕或锈蚀，如果车主放着不管，容易生锈，但又不值得花去汽车美容店。那么，车主就可以自己动手用一些简便的方法来处理。

发现有新的小伤痕时，把牙膏以轻轻抹圆圈的方式涂在划痕处。下雨或洗车后，别忘了再涂一下。这样做一般可减轻划痕印记，也可以简单地起到隔绝作用，防止生锈，短期内没问题。特别是白色车漆，效果最为明显。

（6）补漆笔可处理划痕

如果锈蚀不是很严重，可先用极细的水砂纸蘸水轻轻磨去锈斑，但切忌无方向地乱磨，要同向直线打磨。等完全擦净后，涂上一层底漆。若是新的剐伤，可擦净后直接涂上底漆。如果车辆配有小罐原厂漆，就可以等底漆干了后，再用水砂纸将其磨平，在底漆之上把原厂漆涂上。如果没有原厂漆，可以购买一支补漆笔，用补漆笔进行上色处理。这样的处理虽然没有去美容店处理效果好，但对于小的或者不醒目处的伤痕，也可以起到防止锈迹扩大、加重的作用。

九、其他附件养护

173. 蓄电池养护更换不复杂

（1）蓄电池使用两年以上需注意检查

一般汽车蓄电池的使用寿命为 2 ～ 3 年，新车的原装蓄电池可以使用 3 年以上。所以如果你的车辆的蓄电池已经使用差不多 2 年，就要注意，它的使用寿命有可能已经到期。这时应该多多检查，提前做好检测，发现问题及早解决或更换，避免使用过程中蓄电池突然“趴窝”造成损失。

（2）更换蓄电池后需要注意什么

新的蓄电池可能存在电量不足的情况，包括新出厂新车上的原装蓄电池，都有可能电量并非 100%。因此更换新的蓄电池后，或者买了新车之后，需要让发动机运转时间长一点儿，从而确保蓄电池能够完全充满电。

（3）车辆长时间不开对蓄电池有损害吗

由于蓄电池会进行自放电，如果车辆长时间不开的话有可能导致蓄电池电量耗光，最终启动不了车辆或者损坏蓄电池。

如果车辆长时间不用，最好也尽量保持每 15 天重新启动一次，并且每次让发动机运转 20min 左右，让蓄电池再次充满电。

（4）这些不良用车习惯会损坏蓄电池

虽然说一般汽车蓄电池的使用寿命可以达到 2 ～ 3 年，不过有部分车主由于平时的一些不良用车习惯会导致蓄电池提前损坏，不得不进行更换，所以我们平时也一定要养成良好的用车习惯。下面就列举几种较常见的不良用车习惯。

下车忘关灯或车载电气设备

停车熄火后忘关大灯是最常见的，也因此导致很多车辆蓄电池第二天电量耗光，发动不了。不过随着汽车产品的优化，熄火后大灯如果没关会有声音提示，或者有些车辆在熄火后半分钟内会自动将大灯熄灭，这样就减少了忘关大灯对蓄电池造成损害。除了大灯外，如果熄火后忘记关闭其他灯光例如车内阅读灯或者其他车内电气设备，可能经过一夜之后也会造成蓄电池深度亏电，启动不了车辆。

遇到这种情况，在有条件的情况下可以尝试为蓄电池充电，直至可以启动汽车为止，否则就有可能需要更换蓄电池。与其花大价钱更换蓄电池，还不如平时就养成良好的习惯。

车辆熄火前不关空调

很多人在车辆熄火前都不习惯去关空调，在下一次启动时，空调会随着汽车的启动而同时开启，这属于不良习惯，也会对蓄电池产生损害。

如果空调在熄火前没有关闭，在下一次启动车辆时空调会自动随着发动机的启动而启动，这会导致车辆瞬间功率过高，蓄电池负荷过大，长久反复多次，对蓄电池是一种损耗。

因此在熄火前，应该尽量将车上能关的空调、收音机等电气设备都关闭，这样下次车辆启动时不会导致蓄电池瞬间负荷过大，从而保护蓄电池。

不着车的情况下大量使用用电设备

曾经有一朋友在路上车胎被扎了，在换备胎的过程中他朋友在车内一边悠闲地听着歌，一边开着空调。等到备胎换好之后，才发现车辆启动不了了，原因就是车上空调和影音设备将蓄电池的电量全都耗光，最后不得不叫拖车。

很多人在停车场或者是路边等朋友时，经常会一边听着歌一边等。但为了省油，往往会将发动机熄灭，这时影音设备损耗的就是蓄电池的电量，很可能会将蓄电池电量耗光，导致最终启动不了车辆。

由于车内空调系统以及影音系统都是耗电量较大的电气设备，如果时间一长，很可能就会导致蓄电池亏电，着不了车；就算时间不长，经常这样不着车使用电气设备也会损坏蓄电池，最终会导致蓄电池提前报废。

有在4S店更换过蓄电池的车主都知道，在4S店换蓄电池，不但蓄电池价格比市售的高，而且工时费还要花费不少。如果能自己买来更换，不但价格相对较便宜，而且还能省下一笔工时费用。

实际上蓄电池更换并不难，需要用到的工具包括六角套筒以及“一”字形螺丝刀（根据不同车型有所不同）。

（5）蓄电池正负极拆装顺序有讲究

在拆下旧的蓄电池时一定要按照“先拆负极后拆正极”的顺序，由于车身是与蓄电池负极连接的（搭铁端），如果先拆正极的话，在拆卸过程中螺丝刀有可能会触碰到车身，一旦触碰到车身就相当于将蓄电池正负极直接连接，有可能引发短路而烧坏蓄电池。因此拆卸时要“先拆负极后拆正极”，但在安装时则相反，遵循“先安正极后安负极”的顺序。

（6）蓄电池更换过程很简单

只要工具准备好、相关注意事项熟悉之后，实际上蓄电池更换非常简单，并不属于什么体力活。目前大部分车型蓄电池都位于发动机舱内（部分纯电动车位于后备厢），有的车型外面有一个保护壳，有的车型则直接裸露在外面。下面以某车型为例，向大家演示如何更换蓄电池。

拧松负极接头螺母：打开隔热棉的两个固定纽扣，可以看到正负极接头上面红黑两个绝缘罩，翻开绝缘罩就可以看到锁紧螺母。

拆开负极接头：用扳手或六角套筒分别拧开负极的紧固螺母，再用一字螺丝刀慢慢撬开紧固块，接着即可拔出负极接头。

拆开正极接头：用相同的方法拆开正极接头。

拆开锁紧带：拧开用于固定蓄电池锁紧带的螺母，松开锁紧带，进而将蓄电池取出。

在安装新的蓄电池时，只需按照相反的步骤进行安装，不过需要注意的是，在安装正负极接头时应遵循“先安正极后安负极”的顺序，与拆解时相反，而原理一样，都是为了防止短路危险，保障安全。

总结

蓄电池是决定汽车能否正常启动的重要部件，但实际上它并没有多“娇贵”，也并不需要特意地去维护。我们在日常使用时只需养成良好习惯，注意一些小细节即可。自行拆装更换蓄电池也并不复杂，只不过需要注意的是在拆下正负极接头时需要先拆负极后拆正极，安装时则相反，避免因操作不当造成危险。

174. 汽车安全带保养事项

（1）如何判断安全带是否老化

大部分汽车安全带说到底是由绳子、卷簧器、锁扣组成的，这看似简单的组合足以在关键时刻拯救驾乘人员的性命。拥有良好驾驶习惯的驾乘人员都会在上车的时候系上安全带，而随着车辆使用时间的加长，位于B柱或C柱内的安全带卷簧器都逐步老化，渐渐失去回缩以及锁止的能力；安全带扣锁也会因为长时间使用变得锁止行为不灵活，影响安全带的正常使用；而长期处于湿度偏高的地区，安全带带身会渐渐变得脆弱，局部甚至会有小范围断裂。所以当你发现安全带伸缩不灵活，力度过松，不能及时拉紧，安全带带身有损伤等工作不正常的现象时，说明安全带已经出现明显老化，不适合继续使用，为安全起见，应进行更换。

（2）定时检查

如果安全带在使用周期中遇到过强拉伸的负荷（一般出现在紧急制动或者碰撞事故当中），应当及时请专业维修人员对其进行检查，保证安全带的正常工作。同样，如果配有安全气囊的话，无论是否爆破，都应该进行全面检修。

（3）日常保养注意事项

在平时车辆使用的时候，车主们都可以在每次使用安全带时，留意安全带拉伸是否顺畅以及安全带扣能否正常工作，安全带扣松开按钮同样需要注意其是否方便触及和轻松打开，以防在发生事故以后，因安全带扣无法正常打开而拖延逃离车厢的时机。还要注意安全带扣和安全带卷簧器固定位是否同样紧固，避免发生紧急事故而安全带脱落的情况出现。

日常使用保养方面，如果觉得安全带带身太脏需要进行清洁时，可以使用中性家居清洁剂或者肥皂温水，尽量采用无纺布或者海绵进行清洁，严禁采用带有腐蚀性的清洁剂或硬刷子进行清洁，因为这样很容易破坏安全带的织物结构，降低拉伸强度。同时应清洁安全带扣及肩部接缝处的异物，保证卷簧器和安全带扣接口畅通，如果遇到异物卡住的情况，请不要自行拆装安全带装置，应该请专业人员进行检查。

另外要注意，在清洁完安全带带身以后不要让安全带带身缩回，须等待安全带带身干燥以后才可放回，否则湿润的安全带很可能会使卷簧器老化，安全带带身也会因霉变而降低拉伸强度，从而影响其安全性。

最后提醒，对安全带进行维护是必须，但驾乘人员正确使用安全带同样不容忽视，否则安全带很可能会带来反作用。首先调整好坐姿再系安全带，目前一般家用车都会配有安全带高低可调功能，所以有此功能的车辆，车主需要注意肩部高度，正常安全带系应从肩部锁骨位置通过至臀部髋骨安全带扣为最标准。应牢记，不要因在座椅放置坐垫或靠枕影响安全带正常的使用位置，万一发生事故，错误地使用安全带反而会造成驾乘人员严重受伤。

175. 重视四轮定位

四轮定位就是通过定位角度的测量来诊断车辆是否出现不良症状，并消除这些症状。一般的家用轿车在年度维修保养的时候做一下四轮定位是必要的，而一些特殊条件下频繁使用的车辆要每 3 个月定位一次。

（1）汽车跑偏就一定要做四轮定位吗

多数司机发现汽车跑偏，第一反应都是认为轮胎和悬挂系统出问题了，就慌忙去做四轮定位。其实汽车跑偏有很多种原因，例如胎面花纹磨损的程度不一样会跑偏，悬挂系统设计有问题或悬挂受伤、变形、移位等也会跑偏，下面汇总几点汽车跑偏的原因。

胎压不等是导致汽车跑偏的重要原因

车辆每行驶 2 万千米应调换一下轮胎的位置，因为驱动轮轮胎的磨损程度总是会比其他的轮胎大，不同的摩擦力也会直接引发跑偏。

转向系统的好坏也将影响汽车的直线行驶

各连接件因磨损间隙过大或轴承、主销、衬套磨损造成松动，将引起汽车在行驶中摆头，不能保持正常的运动轨迹。如果是转向节臂、转向节弯曲变形，一般会引起汽车单向跑偏。最严重的是横直拉杆球头严重磨损后松脱，将造成转向失灵，导致汽车完全失去控制。

一些另类的事情让你误认为汽车跑偏

高速行驶的汽车，横向的风会造成汽车的跑偏；一直靠在路的一侧行驶会造成跑偏；一侧的轮胎气压低会造成跑偏等。

（2）什么情况下车辆需要做四轮定位

① 更换新胎或发生碰撞事故维修后。

② 前后轮胎单侧偏磨。

③ 驾驶时方向盘过重或飘浮发抖。

④ 直行时汽车向左或向右跑偏。

⑤ 车辆日常维护：新车在驾驶 3 个月后，之后每半年或 1 万千米做一次四轮定位。

（3）做四轮定位后车辆会有哪些改善

① 增加行驶的安全性。

② 减少轮胎的不正常磨损。

③ 保持直行时方向盘正直，维持直线行车。

④ 转向后方向盘会自动归正。

⑤ 增加驾驶的操控感。

⑥ 减少燃油的异常消耗。

⑦ 降低悬挂部件耗损。

（4）四轮定位不准确的后果是什么样的

轮胎过度磨损

四轮定位参数不准确可以造成轮胎偏磨，从而导致发生爆胎的危险。

车辆开起来不顺手

方向盘发抖以及跑偏会让你开车感觉更累，同时增加出现交通事故的概率。

油耗增加

如果没有特殊情况而油耗增加的话，可能是车辆的四轮定位参数不准确。

（5）下面五招可在做四轮定位时防止被骗

① 在用仪器做四轮定位的时候，注意确认维修厂的定位仪器是否先进、合格。

② 确认维修人员对你的汽车使用的汽车数据是否准确。

汽车日益更新，数据也在更新，而定位仪器的升级往往是跟不上时代的，有些新车只能根据一些旧车做一下选择才能定位。定位时最好带好你的汽车说明书，因为那里有你的爱车的准确数据。

③ 汽车定位完毕后查看打印出的数据。前轮的外倾角是否在标准范围内，不要差太多，还有就是左右不要差太多，因为这样会造成车辆跑偏。再就是后倾角，只有一些特别高档的汽车的后倾角在正 8° 左右，是因为其有良好的助力转向系统。现在的高档汽车后轮的前束值也是可调节的，假如距离标准值相差太多，则也会使车

辆跑偏。

④ 不是标准底盘的汽车，像一些 SUV、皮卡、小型客车等，都装有扭杆弹簧，开的时间久了会造成左右车高不一致，这时候就需要调节扭力杆达到标准值。

⑤ 千万注意的是，不要把汽车的车高调整得和出厂标准值不一致，一边儿低会跑偏；整体过低行驶起来会失去减振的效果，过高会使车辆行驶起来有种飘的感觉，最重要的是要注意不要前高后低。

（6）纠正车主的四轮定位思想误区

认为做四轮定位就是调整前轮前束

四轮定位，顾名思义是需要将汽车四个车轮的定位状态都要考虑。前束是个角度概念，技术上称为前束角。

实际上，前车轮不仅有前束角，还有车轮外倾角、主销后倾角、主销内倾角。后车轮也有前束角，还有车轮外倾角和推进角等主要定位角度。做四轮定位时，后轮的定位角度更为重要。

选择便宜的店做四轮定位，问题解决不了

目前国内外众多的四轮定位仪的生产企业竞相占据市场，各种形式生产的、品质不一的定位仪让人眼花缭乱，没有知识产权和没有技术含量的定位仪生产企业竞相压低价格。

低价的背后其实是因为设备的技术含量和测量精度不高，这样的结果使车辆的定位问题无法得到根本解决。

车主不懂四轮定位操作常识，容易被欺骗

多数车主对四轮定位的知识知之甚少，给爱车做车轮四轮定位时基本上不关心操作，也很少会提出自己的意见。有些维修人员会避开车主来做四轮定位，还有的维修人员在做四轮定位前不做定位前检查，甚至连半轴胶套、下摆臂铰接头胶套开裂都不能及时告知车主，导致日后用户更大的损失，重复做定位并且重复性收费。

总结

别小看四轮定位，关系着我们开车的安全。一辆车的四轮定位数据准确，可以帮助我们更好地用车，降低养车费用，提高安全驾驶。

176. 检查汽车刹车片和制动液的窍门

为了保证行车安全，我们必须养护刹车系统。那么，我们该怎样对待决定着刹车效果的两大关键——刹车片和制动液呢？

（1）刹车片检查

无论任何刹车系统最终都是由刹车片（盘式）或刹车蹄片（鼓式）完成制动的，因此要定期检查刹车片或刹车蹄片的厚度。当发现其厚度接近或小于制造商规定的最小厚度时，应立即更换。检查刹车片的同时，还要检查刹车盘或刹车鼓的磨损，如接触表面出现凹痕，要及时光盘或光鼓，以保证与刹车片的接触面积，提高制动力。

（2）制动液检查

检查制动液之前，应小心地擦净主油缸上的泥垢，以免任何脏东西掉入储油罐。摘掉紧固件（一般是销子）和盖子。对于没有刻度的油缸，应保持液面距油缸顶 6mm，如果有刻度，只要保持液面比刻度高即可。

如发现液面下降，要立即检查制动液路是否有泄漏的地方。

如果制动液脏了，应放掉并且冲净整个系统，然后用新液灌满主油缸。

制动液不要重复使用，所有从系统中被放掉的制动液都应该被丢弃掉。

如果主缸需要加油，应加入符合 DOT3 或 DOT4 规范的重载制动液。千万小心别把制动液溅在油漆上，因为它有很强的腐蚀性，会毁坏面漆。

在很长一段时期内如果总缺制动液，而需经常添加，很显然是车辆的刹车系统有毛病了，应该检查一下。

由于制动液吸收空气中的水分，时间长了就会失效，要根据厂商的规定，定期更换制动液，最好每年更换一次。

清洁的、高质量的制动液是安全和刹车系统功况良好的基本，应该购买市面上质量较好的制动液。

在保养刹车系统的项目中，定期检查制动液面是最重要的，起码一个月检查一次，次数多则更好。

从制动液的颜色也能看出问题，制动液不应该颜色过深。如果真是如此，则就有问题了，不过这种情况不会经常发生。

（3）汽车刹车片自检的三个小窍门

看厚度

一个新刹车片厚度一般在 1.5cm 左右，随着使用中不断摩擦，厚度会逐渐变薄。专业的技术人员建议，当肉眼观察刹车片厚度已经仅剩原先 1/3 厚度（约 0.5cm）左右时，车主就要增加自检频率，随时准备更换了。当然个别车型由于轮毂设计原因，不具备肉眼查看的条件，需要拆卸轮胎才能完成。

每个刹车片的两侧都有一个突起的标志，这个标志的厚度为两三毫米，这也是刹车片最薄更换的极限，如果刹车片厚度已经与此标志平行，则必须要进行更换。因此当刹车片厚度接近此标志的时候，车主就要随时观察准备了。不过在不拆卸轮胎的情况下通过肉眼很难准确观察，目前不少车型在刹车片过薄时仪表手刹灯位置会有所提示，相对自检会方便一些。

对策：根据用车环境和开车习惯刹车片没有严格的更换间隔，一般在行驶 6 万千米左右就要考虑更换。当肉眼观察发现刹车片较薄时应当在保养时要求技术人员进行检查，因为肉眼观察本来就会存在误差，专业的维修站通过卡尺检查要比肉眼观察更严谨一些。

听声音

如果在轻点刹车的同时伴随有“铁蹭铁”的吱吱声，此时刹车片必须立即更换。因为刹车片两侧的极限标识已经直接摩擦刹车盘，证明刹车片已经超过极限。遇到这种情况，在更换刹车片的同时要配合刹车盘的检查，出现这种声音时往往刹车盘已经受到损坏，此时即便更换新的刹车片仍然不能消除响声，严重时需要更换刹车盘。

对策：当听见刹车有声音的时候往往已经晚了，此时刹车盘多多少少会受到损伤。刹车盘的价格相比刹车片要高出很多，因此建议大家勤检查刹车片，避免损伤刹车盘的情况出现。

感觉力度

当刹车片变薄时刹车效果会受到影响，此时需要更深地踩下制动踏板才能达到原先轻踩就能达到的制动效果，前半程制动效果明显减弱，很多人感觉自己的刹车变软，有点刹不住了，此时就要检查一下刹车片是否需要更换。

对策：这个方法相对抽象，凭感觉可能有些不好把握，因此养成一个良好的自检习惯很重要。另外刹车效果降低会导致制动液消耗增加，因此更换刹车片的同时要着重检查制动液的情况。

总结

如果发现手刹的制动效能或灵敏度不理想，通常可以通过调节手刹的操作铜缆来解决。在手刹手柄的底部与铜缆的连接处（一般由内饰件覆盖）有一个可调的补偿机构，用扳手松开锁紧螺母，就可以拉伸刹车铜缆的长度。

177. 注意刹车系统保养，有助于安全行车

大部分轿车的刹车系统由刹车踏板、助力器、总泵、ABS 辅助、油管、各轮的刹车分泵及摩擦组件组成。常用的摩擦式刹车系统一般分为碟式刹车和鼓式刹车两类。

因为刹车系统对驾驶者的生命安全至关重要，若在行驶中刹车系统出现故障，往往会酿成重大事故。由此可见，定期对刹车系统进行检查和保养是非常必要的。

（1）刹车片的耐高温保护

要定期检查刹车片或刹车蹄片的厚度。当发现其厚度接近或小于制造商规定的最小厚度时应立即更换，以便保证自己的行驶安全。

（2）要按行驶里程更换刹车片

刹车片和刹车盘是有使用寿命的，当它们磨损到一定程度时必须更换。刹车片的寿命为 3 万千米左右，但是具体情况还要看车主的操作情况，所以最好是每 1 万千米检查一次。

（3）定期更换制动液

制动液是除了刹车片之外，对刹车系统影响最多的。所以要每行驶 5 万千米就应更换一次制动液，若长期在潮湿地区行驶，更换周期要适当缩短。

注意

刹车系统事关驾乘人员的人身安全，如果使用了不正确的产品以及假冒伪劣产品，或者操作不当的话，极易导致事故。所以一定要在有资质的服务商处购买正规渠道的、知名企业的产品，以保证安全。

178. 保持最佳视野，添玻璃水是关键

（1）玻璃水常被忽略

在行车过程中，想用玻璃水清洗一下灰尘密布和有虫尸的前挡风玻璃，结果按了半天雨刮器喷水按钮，才突然想起忘记添加玻璃水，于是只好“视线模糊”前行。相信很多的车主都会有这样的感受，特别是行车时如果看见挡风玻璃上沾染污物或虫尸，视觉会感到很不舒服。

（2）玻璃水的用途

玻璃水是汽车挡风玻璃清洗液的俗称，属于汽车使用中的易耗品。夏季常用的玻璃水，在其内部增加了除虫胶成分，可以快速清除撞在挡风玻璃上的飞虫残留物；冬季使用的防冻型玻璃水，在保证在外界气温低于 -20℃时，仍然不会结冰冻坏汽车设施；特效防冻型玻璃水，保证在 -40℃时仍然不结冰，适合我国最北部的严寒地区使用。

当你感觉车的前挡风玻璃透明度差了，这时候喷一喷玻璃水，视野会豁然明朗。尤其在夜间行车时，玻璃灰尘会散射光线，这时候就需喷玻璃水，使前挡风玻璃保持在最佳透明状态。此外，在灰尘较多的环境，以及在雨天在高速路上行驶时，玻璃水的消耗会非常快。

（3）自己动手添加玻璃水

让美容店加一次玻璃水会花费数十元，所支付的费用肯定比买一瓶玻璃水自己动手添加贵一些。自己添加玻璃水没有什么难度，车主完全可以自己动手操作。一般购买回来的玻璃水均不需要稀释使用，只需按照说明书上的指示操作即可。另外自己添加玻璃水的时候，要注意不要加得过满，如果容器口有一些泡沫，不用担心，并不影响使用。

179. 如何识别冒牌玻璃水

汽车玻璃水一般分为夏季使用的 0℃玻璃水和冬季使用的 -20℃、-35℃玻璃水，主要功能是强效清洗汽车挡风玻璃上的灰尘、污渍，快速去除虫胶、鸟粪、

油垢等。

虽然说玻璃水价格不贵，但是假货泛滥，那么怎样正确选择优质汽车玻璃水呢？

（1）优劣玻璃水之间的差别

优质玻璃水

优质玻璃水是由去离子水加各类环保添加剂制成的，具有去污、驱水、防冻、抗静电、防腐蚀等功能。

可以有效去除灰尘、润滑油、汽柴油、残余上光蜡、树胶、鸟屎、高速公路上的虫胶等。可以快速对挡风玻璃上的雨水进行分散，避免驾驶员在强降雨天气下挡风玻璃模糊不清。可以中和挡风玻璃与雨刷器及空气中物质摩擦而产生的电荷，增强玻璃表面的导电作用，抗阻静电，防止电荷吸附污物，影响视野。

pH 值始终处于中性

不含各种金属离子，对汽车漆面、橡胶、各种金属没有任何腐蚀作用。可以在挡风玻璃上形成保护膜，使汽车玻璃更加清澈透明，对汽车漆面无腐蚀，对橡胶无溶胀作用。

劣质玻璃水会经常出现沉淀、变色、变味等状况

由于劣质玻璃水所含的酒精成分过高，会对汽车漆面产生不良影响，损害汽车漆面的光泽度、硬度，并且会对所接触的橡胶件和塑料件产生溶胀作用，降低这些配件的硬度，使其产生颜色差异。由于汽车玻璃水在清洗完玻璃后会流到空调进风口附近，玻璃水挥发的气味也会沿着汽车空调的通风管道进入到驾驶室内，变质发霉的玻璃水以及由劣质化工原材料制作的玻璃水所挥发的有害气味，会成为危害车主健康的隐形杀手。

（2）怎么识别玻璃水的好坏

玻璃水的泡沫越丰富，去胶去污能力越强

购买玻璃水的时候一定要先用力地摇晃几下，看看里面的泡沫是否丰富，因为泡沫越多，表明其所含的活性剂越多。当然，泡沫多少也不是判断玻璃水好坏的决定性条件，一定要看泡沫是否细密，泡沫细密的玻璃水含有的阴离子表面活性剂较为环保，如果玻璃水的泡沫非常多、大且过于膨胀，说明玻璃水的环保性较差。

防冻性能

玻璃水的防冻性能是非常重要的，特别是对于北方较为寒冷的天气，如果玻璃水的防冻性能不好，就会影响视线，给行车带来安全隐患。首先看玻璃水的价格，在购买时一定要到正规的店面进行选购，一般情况下正规的玻璃水价格都在 20 元以上。其次，最好是购买后到 4S 店请专业技术人员用检测仪器检测一下，这样用起来也比较安全和放心。

看液体的黏稠度

玻璃水对橡胶雨刷起到一定的防蚀和润滑的作用，越黏稠其所含的有效成分越多。通常情况下我们在购买时可以先将瓶体倒过来看里面的气泡上升的速度，如果

上升慢说明较为黏稠。另外，还可以用手感受一下，这样更加直观一些。

防雾功能

优质的玻璃水会在玻璃表面形成一层单分子膜，可以有效避免挡风玻璃上雾气的产生。而一般的玻璃水则没有这个功能，喷洒在挡风玻璃上会涂花，较为模糊。

看玻璃水有无杂质

看玻璃水是否变质，较为便捷的方法就是将瓶体倒置，看里面有无沉淀物或杂质，优质的玻璃水应该是晶莹透明的，如果有絮状的物体，就说明玻璃水已经变质了，最好就不要用了。

（3）自己可以制作汽车玻璃水

用纯净水：一般不要使用自来水或井水，应使用纯净水，因为纯净水经过了过滤处理，时间长了不会产生絮状物以致堵塞喷口。

用洗洁精：不要使用洗衣粉，这样容易堵塞喷口，要用易于溶解于水的洗洁精，一次用 3 ～ 5mL 即可。

冬天使用的玻璃水：需要加入酒精，一般按照 15% ～ 30% 的比例，可以达到 −8 ～ −15℃的要求。

注意事项：冬天必须加入防冻剂之类的物质，否则盛玻璃水的箱体容易被冻坏，当然从成本分析，自制的玻璃水并不划算。

总结

如果一次性购买较多玻璃水，要注意平时存放玻璃水时一定要存放在阴凉处，千万不要被太阳直射，否则玻璃水很容易变质。总之，希望大家能够认真记住上面的选购技巧和方法，从而可以选购到一款称心如意的玻璃水。

180. 雨刮的日常保养

好的雨刮必须具备耐热、耐寒、耐酸碱、抗腐蚀、能贴合挡风玻璃、低噪声、拨水性强、质软、不刮伤挡风玻璃等特点。为确保良好的视野，通常雨刮 1 年左右需要更换一次。在做保养时可将雨刮拉起来，用手指在清洁后的雨刮橡胶上摸一摸，检查是否有损坏，以及橡胶叶片的弹性怎样。若叶片老化、硬化，出现裂纹，则雨刮就需要更换了。

（1）确认雨刮连接方式以及规格

支杆连接雨刮摇臂，有的支杆是用螺钉固定到摇臂上的，有的则是用凸扣锁死的。车辆使用的雨刮型号可参考随车手册。

（2）雨刮橡胶条是否老化

将雨刮拉起来，用手指在清洁后的橡胶雨刮条上摸一摸，若叶片老化、硬化、出现裂纹，则此雨刮不合格。

（3）不同速度下雨刮是否保持一定速度

将雨刮开关置于各种速度位置处，特别要留意在间断工作状态下，雨刮是否保持一定速度。

（4）检查刮水状态

如果橡胶的接触面与玻璃面无法完全贴合，产生擦拭残留，则此雨刮不合格。

（5）电动机有无异常噪声

如果雨刮电动机“嗡嗡”作响而不转动，说明雨刮机械传动部分有锈死或卡住的地方，这时应立即关闭雨刮开关，以防烧毁电动机。

181. 雨刮冬季保养方法不可小觑

汽车雨刮经过春、夏、秋季之后，在冬季时，车主们要记住更换雨刮，而且要注意冬季经常对雨刮进行保养，防止冬季气温太低，因为积雪及冻冰的原因，将雨刮粘连。

（1）雨刮定期检查

在冬季的时候，汽车挡风玻璃的清晰度是非常重要的，它也是安全行车的必备条件之一。其实不单单是冬季，别的季节挡风玻璃的清晰度也是很重要的，只是冬季的时候雨刮容易出故障而已。所以冬季的时候尤其是在经常下雪的天气里面，车主们一定要记得定期甚至要经常地检查雨刮，以防冬季天气寒冷，挡风玻璃上有积雪，雨刮在工作的时候因为阻力导致雨刮胶条撕裂，影响刮水的效果。

（2）雨刮正确的清洗方法

冬季汽车雨刮的清洗是尤为重要的，在北方城市中沙土较多，尤其在冬季雪后道路上一般都掺杂的泥土、沙子。在汽车行驶的时候这些杂物很容易在不经意之间掉入雨刮之间，会对雨刮造成很大的磨损。所以冬季的时候应经常清洗雨刮。冬季正确的清洗雨刮的方法是要在冲洗雨刮的时候将其先抬起，顺时针方向清洗，在清洗的时候力道一定要轻。清洗干净后回复原位。后挡风玻璃上的雨刮也采用同样的方法清洗。

182. 雨季雨刮的保养原则

（1）洗车勿忘雨刮

每次洗车时请切记，除了洗净玻璃之外。最好也用玻璃清洗液擦拭雨刮，这样雨刮的寿命也会长一些。如果由洗车店代劳清洁，记得提醒一下店员为你做这项保养汽车雨刮的工作。在做各项保养的时候，将雨刮开关置于各种速度位置处，检查不同速度下雨刮是否正常工作，同时注意其刮水时是否会出现速度与摆动不均匀的情况。如有，则可以自己动手清洁，用沾满清洗液的抹布清洁雨刮片之后再用清水冲洗。如果情况仍未好转，则说明雨刮或橡胶条应该换了。另外，在保养汽车雨刮时还要注意一下雨刮在工作中是否有振动和异响。

（2）定期检查不可少

检查雨刮的方法很简单，喷出一些清洁液，然后开动雨刮，留意它的动作是否流畅，留心听听是否有较大的“刮刮”声，如有的话，就表示雨刮过分压向玻璃，必须做出适当的调校。当雨刮扫完 1 ～ 2 下之后，看看是否有水分留在挡风玻璃上，同时观察一下是否会留下一些划痕，如果很明显地见到的话，就表示雨刮上的刮水胶条已经老化，应该更换新的橡胶条了。

如果各种故障现象都齐全，一定要检查雨刮片。方法是将雨刮拉起来，用手指在清洁后的橡胶雨刮片上摸一摸，检查是否有损坏，以及橡胶条的弹性怎样。若橡胶条老化、硬化，出现裂纹，就应及时更换。此外，还要注意支杆连接至雨刮摇臂的方式是否匹配。

（3）用车时候多注意

要想雨刮使用寿命更长，最好是避免长时间在太阳下暴晒。还有一点要注意的是，很多车主发现玻璃上有沙尘时，往往只开启雨刮扫走沙粒，事实上这样做会损坏雨刮的橡胶条及汽车玻璃，所以在开启之前，不妨先喷洒一点儿清洗液。当然人工清洁更佳。保养雨刮还要注意维护好车辆的喷水系统：加入中性、去污、润滑的清洗剂；不良清洗液会腐蚀喷水系统、雨刮及汽车面漆。及时充水，避免喷水电动机空载。

（4）如何延长雨刮使用寿命

首先要准备一块比较大的 800 号水砂纸，然后将车辆上的雨刮拿下来并且先放到水里，并且把砂纸也一起放进去，1min 以后将雨刮与砂纸拿出来，用砂纸在雨刮上磨五下左右，然后用水轻轻地冲洗干净，装回，检测看能否刷得干净。如果不行，则按照之前的方法重新再来一次，这样依次循环，直到达到自己的标准为止。因为这样可以将雨刮原本已经不平整的胶条打磨平整，从而起到延长雨刮寿命的作用。

（5）雨刮片并非越长越好

有些人认为雨刮片的长度越长，刮的面积越大，视野越好。其实，加长雨刮片长度虽然可以增加视野可见的范围，但相对也会增加雨刮电动机、雨刮杆的负担，如要加长，一定要保证绝不能妨碍雨刮的正常工作。

（6）雨刮的常见问题

带状条痕：没有找到雨刮壁的最佳支撑点，导致雨刮橡胶条不是每个部位都与玻璃充分接触；不适当的臂杆压力或上部结构损坏，甚至不适当的雨刮片都会导致此类现象。

雾状条痕：一层油状的薄膜随着雨刮使用而分布在挡风玻璃上，通常是因为脏、污或车蜡附着在玻璃上而导致；雨刮胶条被车蜡、油污污染也有此现象。

细水现象：当雨刮刷过挡风玻璃后，仍有小水滴贴在玻璃表面，此现象为车蜡、油渍或硅化物黏附于挡风玻璃、胶条上或胶条片本身质量所致。

"咔嗒"声或刺耳的噪声：发生雨刮不规则刮扫时，大都由于橡胶条磨损、臂杆及支架损坏、胶条老化变形所导致。在无润滑的情况下，雨刮刮扫干净玻璃时也会有摩擦声。

雨刮扬升现象：当汽车高速行驶时，因雨刮遭受风力而上扬，导致部分面积未被刮扫到。

橡胶条龟裂：橡胶条本来就有一定的寿命，经过冷、热、酸、碱的侵蚀下，硬化龟裂或剥落在所难免。有的橡胶条会直接脱落于雨刮臂上，若是品质不良的橡胶条，损坏会更快。

橡胶条硬化：由于日光直晒和高温，使雨刮橡胶条硬化而失去弹性。

上部结构损坏：受冰铲或外力破坏，造成雨刮杆结构损坏。

腐蚀或橡胶条磨损：气候不佳、清洗产品使用不当或未达标的橡胶条配方，会造成雨刮橡胶条边缘破烂或完全磨损。

橡胶条污损：形成的原因大多是长期囤积在雨刮上的油渍、车蜡等物质附着在雨刮器上，会与挡风玻璃接触处产生空隙，而达不到完全刮水的作用。当发生上述情况而不能及时解决，雨刮就会进一步恶化，划伤玻璃，进而会严重影响行车安全。

183. 怎么保养汽车天窗

汽车天窗是一个比较特殊的部分，其作用是为了更好地使车内的空气流通，使车主更加健康舒适地开车。另外可以开阔视野，也可以用于户外拍摄或者摄影的需求。但是一般汽车天窗不经常使用（常用于天气晴朗的凉爽气候，其他的时候汽车天窗是关闭的），所以有些车主容易忽视汽车天窗的保养。

（1）天窗两方面的保养

汽车天窗主要应注意两个方面的保养：一个是胶条的清洗；另一个是排水管的清理和导轨的润滑。在保养过程中，如果清洗密封胶条用力过猛，容易造成移位，这时可以选用滑石粉进行定期润滑。

（2）天窗渗水的原因

下雨天天窗渗水，这是由于忽略对天窗的保养、密封圈老化导致的。保养天窗应该从润滑做起，汽车用了几年后滑轨润滑性降低并且容易积尘，这时应将天窗完全打开，先用干净的软布擦拭灰尘，再用不易吸附灰尘的润滑剂对天窗的滑轨部分和传动管道进行润滑。

（3）天窗如何养护

天窗密封圈的日常防尘尤为重要，在春秋两季，可以隔一个季度用湿海绵清洁一次密封圈；车辆在长久停放前，要用滑石粉彻底清洁一次天窗，避免时间过长造成胶条自然老化；定期清除天窗滑轨上的灰尘、泥沙或者落叶，洗车时，顺便检查天窗的胶条及凹槽内有无这些东西等；每次保养的时候，请4S店的工作人员为天窗进行润滑。

（4）天窗养护注意事项

在洗车房洗车时，切勿使用高压水枪对准天窗周围的密封圈喷，避免密封圈在高压水柱的喷压下变形。

在颠簸的道路上行驶时，最好不要完全开启天窗，否则有可能因为振动太剧烈导致天窗和轨道之间的零件变形，甚至损坏电动机。

在开启天窗前，应注意车顶是否有阻碍天窗滑行的障碍物。

下雨天或清洗车辆时，严禁打开天窗，以免酸雨或水滴使天窗内的胶条和金属老化及生锈。

在寒带地区，户外有结冻的情形时，请勿强行开启天窗，因冰冻所造成的阻力可能会对机械组件造成伤害，甚至烧坏电动机。

184. 选购汽车用品的八大注意事项

（1）看商标标识是否齐全

正宗产品的外包装质量好，包装盒上字迹清晰，套印色彩鲜明。

包装盒、袋上，应标有产品名称、规格型号、数量、注册商标、厂名厂址及电话号码等，有的厂家还在配件上打出自己的标记。一些重要部件如发电机、喷油泵等，还配有使用说明书、合格证和检验员章，以指导用户正确使用和维护。选购时应仔细认清，以防买到假冒伪劣产品。

（2）看几何尺寸有无变形

有些零件因制造、运输、存放不当，易产生变形。检查时，可将轴类零件沿玻璃板滚动一圈，通过看零件与玻璃板贴合处有无漏光来判断是否弯曲；选购离合器从动盘钢片或摩擦片时，可将钢片、摩擦片举在眼前观察其是否翘曲；在选购油封时，带骨架的油封端面应呈正圆形，能与平板玻璃贴合，无挠曲；无骨架油封外缘应端正，用手握使其变形，松手后应能恢复原状。在选购各类衬垫时，也应注意检查几何尺寸及形状。

（3）看接合部位是否平整

零配件在搬运、存放过程中，由于振动、磕碰，常会在接合部位产生毛刺、压痕、破损或裂纹，影响零件的使用，选购时应注意检查。

（4）看零件表面有无锈蚀

合格的零配件表面，既有一定的精度，又有很好的光洁度，越是重要的零配件，精度越高，包装的防锈、防腐要求越严格。选购时应注意检查，若发现零件有锈蚀斑点、霉变斑点或橡胶件龟裂、失去弹性，或轴颈表面有明显车刀纹路时，应予以调换。

（5）看防护表层是否完好

大多数零件在出厂时都涂有防护层，如活塞销、轴瓦用石蜡保护；活塞环、缸套表面涂防锈油并用包装纸包裹；气门、活塞等浸防锈油后用塑料袋封装。选购时若发现密封套破损、包装纸丢失、防锈油或石蜡流失，应予以退换。

（6）看胶接零件有无松动

由两个或两个以上零件组合成的配件，零件之间是通过压装、胶接或焊接的，它们之间不允许有松动现象，如油泵柱塞与调节臂是通过压装组合的；离合器从动轮与钢片是通过铆接结合的，摩擦片与钢片是铆接或胶接的；纸质滤清器滤芯骨架与滤纸是胶接而成的；电气设备的线头是焊接而成的。选购时若发现有松动，应予以调换。

（7）看转动部件是否灵活

选购机油泵等转动部件总成时，用手转动泵轴，应感到灵活，无卡滞；选购滚动轴承时，一手支撑轴承内环，另一手打转外环，外环应能快速自如转动，然后逐渐停转。若转动部件转动不灵，说明内部锈蚀或产生变形，不要购买。

（8）看总成部件有无缺件

正规的总成部件必须齐全、完好，才能保证顺利装配和正常运行。一些总成部件上的个别小零件若漏装，将使总成部件无法工作甚至报废。

185. 养成良好油液养护检查的习惯

（1）谨防润滑油过热

外界高温及空调的频繁使用，会使发动机负荷大，机油易变质。高温天气对机油也有一些特殊要求，发动机长期在高温环境下工作，热量会传递给机油，造成机油氧化变质，影响润滑效果。机油对发动机正常工作起决定作用，长期使用劣质机油或已变质的机油，有可能造成油路结胶，引起机油报警，存在安全隐患，最好能坚持定期更换机油和机滤。

（2）制动液不宜过满

制动液的保养里程较长，通常行驶 1.5 万～ 2 万千米后进行检查，但制动液的液位会随刹车片的磨损而降低，外界高温也会影响制动液液位。

正常情况下，制动液的高度要高于最低点，但也不必达到最高点。如制动液的高度降到最低点以下，意味着该更换刹车片了。专家表示，新换的刹车片较厚，会使加得过满的制动液溢出，有可能会腐蚀到车体。假如制动液的减少并非由刹车片磨损所致，应立即补充制动液，并到专业的维修机构进行养护。

186. 暴雨过后涉水车辆需重点保养部位

（1）轻踏刹车踏板

驶出积水路面后，可以轻踏几次刹车踏板，这样做的目的是让刹车片与刹车盘发生摩擦，将附着在上面的水蒸发或甩干，使其最快速恢复制动效果。

（2）检查发动机舱和车底

打开发动机舱盖检查发动机的工作情况，查看水箱散热片上有无树叶之类的污物，轮胎有无损坏，底盘下面有无塑料袋之类的脏物缠绕等。

（3）洗车

建议车主在车涉水和下雨之后，一定要去4S店或汽车美容店清洁车辆，以防沙粒、树叶等进入发动机进气系统，造成发动机、电路等零部件损坏。

（4）雨刮

雨刮的使用频率非常高，所以更需要对它进行检查，避免因为雨刮问题导致出现一些潜在的安全问题。

在使用雨刮的时候，如果发现雨刮和玻璃摩擦发出异响或者发现雨刮在玻璃上“蹦”并且留下很多道痕迹，那么就需要更换雨刮了。

（5）天窗

长时间不使用或者环境中空气比较脏都会导致天窗的内部积聚很多污物，如灰尘、树叶等。这些杂物会被雨水冲进天窗排水槽中堵塞天窗排水管，若排水管堵塞，排水槽中的积水超过排水槽的高度之后就会进入车辆的内部，造成车辆内饰的损坏。

天窗排水管一般位于天窗的四个角，连接着天窗排水槽以及位于门边或者前后翼子板附近的排水孔。因此，在经常下雨的季节到来之前最好要检查一下这些地方，避免车内漏雨。

（6）雾灯

在大雨和大雾天气时，车辆的雾灯能给我们的行车安全提供非常大的帮助，简单来说就是不仅仅能提供照明，还能提示其他车辆你的位置，减少交通事故的发生。

对于雾灯的检查，需要在平常的时候注意灯光是否能正常工作，并检查雾灯内是否有漏水的情况，如果发现问题，需要及时进行修理。另外，这里仅仅提及的是雾灯，如果前后大灯有进水现象，也应及时清理。

十、汽车故障自助修

187. 汽车出故障的八大征兆

（1）工作状况突变

工作状况突变是指汽车的工作状况突然出现不正常现象，这是比较常见的故障症状。如发动机突然熄火后再启动困难，甚至不能启动；发动机在行驶中动力突然降低，行驶无力；行驶中突然制动失灵或跑偏，甚至失效等。这种故障的症状明显，故容易察觉。

（2）异常响声

汽车在行驶过程中出现的非正常声响，是汽车故障的“报警器”。在行驶中突然发出异响，作为驾驶员应意识到车辆出了问题，应立即停车检查，切不可让车辆“带病作业”。

（3）排气烟色不正常

发动机在工作过程中，正常的燃烧生成物主要成分应当是二氧化碳和少量的水蒸气。如果燃烧不正常，废气中会掺有未完全燃烧的炭微粒、碳氢化合物、一氧化碳和大量的水蒸气，此外，还有氮氧化合物等。这时尾气的颜色可能变黑、变蓝或变白，也就是说排气烟色不正常。对于汽油机，正常尾气应无明显的烟雾。但润滑油上窜至气缸时，尾气呈蓝色；燃料燃烧不完全时，尾气呈黑色；燃料中掺水时，尾气呈白色。

（4）过热高温

通常出现在发动机、变速器、驱动桥主减速器、差速器及制动器等总成上。例如，发动机过热，多为冷却系统有问题，可能是缺冷却液或泵不工作；变速器和驱动桥过热，多为缺润滑油所致；制动器过热，多为制动蹄片不回位而引起的。以上现象有时可以通过仪表板警示灯直接反映出来，需要驾驶员驾车时注意观察，也可以用手测试外表温度。

（5）渗漏

渗漏是指汽车发动机的燃油、润滑油（或齿轮油）、制动液（或压缩空气）以及动力转向系统油液等的渗漏现象。这也是明显的故障症状，细心观察即可发现。例如压缩空气泄漏时，可以明显地听到漏气的声音。

（6）燃油和润滑油消耗过量

燃油和润滑油消耗过量，表明汽车技术状况已恶化并已产生了故障。

（7）有特殊气味

汽车在行驶过程中，如有制动拖滞、离合打滑等故障，会散发出摩擦片的焦味；发动机过热、润滑油窜缸燃烧时，会散发出一种特殊的气味；电路短路、搭铁导线烧毁时也会有焦煳味。

（8）汽车外观异常

汽车停放在平坦的场地上，检查外形状况，如有横向或纵向歪斜等现象，即为外观异常。其原因多是车架、车身、悬架、轮胎等出现故障，这样就会引起行驶时方向不稳、跑偏、重心转移和车轮“吃胎”等故障。

188. 学会自行检查汽车自燃的几大前兆

夏季，除了要应对燥热的天气外，还要当心汽车在高温下自燃的隐患。因为车辆行驶得太久后，放在空旷的露天下，易积热发生自燃。那么汽车自燃前兆都有哪些呢？

一般情况下汽车自燃先是冒烟，然后才会燃烧，倘若车主平常就有警惕性，闻到异常气味时，及早停车检查，起火事件可能就会避免。因此，一般通过闻异常气味，检查汽车哪里出故障。

一辆汽车至少由7000个零部件构成，这些零部件有金属的、塑料的，还有橡胶的，在不正常的磨损和消耗时，会发出刺鼻的气味，比如焦煳味、臭味、塑料味等，根据这些散发出来的气味，用鼻子就可判断出车辆的某些故障。

（1）橡胶煳味

这种气味最容易分辨，出现这种气味时首先要检查皮带、制动蹄片及轮胎，看看这些部位的橡胶制品是否松弛打滑或者过热，如果查明是制动器或轮胎发出的气味，应立即熄火停车，等散热后再行驶。

（2）塑料煳味

这种情况大多是电器线路过热所致，由于电器线路的塑料外包皮较薄，所以气味不是很大。但当电器线路短路时，多伴有局部冒烟或发热的现象，时间长了，容易引起燃烧，引发火灾。

电器线路过热现象一经发现必须马上停车找出原因，别看电器线路烧损的气味不大，但危险指数却是非常高的。一般情况下，夏季发生电器线路温度过高的情况会更多，如果没及时发现，很容易造成电器线路彻底损坏、发动机拉缸，甚至整车自燃等现象。

（3）浓浓焦煳味

在行车过程中如果闻到非金属材料烧煳的特殊气味，一般是由离合器摩擦片烧损或过热造成的。这种煳味中还会夹杂着焦臭味，因为离合器片的材质是由橡胶和石棉等多种材料复合而成的。

如果离合器使用起来很正常，也没有明显的难挂挡或起步困难的情况，并且下车闻到的气味来自车的后部，那么就要检查后制动系统有无过热现象了。有些粗心的车主在拉着手刹的情况下强行行驶，这会让后刹车片抱死，也会产生焦煳的气味。

（4）未燃烧汽油味

如果车厢内总能闻到未燃烧的汽油味，那就应该引起车主的高度注意了。应确定漏油的部位和程度后才能再次上路行驶。

车辆经过长期使用，输油管路会发生老化龟裂，燃油会从这些部位渗漏出来，因此，当闻到汽油味时，应立即熄火停车，掐灭香烟等明火，彻底检查油路。如果油箱漏油，有个应急的办法，就是用嚼过的口香糖堵在漏油部位，然后尽快送修。

（5）烧机油味

这种气味在化油器车上比较常见，人们俗称为“烧机油”，除了能闻到呛人的气味外，排气筒还会冒出黑烟。一种情况是由于缸筒的内壁磨损严重或活塞磨损严重，机油进入发动机燃烧室造成的；另一种情况是气门磨损严重，也可能烧机油；还有车辆的输油管老化，机油滴到发动机或排气管上，在高温的情况下，也会散发出难闻的气味。

（6）蓄电池臭味

出现这种情况大多是电解液泄漏或亏损导致的，这种现象多发生在湿式蓄电池上，因为该种蓄电池需要由电解液来完成电能的储存和转化，但当电解液泄漏时就会产生一种刺鼻的味道；同时，如果电解液消耗过多或亏损，汽车发电机会向蓄电池强行充电，这时会使蓄电池充电过热而冒白烟，气味更加难闻。发现这种问题，应当及时补充电解液，并给蓄电池充电。

汽车自燃需要早发现、早解决，特别是在酷暑难当的夏季，安全出行重之又重，最好在开车前检查一下汽车的各方面安全，而且，高温天气下，车辆也要降温、休息。另外，笔者在这里提醒各位车主，车内最好配备车用灭火器，一旦遇到火情，可迅速灭火，把损失降到最低程度。

189. 汽车驾驶中七大自救方法

（1）轮胎爆胎

爆胎是高速行驶时既意外又危险的状况，轮胎在很短时间（少于 0.1s）内失去大部分空气，从而影响正常行驶。

前轮爆胎

一定要握紧方向盘，调整车头，动作要轻柔，不能反复猛打方向盘，更不能急踩刹车踏板，等车辆速度逐渐慢下来后再轻打方向盘，然后在车后 150 ～ 200m 处竖立警示三角牌，防止二次事故发生。

后轮爆胎

车辆会呈现一种不稳定状态，产生一股轻微的力量，使车辆倾向爆胎的那一边，此时应采用收油减挡的方式将汽车缓慢停下。后轮爆胎并不是非常危险，只需握稳方向盘即可。

注意保养

提高对轮胎安全性的认识，平时要多检查轮胎，特别是上高速公路行驶前。

定期实施轮胎换位，保持轮胎磨损均匀，车辆每行驶5000km应做一次轮胎换位，每行驶5000～10000km（或半年）做一次四轮定位，以避免轮胎非正常过度磨损。

定期修正车轮平衡度，车轮不平衡度超标，高速行驶时将会产生高频的摆动，造成轮胎偏磨，不利于行车安全。

（2）水箱漏水

在汽车行驶中，水箱缺水会造成发动机过热、功率下降等一系列不良现象。

如果发现水箱有几处很小的漏水（水箱有砂眼引起），可以先停车，等发动机冷却后，打开水箱盖，将香烟折开，把烟丝捏碎后倒入水箱，或者将肥皂弄成黄豆大小后倒入水箱，然后加满水，盖上水箱盖，启动发动机。不用多久，烟丝或者肥皂在水流循环的过程中会将砂眼堵住，暂时可以解决水箱漏水的问题，一旦有条件后应马上维修，而且需要清洗冷却系统。

（3）发动机水温过高

水温过高的原因很多，常见的有风扇皮带断裂、水箱或水管漏水、节温器故障、机油泄漏等。如果车辆在行驶中发动机动力消失或是传出剧烈的爆震、敲缸等声音，大多是因为发动机过热。

处理程序

当我们遇到水温过高报警时，应首先减速，然后把车开到路旁，不要急于关闭发动机，否则会造成有些软金属脱落，有的甚至会造成粘缸。降温时切忌泼冷水浇发动机，这样可能造成发动机缸体由于骤冷而炸裂。

处理方法

戴上手套，再在水箱盖上加一块多片折叠的湿布，轻轻地将水箱盖拧开一个小缝，等水蒸气慢慢排出，水箱压力降下来后，补充防冻液。

（4）刹车失灵

刹车失灵后，可用手刹来进行刹车，但要操控得当，不能猛拉手刹，否则会造成手刹的钢丝绳因为用力过猛而绷断，使手刹失效或车辆后轮抱死，车辆也很容易失控。

正确的方法是缓缓拉起手刹，分几次拉紧、松开、拉紧、松开的方法使车辆减速停下来。需注意的是，拉手刹的手柄时要摁进手刹手柄的保险按钮，这样可以使手刹手柄在拉紧、放松的过程中操作自如，防止拉紧时手刹锁死。

手动挡车也可通过强制降挡减速停车，具体做法是直接挂入二挡，再松油门、抬离合器，这时车辆会有一种急刹车般的感觉，然后再伺机挂入一挡，挂入一挡后待车辆快停下时可以把发动机关闭，利用发动机气缸压缩的作用使车辆停车。

如果是在一些下坡等危险路段出现刹车失灵，为防止险情进一步扩大，必要时可利用路边的沙泥堆、草堆、路沟、树林、岩石等障碍物给车辆施加阻力而停车。

（5）油箱意外漏油

在野外郊游或非正常路面行驶时，如果不小心磕碰到了油箱造成漏油，此时距相关维修地点又很偏远，可以采取以下方法紧急自救。

嚼完口香糖之后，可以将残渣糊在油箱漏油的部位，因为口香糖干化之后可以紧紧堵住漏油部位，很好地起到救急的作用。

（6）机油临时替代品

如果长途驾驶时遇到机油不足报警，而此时又买不到机油，可以临时购买豆油或花生油暂代，随后开到修理厂后应马上换油，否则会留下很多积炭。

（7）刹车警告灯亮

如果长途行驶中遇到刹车警告灯亮，此时说明制动液不足，刹车系统可能有渗漏现象，此时切忌不可继续开车，必须及时购买制动液进行添加。如果由于环境因素买不到制动液，可以买高度数的白酒暂时代替，不会影响刹车效果，但不可频繁刹车，应急后应立即开到修理厂检修。

190. 行车故障自修小妙招

开车时间长了自然会遇到一些小故障，有些小毛病是可以自己动手来维修的。

（1）早晨点火发现蓄电池能量不足，启动吃力

拿一瓶热开水倒在蓄电池上，关闭所有用电设备，关上车门。等 5 ～ 10min 就可以打火启动，然后开车去换蓄电池。

（2）早晨发动车时抖动

因为个别缸工作不好，气门关闭不严，上高速公路行驶是一种办法但费钱，可在 3 挡或 4 挡上高转速多行驶一会儿，效果一样。如果热车不抖动但换挡不顺，则有可能是喷油嘴喷油量不匀，需要进行检测、清洗。

（3）感觉刹车不如以前好用

在等红灯时用大力踩几脚刹车踏板，即可见效。

（4）车辆跑偏

将跑偏方向的前轮调高气压或将另一方向的轮胎适当调低气压。

（5）车门拉手松动或转动钥匙变紧、发涩

打开前车门，在侧面就会看到一个塑料盖，起开后可以看到里面一个螺钉，松动几圈，从外面就能把锁芯拔出来，里面有一根拉线扣在把手上，调整拉线的松紧即可。后车门的螺钉用密封条挡着，可用手拨开，在安装之前，在锁芯里面涂上润滑脂，这样车门上的把手和锁就会恢复如初了。

191. 怎样解除水淹或涉水隐患

（1）什么样的程度算被淹？涉水后要做哪些检修？

其实水淹后车辆的检查不是特别大的工程，类似于常规的保养。具体要做哪些检查，要看涉水、淹水的程度。

涉水不及轮胎的1/3

涉水分为不同的程度和级别，如果你的爱车只是稍微涉水，程度不及轮胎的1/3，则不需要太担心，只要自己稍做检查就可以排除隐患。

看看底盘有没有附着一些垃圾，一般雨水是偏酸性的，会腐蚀漆面和轮胎橡胶，出于爱惜车漆和轮胎考虑，应及时对车进行清洗。

水淹至轮胎1/3处

如果涉水超过了轮胎的1/3处，要及时清洗隔音棉。

淹水是否超过轮胎的1/3，是涉水后是否要去检修的界限。因为超过这个界限，水会通过车底板的透水孔往上渗透，从而弄湿底盘内部的隔音棉。

水位越高，隔音棉吸水越严重。已吸水的隔音棉要及时拿出来烘干或晒干，若不予以理会，会让爱车“复发”第二次甲醛污染，影响车主健康。另外也会导致车辆底盘部件生锈或腐蚀。

酸性雨水与隔音棉的添加剂和各种胶质会产生化学反应，各种气体和怪异味道就会产生，对车主身心会产生影响，所以隔音棉的拆解和烘干很必要。

因为隔音棉在车底盘里面，拆下来会比较麻烦，要将中控台和座椅全部卸下，才能将其取出。

水淹至轮胎中轴位置

水淹至轮胎中轴位置及以上，就意味着车辆有冲水现象，那就不光是隔音棉的问题了，车内的各种机密部件也需要检查一下。

除了要烘晒隔音棉外，最为关键的是检查各种油液，以排除进水情况出现。

首先将火花塞拔出，看里面燃烧的情况，如果燃烧出现发黑迹象，则表明进排气系统有进水情况，需进行清洗。

再看发动机内部，用机油尺去量一下油液，看是不是已变色，这需要专业的技修人员才能看出来，普通车主很难察觉出变化。如果被查出有进水现象，则需要更换机油。然后将变速箱的加油孔打开，检查变速箱油的情况。

车辆在深水区熄火后应该怎么做

如果发生意外使得车辆涉水很深，并且在行驶时车辆突然熄火。遇到这种情况，千万不能再启动，否则会导致发动机损坏，这种损失将会是巨大的。

遇到熄火情况，应该关闭电源，叫救援拖车，进行专业维修处理。

如果车辆失去动力，仪表盘上的各种警告灯也同时亮起，表明发动机内进水导致熄火了。这时发动机只是轻微损伤甚至完好无损，静置一段时间并更换机油后，一般不会有太大问题。但此时拧动点火开关，起动机带动活塞往复运动，但气缸中的混合气早被水取代，而水几乎不会被压缩，因此活塞连杆将瞬间被顶弯，导致损伤加重。

（2）涉水故障车如何修

车辆被水轻微泡但能正常启动

状况：水位淹至轮胎中轴位置，车内进水，地毯被泡湿，车辆可以正常启动行驶。未购买商业险。

对策：车辆还能正常启动，就证明水淹还属于比较轻微的情况。

需要拆装座椅、地毯，进行清洗、晾晒；检查常规保养项目的油水液。

需要更换、清理的部件主要是，拆装全车座椅、更换机油、机油格，更换变速箱油。

车辆被水泡严重，不确认是否能正常启动

状况：水位已淹至车门防撞条位置，车内进水，地毯被泡湿。购买商业保险。

对策：由于车辆被淹严重，而且购买了商业险，因此要先理赔再维修。

马上通知保险公司到现场查勘，查勘完毕后再将车辆从水中尽快拖离，在这个过程中不可以启动发动机。

拆装相关部件，清理、更换相关部件。

由于水淹位置很高，不能排除发动机没有进水，因此一定要进行拆检清洗。

需拆装的部件有进气歧管、喷油嘴、高压包、点火嘴、气囊电脑、空气滤清器座、节气门等。需要更换机油、机油格、变速箱油，清理进气歧管积水，清理发动机表面，清洗喷油嘴，清洗节气门，更换气囊电脑，拆装全车座椅，拆装全车地毯并烘干，检修发动机线路，发动机电脑解码。

车辆被水泡非常严重，不确认是否能正常启动

状况：车辆被水淹没至倒车镜位置，地毯和座椅都被浸泡。购买商业险。

对策：由于车辆被淹严重，而且购买了商业险，因此要先理赔再维修。

马上通知保险公司到现场查勘，查勘完毕后再将车辆从水中尽快拖离，在这个过程中不可以启动发动机。

拆装相关部件，清理、更换相关部件。

由于水淹位置很高，不能排除发动机没有进水，因此一定要进行拆检清洗。

需拆装的部件有座椅、仪表台、地毯、进气歧管、喷油嘴、高压包、点火嘴、空气滤清器座、节气门、车上各电脑、车身控制器和各种电气设备等。需要更换车辆所用油品、过滤格、车身电脑、气囊、气囊电脑及其小部位电气设备，清理进气歧管积水、发动机表面，清洗喷油嘴，清洗节气门，拆装全车座椅，拆装全车地毯并烘干，检修发动机线路，发动机电脑解码。

车辆被水完全浸泡，不确认是否能正常启动

状况：在地下车库停放时被水泡，水已没过仪表台。未购买商业险。

对策：马上拆除车辆蓄电池，切断电源，将车辆拖至维修店；拆装相关部件，清理、更换相关部件。

需拆装的部件有发动机电脑、防盗电脑、变速箱电脑以及相关电气插座。全车电路都要进清洗。全车的内室也要进行清洗、消毒。需更换的有原车机油、变速箱油等相关油品。全车真皮座椅需要更换。

由于车辆电脑完全浸泡在水里，已经没有维修价值，必须直接更换。座椅由于浸泡严重，会发霉发胀，如果不更换其使用寿命也不会长。

总结

车辆被水泡后，严重的需要将泡水部件直接更换，不严重的进行清理后还可以接着使用，但是它们的使用寿命肯定已经大打折扣。维修后过一段时间，要关注车辆各部件的状态是否有异响出现，如四轮轴承、正时带、ABS 传感器、氧传感器等是否正常工作。

192. 雨季汽车检修部位

（1）挡风玻璃要干净

因为下着倾盆大雨的时候，汽车的雨刮无论怎样擦，视线都会看不清楚，视野也会变得很小。要应付这样的情况，在平时就应该把汽车前面的挡风玻璃擦干净。如果汽车行驶的路面比较湿的话，必须用清洗液清洗被溅起的泥水。

（2）后视镜和后窗保持清洁

后视镜和后窗会有沾染上水珠的情况，这样就会对距离感觉迟钝，因此眼睛很容易产生疲劳的感觉，所以在出发之前，应把两边的后视镜和后窗擦干净。

（3）检查雨刮系统

视线不好导致的刮擦是雨天常见的车险事故。大雨滂沱时，出现在驾驶员眼前的是白茫茫的一片，如果雨刮的扫水能力严重下降，就会直接影响到行车安全。所以在雨天应特别检查雨刮系统，看看雨刮片的橡胶条是否老化，雨刮片的刃口是否有变形，玻璃清洗液是否充足，喷水嘴喷水是否正常，还要记得将夹在雨刮片间的杂物去除。

（4）天窗排水槽要清堵

长时间不使用或者环境中空气比较脏都会导致天窗的内部会积聚很多污物，如灰尘、树叶等。这些杂物会被雨水冲进天窗排水槽中堵塞天窗排水管，若排水管堵塞，排水槽中的积水超过排水槽的高度之后就会进入车辆的内部，造成车辆内饰的损坏。天窗排水管一般位于天窗的四个角，连接着天窗排水槽以及位于门边或者前后翼子板附近的排水孔。

（5）检查车辆的密封性

雨天还容易出现的问题是车内进水导致线路短路。车辆在车门边框等位置都有橡胶材质的密封条，一方面是保证车辆的隔音性；另一方面是保证整车的密封性。车辆密封性方面，对于老旧车辆尤其需要注意，应检查并清洁车门、底部排水孔以及底盘上的橡胶密封圈，如果排水孔堵塞或橡胶密封圈密封不好，在雨天行驶或经过积水路面时就容易导致车厢进水，严重时会造成车厢电源线短路、车辆控制器损坏等。

（6）检查轮胎

雨季胎纹的深度不可少于 2 ～ 3mm，最好能保证在 4mm 以上。因为胎纹深度过低，容易在胎面和水面间形成水膜，造成汽车跑偏、甩尾和制动距离加长等情况。测量胎纹深度最好使用专用测量尺，如果没有，可以用硬币或小木棍代替。另外，过低的胎压也会加剧打滑程度。胎压过低虽然增加了轮胎与地面的摩擦力，从而增加了附着力，但相对于轮胎与地面单位面积的压强减小，这个附着力是非常有限的。汽车在雨中刹车，最重要的是要有足够的压强把轮胎与路面间的雨水排开，让汽车停稳，因此在雨天保持较高的胎压才比较安全。

（7）检查车辆灯光

雨天行车前，要检查车辆灯光是否齐全，尤其是前后雾灯，因为雾灯在能见度低的天气下给车辆的前后都提供了良好的照明，在雨天会特别频繁地使用，不能够出现丝毫问题。

（8）检查刹车

刹车部分也要重点检查，看是否有漏油液的情况，制动是否正常，刹车盘和制动片的磨损程度是否在安全范围内。

193. 遇到蓄电池突然没电时的几种“自救”办法

要防止蓄电池突然没电，最好的方法是平时多留意自己的爱车发出的“求救信号”。这种信号有以下几种表现形式：一是起动机不转或转动微弱，导致起动机无法发动；二是前大灯比平时暗；三是喇叭音量小甚至不响。出现上述问题，车主就要检查一下是否是蓄电池的问题了。

为了尽量减少蓄电池的电力消耗，4S 店的专家提出两点建议：首先，要避免在发动机熄火的情况下长时间开灯或听广播；其次，即使发动机正在运转，如果停车时间较长，也应该把不必要使用的电气设备（车内外灯类和音响、导航类等）的电源关掉。养成良好的用车习惯，就可以避免不必要的困境。

万一遇到了蓄电池突然没电，也有以下几种办法可以“自救”。

（1）推车启动

推车启动是大家最熟悉也是最有效的应急启动方法，但这是一种不得已的手段，不能经常使用，因为这样做对发动机和离合器有一定的损伤，自动挡车辆尤其要避免使用此方法启动。

（2）跨接电源

为了避免蓄电池没电时无法充电，车主应该在车内准备一根跨接电缆，这在一般的汽配店都能买到。不过，在连接跨接电缆时，千万不能弄错跨接电缆的连接顺序。要先将没电的蓄电池的正极端子与救援车电池的正极端子连接，再将救援车电池的负极端子与没电车发动机室内的金属部分连接（接地线）。跨接电缆连接后，可启动救援车的发动机，并稍微提高发动机的转速，约5min后，便可向没电的蓄电池进行应急充电。充电完成后，应按与连接跨接电缆相反的顺序取下跨接电缆。

（3）联系救援

最可靠的办法还是及时联系保险公司的救援车，然后连接跨接电缆，通过救援车临时充电，以启动发动机。

最后，专家提醒，蓄电池的寿命一般是2～3年。过了这个期限，车主要特别注意平时蓄电池的保养，必要时还是应及时更换，以免发生危险。

194. 汽车静电应该用什么方法防止和解决

（1）扎个“尾巴小辫”防静电

车内装饰应选择天然制饰品，少用化纤织物。化纤织物的摩擦是汽车静电的重要来源，因此在选择坐套、坐垫及脚垫等用品时，尽量使用真皮、毛料或纯棉制品，减少化纤产品的使用。尤其是坐套、脚垫之类强力推荐使用天然产品或纯皮纯棉等，虽说价格比化纤产品贵，但从安全角度来讲还是物有所值。

如果车主感觉爱车经常“电”自己，还可选择安装一套静电放电器，也叫静电释放器。其工作原理是通过其内部的金属导线将车内静电传导到放电器上，再通过空气或者地面传导出去，达到消除车内静电的目的。

静电放电器分两种：一种是对地的接地式放电器；另一种是对天的空气放电式放电器。接地式放电器较为传统，也称为褡裢式放电器，这种对地的褡裢式放电器形同倒车雷达，固定于车尾，放电器末端接触地面，从而将静电导入地下，这也是日常一些车辆后面拖在地上像一条尾巴的那种物体。而对天的空气静电放电器则粘贴在汽车尾部，是一种形似天线的物体，也叫“除静电天线”。其外观比较新颖，有些因可以和车载天线共用而广受欢迎。业内人士建议，两套装置都装的话，防止静电的效果要比单装一种要好得多。

此外，市面上还有一种小巧的静电释放棒，通过接触金属瞬间释放静电。静电放电器种类繁多，其市场售价从几十元到上百元不等，功能基本无差异，主要是外观的不同带来价格上的变化。

（2）稀释甘油擦车身

有一种更省钱的办法是用稀释后的甘油把车身擦一遍，可以让车辆保持一段时间无静电。

（3）仪表台铺湿毛巾

用一块湿毛巾铺在仪表台上，利用阳光的照射使得毛巾内的水分迅速蒸发，从而提高车内的湿度，也不失为应对静电的绝招。

（4）手放墙上摸一下

出门开车前先去洗个手，或者先把手放在墙上摸一下消除静电。为避免静电击打，可用小金属器件（如钥匙）、棉抹布等先碰触诸如水龙头、椅背、床栏等部位消除静电，再用手触及。

（5）少开内循环空调

内循环空调使得本身已很干燥的车内更加缺少了水分，所以建议半开着窗（避免让风直接吹在身上），少开内循环空调。

195. 汽车突然熄火的故障排除方法

（1）自动挡车熄火故障排除方法

对于自动挡车熄火的现象，主要还是使用了劣质燃油造成的。应到正规的、较大型的加油站加高标号油，例如使用 95 号汽油，虽然价格贵了不少，但是可以保障爱车更长的寿命和行驶中良好动力。不过有些车主贪图便宜加 92 号汽油，虽然价格低了一些，但是将来有可能出现问题。

排除方法：左手抓紧方向盘，稳住方向（因为没有助力，所以一定要用力稳住），右脚用力踩刹车踏板，将车速尽可能降低，然后迅速将 AT 挡挂 N 挡（注意：行进中重新打火一定要在 N 挡，不能是 D/R/P 等挡，否则要么打不着火，要么变速箱会损坏），再将车钥匙退一格，重新打火，将 AT 挡位恢复至 D 挡，正常行驶。

（2）手动挡车熄火故障排除方法

对于新手来说，半路熄火不是什么新鲜话题，主要的排除方法就是快速磨合后提高自己的驾驶技术。

排除方法：彻底把油路清洗一遍，包括喷油嘴、节气门、油箱等。有可能是加的油品质量不过关，胶脂太多，将油路堵住，油路不畅造成的，要使用高标号、高品质的燃油。

（3）汽车怠速状态下熄火的故障原因

主要是由于空气中灰尘过多，发动机在运行时怠速电动机阀芯与节气门座处沉积有许多污垢，当污垢积存过多时，发动机就会出现怠速过低的现象，怠速稳定性差，行驶时就会出现怠速熄火。

排除方法：只要清洗怠速电动机即可。

196. 汽车冒烟不必惊慌，观察烟雾确诊汽车症状

（1）白烟

车体表现：可见大量白色水蒸气冒出并伴有发动机运转不平稳，即使发动机预热达到正常工作水温，仍有大量水蒸气冒出。

故障原因：冒白烟可能是由于发动机气缸的缸垫有磨损，产生一定间隙，导致散热系统的水大量进入燃烧室。水无法燃烧，受热后生成水蒸气，直接从排气管排出。

对策：检查发动机缸体，看气缸垫是否有损伤，检查油箱内是否有积水。

查看汽车说明书，严格依照厂家规定添加标号正确的汽油。

（2）黑烟

车体表现：汽车的发动机抖动大，排气管有不正常声音发出，同时排出黑色烟体，加速时感觉无力。

故障原因：排黑烟的现象在化油器车型上比较多见，这是由于化油器车型的喷油量不是由计算机控制的，而是由脚踏油门踏板控制的，某些情况下过多的燃油进入气缸后来不及燃烧就排出车外，这样就造成了我们看到的黑烟。

对策：对于化油器车型，要经常检查化油器等机件的老化程度，化油器车型不同于电喷车型，要经常进行保养和调校，应养成好的用车习惯。

电喷车型要每隔 3 万千米检查缸线，每隔 1 万千米检查火花塞，有问题的要及时更换。

（3）蓝烟

车体表现：车辆爆发力下降，感觉加速无力，噪声变大，排气管有蓝色烟排出，并伴随有机油燃烧所产生的焦煳味道。通过检查机油标尺，同时还会发现机油的消耗量过大，正常情况下每次保养完，行驶 7500km 后，机油的消耗量应在正常范围内，无需中途补充。

故障原因：蓝烟多是由于发动机内部故障，导致机油窜入燃烧室燃烧而产生的。常见的一般有两种情况：气缸内壁有划伤、活塞密封不良或气门处严重磨损，这两种情况都会产生间隙，而原本负责润滑的机油此时会通过这些间隙窜入燃烧室参与燃烧，燃烧不了的机油排出车外时就产生了蓝色的浓烟。

对策：对车龄较老的车辆，要经常检查缸体、活塞等部件的密封性，发现有蓝烟排出时应及时到维修站修理，以防更大损失。

197. 燃油表灯亮了，附近却没有加油站怎么办

（1）关上窗户减少阻力

燃油表灯亮了，要尽可能减少车辆的风阻。关上车窗，顺风而行是一个不错的方法。

（2）用经济时速行驶

经济时速是汽车最省油的行驶速度，高于或低于这个速度，油耗量都会变高。

一般汽车的经济时速在 60 ～ 80km 这个范围。当燃油表灯亮了之后，最合适的方法就是按照经济时速行驶。

（3）关闭所有耗电的电器

一旦燃油表灯亮了，应该马上关闭收音机、空调、音响、加湿器、导航仪等耗电量较高的电器，否则车辆开不了多久就会耗尽燃油。

（4）减少刹车，速度不要太低

“低速能省油”是十分错误的想法。如果开车过程中，燃油表灯突然亮了，最好是不要总踩刹车。因为速度降低后再提速是十分耗油的。同时，驾驶速度过低，也会使油量下降得非常快。

（5）不要低挡高速行驶

一些新手会使用低挡高速的方式进行驾驶，车速已经比较快了，但是还是在二挡、三挡上。这时，油耗会比正常情况下增加 10% 以上！

所以，当燃油表灯亮了以后，一定是什么速度匹配什么挡位，千万不要低挡高速驾驶。

198. 挡风玻璃起雾了怎么办

雨天遇到挡风玻璃起雾最常用的办法是打开空调令其直吹前挡风玻璃，效果很快、很直接。这是因为冷空气吹到玻璃上，在玻璃表面形成一层“寒气膜”，阻止水汽在玻璃上凝聚，起到除雾效果。

其实用热风也是可以达到除雾气效果的，但是见效比较慢，感觉上比较麻烦一些，所以一般不推荐用这种方法除雾。上面我们所提到的冷空气除雾的方法，在冬天的时候则不太适用，毕竟很少有人会在冬天开冷气，如果在冬天的时候遇到起雾的情况，这时打开车辆的外循环模式，也可以达到减轻雾气的目的。

在行车过程中如果要除雾的话，用热风不仅见效慢，其过程中更有可能增加安全隐患。热风除雾的主要原理是利用热能把车内的水分烘干，最后达到除雾的效果。之所以说有安全隐患，是因为在行车过程中本来玻璃就有雾气了，如果开热风，进一步加大了车辆内外温差，反而会让雾气更加严重，只能等车内的热能把水分都蒸

发后玻璃才会透亮起来。

虽然不建议在开车的时候用热风除雾，但是在冬天的时候，如果我们不是很赶时间，出发之前先让车辆热热“身子”，然后再打开热风，这样就可以保证在开车的过程中，前挡风玻璃不会起雾。

如果觉得这些方法还是比较麻烦，那么再提供给大家一个更方便的方法——汽车防雾剂，把它均匀地涂抹在玻璃上，就可以有效地防止雾气，一年大概喷两次即可，这是比较有效的方法。

199. 一块肥皂与一点儿洗洁精可使汽车玻璃不起雾

（1）肥皂法

把肥皂稍微用水浸润，使其变得更软。再把玻璃擦干净，然后在整个玻璃表面均匀地抹好肥皂，等待玻璃上的肥皂变干（变成粉末状就是干了）。最后，用纸巾或报纸清除变干的肥皂。注意不要用毛巾，用毛巾很容易残留细屑。清洁好玻璃后，玻璃上会残留少量肥皂，从车内看车外有些地方会稍显模糊，但不影响整体视野。

（2）洗洁精法

找一个空的啫喱水瓶，把清水和洗洁精以 9 ∶ 1 的比例装满，在下雨天或者容易起雾的时段，开车前先喷在前挡风玻璃和侧玻璃上，待晾干后，用柔软的纸巾擦净，能在几天内保证车玻璃不会再有雾气。

（3）方法原理

当肥皂分子进入水中时，肥皂分子的亲水基会破坏水分子间的吸引力，从而使水的表面张力降低，使水分子平均地分布于处理过的玻璃表面，以水膜的形式附着在玻璃上，打在玻璃上的雨水越多，形成的水膜就越大，使玻璃始终保持着良好的清晰度。

200. 汽车大灯内部有雾气该怎么办

就大灯整体结构而言，不管是普通卤素大灯，还是氙气大灯，或带有 LED 灯组的大灯，在后盖位置上都有一个通气橡胶管，在大灯点亮的一瞬间乃至大灯在使用时会产生大量的热，通气管的作用就是将这些热量尽可能地排出大灯以外，来维持大灯的正常工作温度，确保大灯的使用稳定。

空气中的水分会通过通气管进入大灯并附着在灯罩上，随着水汽的聚集，水珠也就顺着灯罩流了下来。而这种情况大多是由于较大的温度差异引起，冬季和雨水多发的季节最容易出现这种现象。车灯在开启一段时间后，雾气会随着热气通过通气管排出灯外，这基本不会损伤大灯和电器电路。对此情形，司机朋友不可轻举妄动，例如万万不可对大灯进行烘烤，这样做很容易使大灯损坏。因为大灯外表均为塑料材质，额外的热量很容易将灯罩烤化，而这种损伤大多是不可修复的。

除了天气上的变化，人为因素也会使车灯变成“泪眼”，如车辆涉水、洗车等。车辆涉水时，由于发动机及排气系统本身都是比较大的热源，雨水淋在上面会形成大量的水蒸气，顺着通气管，部分水蒸气会进到大灯内。

而洗车就更为直接了，有些车主喜欢用高压水枪冲洗发动机舱。冲洗过后，对于发动机舱内的积水没有及时处理，合上发动机舱盖后，水汽不能很快散发到车外，闷在发动机舱里面的水汽就有可能进入大灯内部。

对于发动机舱内的清洁工作，应该用棉丝或布来擦，或者使用高压空气吹，尽可能避免发动机部位“涉潮”。

如果大灯内部的积水情况严重，那么就要将其拆卸，并打开灯罩，晾干后，检查大灯表面有无破损或有可能渗漏的地方，如未发现异常，一般建议更换大灯后盖密封条和通气管。

在冬天和多雨的季节，车主最好能养成定期检查车灯的习惯，尤其是车辆涉水后的检查。早发现早补救，及时地将故障消灭在萌芽阶段，这才是用车养车的不二之选。